東アジア古代都市の
ネットワークを探る

日・越・中の考古学最前線

黄　暁　芬　編
鶴　間　和　幸

汲古書院

口絵1．漢長安城・覇城門遺跡（2017年撮影）

口絵2．（同左）覇城門外の城濠（2017年撮影）

口絵3．漢長安城北の渭水橋遺跡（2013年撮影）

口絵4．南越国宮殿官署遺跡（2014年撮影）

口絵5．ベトナム交趾郡治・ルイロウ遺跡の立地景観（WorldView-2 2013/11/03 ©DigitalGlobe/NTT Data）

口絵6．ルイロウ内城発掘区T2（2014年撮影）

口絵7．交趾郡太守士燮墓（2013年撮影）　　口絵8．（同左）「南交学祖」を祀る士王墓廟（2013年撮影）

（口絵〈5を除く〉はすべて黄暁芬の撮影）

目　次

総　論

東アジア古代都市のネットワークを探る

——開催趣旨にかえて——・・・・・・・・・・・・・・・・・・・・・・・・・・・・・黄　暁芬　3

越日共同研究プロジェクト——その成果と展望——

・・・・・・・・・・・・・・・・・・・・・・阮文団（Nguyen Van Doan）　7

（訳）範氏秋江（Pham Thi Thu Giang）

新津　健一郎

漢帝国南端の交趾郡治を掘る・・・・・・・・・・・・・・・・・・・・・・・・・黄　暁芬　11

東アジア圏における衛星リモートセンシングデータを用いた古代都市遺跡調査

・・惠多谷雅弘　31

第1編　ベトナム

2014年ルイロウ古城発掘調査の新発見　・・・・・・・・・・・・張得戦（Truong Dac Chien）　51

（訳）範氏秋江（Pham Thi Thu Giang）

新津　健一郎

ルイロウ古城発掘調査における放射性炭素年代測定

・・・・・・・・・・・・・・・・・・・米田　穣・尾嵜　大真・大森　貴之・黄　暁芬　65

仏教の中心としてのルイロウ・・・・・・・・・・・・・・・・・・・黎文戦（Le Van Chien）　73

（訳）範氏秋江（Pham Thi Thu Giang）

新津　健一郎

ベトナム漢墓から見た士燮政権・・・・・・・・・・・・・・・・・・・・・・・・宮本　一夫　83

第2編　中　国

漢武帝の時代の外交と内政・・・・・・・・・・・・・・・・・・・・・・・・・・・鶴間　和幸　99

南越国考古研究の概述　・・・・・・・・・・・・・・・・・・・・・・・・・・・・・劉　　瑞　115

（訳）徳留　大輔

渠県沈府君（石）闕の調査と初歩的研究・・・・・・・・・・・・・・・・・秦　　臻　129

（訳）徳留　大輔

漢墓印章封泥と楚国の始封属県・・・・・・・・・・・・・・・・・・・・・・・王　　健　139

（訳）石原　遼平

ii 目　次

六朝都城考古学の新進展………………………………………………賀　雲　翱　155
　　　　　　　　　　　　　　　　　　　　　　　　　（訳）新津　健一郎

南京新出土の南朝大型組合画像磚墓の考察…………………………祁　海　寧　173
　　　　　　　　　　　　　　　　　　　　　　　　　（訳）吉田　愛

　　　　第3編　日　　本

今西龍が収集した楽浪磚とその歴史的意義…………………………吉井　秀夫　189

東夷印の中の「漢委奴國王」金印　………………………………石川日出志　197

六朝建康城と日本藤原京　…………………………………………佐川　英治　205

後　　記　………………………………………………黄　暁　芬・鶴間　和幸　223

執筆者紹介　………………………………………………………………………224

総　　論

東アジア古代都市のネットワークを探る
──開催趣旨にかえて──

黄　暁　芬

　国際学術シンポジウム「東アジア古代都市のネットワークを探る」にご参加いただきありがとうございます。二日間にわたる会議には、日本の学者 8 名、ベトナムから 3 名、中国から 5 名の、いずれも第一線で活躍されている研究者にお越しいただきました。古代東アジアを対象とした歴史考古学研究の成果報告、最新の情報交換ができるよい機会になると期待しております。

　21 世紀の現在において、東アジアの広範な地域が一定の文化的特徴を共有していることの根源をたどると、紀元前 3 世紀末に成立した漢帝国にいきつきます。漢王朝の歴史 400 年余り、漢文化の確立と共に周辺の広がりは、現代につながる東アジア文化圏の形成に大きな影響を与え、その範囲は社会の様々な領域に及んでおります。これまで、東アジア世界の文明伝播と受容については、文献史料にもとづいて考察されたものが中心に、漢字・儒教・律令制などの文化・社会制度が「中央」による「周辺」へと拡散していった結果、現代に引き継がれる東アジアの基層文化が形成されたとの理解が一般的であります。一方、東アジア考古学の進展に伴い、中国・朝鮮・日本の各地における古代都市文明の実態を徐々に解明されつつあり、古代中国、周辺地域の国々における都城や墳墓、漢字・鏡・金印などの発掘資料が増加しました。それによって、冊封体制下の東アジア世界像を物質文化の点からも描けるようになってきています。しかしながら、中央に対して地方文化の特色、漢文化受容の実態については、どのような影響があったのか、あるいはなかったのかなど、未だに解明されていない点が多いのです。

　漢代の文化が東アジアにおよぼした影響の一つ、また、考古学研究の立場から広く受け入れられているものとして、都市建設の立地構造とその設計思想が挙げられます。漢の帝都、長安は厳格な北方位と、南北軸を中心とした対称性の原理にもとづいて建設されています。これは、帝王の生死空間である都城と陵墓の南北対置を軸として、自然の山河と記念碑的な建造物が調和するよう配置に工夫がほどこされ、天・地・人・神の統合を象徴する宇宙軸を具現したものと考えられます（黄暁芬 2006「漢長安城建設における南北の中軸ラインとその象徴性」『史学雑誌』115-11）。こうした古代中国における都城の設計思想は、古代東アジアの広範な地域における都市建設に影響を与えており、長安建設の約 800 年後、古

4 総 論

代日本に建設された平城京の基本設計、方位決定にも受け継がれています。

　東アジア文化圏形成の過程に関する従来研究について、帝国中央の都城と陵墓の発掘調査に集中する傾向がある。先に挙げた帝都長安の都市計画にみられる古代中国の思想が、周辺地域にどのように拡散し、受容されていったのか、このことひとつをとっても東アジア文化圏の形成過程を考える上で、研究は充分に進んでいるとはいえない状況にあるわけです。このような現状に照らしますと、秦漢帝国の地域支配の方策として実施された、郡県制の実態を考古学的に検証すること、とりわけ、地方における統治機構である大小の郡県城址の実相を解明することは、古代東アジア考古学における重要な視点のひとつになるのではないかと考えております。漢代における中央の帝都と、周辺地域の郡県都市を比較することによって、東アジア文化圏の形成過程を考える一助としたい、これが、本国際学術シンポジウムを開催するに至ったきっかけであります。

　さて、漢代の郡県制は、秦の郡県制を受け継いだものであり、前漢期に郡国制が敷かれ、直轄地には県を、分封した諸侯の支配地は国を置く、すなわち郡（国）県制というふたつの支配制度が並列的に実施されました。後漢の霊帝以降には中央と郡国の間に州という行政区分が設けられ、地域行政区画が編成された結果、郡（国）、州県レベルでの地方都市造営が活発に行われるようになりました。山東省済南の東平陵城は漢代の郡治（＝政庁）遺跡の代表例で、これまでの考古学調査では、官署建築址や製陶、鋳造の生産工房施設、また、道路、河川交通遺跡が見つかっておりますが、いずれも方形の城郭内に政庁官署、市場、手工業工房などが正方位で配置され、古来の軍事防御の機能性をも備えた地方行政管理の中心であったことがうかがわれます。一方ここで、在地の政治・経済・文化・生産流通活動の痕跡が豊富に検出されており、地方色豊かな都市生活が営まれていたことも同時に示唆されています。こうした状況を考え、私はこれら郡県制度の下に展開した都市群については、単なる中央の統治機関とはことなる性格を有していた点にも注目し、これら郡県城を「郡県都市」と称します。21世紀中国における考古学研究は急速に進展しており、科学的な手法にもとづいた調査によって得られた、豊富な情報がもたらされつつあります。近年、考古学調査で確認された秦漢期の郡県都市遺跡は、500箇所あまり（徐龍国2013『秦漢城邑考古学研究』中国社会科学出版社）、そのうち、黄河中下流域に約420箇所、長江中下流域に約90箇所が分布することがわかっています。漢帝国が周辺地域を統治するためのネットワークをどのように形成していったのか、このことを各地における都城や郡県都市の具体的な調査によって考察するための、機が熟してきたといえるでしょう。

　漢魏時代において、中央と地方政権の支配力、または従属関係の具体的な様相、漢字・漢文化の広がりと在地文化との関係などについて、具体的に解明することが、これまでに

なく現実性をおびたテーマとなってきたわけです。こうした着想にもとづいて、2008 年から科研費による実地調査を進めて参りました。まず中原と華北地域でのフィールド調査にはじまり、帝国都城と郡県都市の構造プランの比較を試みました。その成果は 2013 年に刊行した、『漢魏帝国の空間構造——都城・直道・郡県都市——』にまとめております。しかしながら、この時点では中央都城と華北地域の郡県都市に対象が限られ、漢文化の拡がり、周縁地域における郡県都市の実態追究にはいたりませんでした。2012 年からは、帝国南辺の郡県都市遺跡に焦点をあて、中国嶺南・ベトナム北部における郡（国）県都市遺跡のフィールド調査を継続的に実施しています。2013 年、ベトナム国家歴史博物館との考古学共同研究の五年協定を交わし、日越共同調査を本格的に発動しました。まず、科学研究費助成金（基盤研究 A「東アジア文化圏の形成に果たした漢代郡県都市に関する学際的研究」代表者：黄）による紅河デルタ平野の古代都市と墳墓群の分布調査を行いました。それに基づき、ベトナムの国史跡である交趾郡治・ルイロウ城址の発掘調査と学際的研究を計画的に実施してきています。

　本日と明日の二日間にあたり東京大学文学部で開催する、国際学術シンポジウム『東アジア古代都市のネットワークを探る——日・越・中の考古学最前線——』はこのような研究経過を、一度、総括し、最新の情報をひろく共有することを目的として企画したものであります。皆様と議論を深められることを願っております。ご参加頂きました皆様、どうぞよろしくお願い申し上げます。

越日共同研究プロジェクト——その成果と展望——

阮　文　団（Nguyen Van Doan）
（訳）範氏秋江（Pham Thi Thu Giang）
新津　健一郎

　親愛なる皆様、本日は「国際学術シンポジウム　東アジア古代都市のネットワークを探る」に参加できることを大変うれしく思います。本シンポジウムは、学術的にも実際的にも大きな意義のあるテーマについて議論を交わす素晴らしい機会になると確信しております。

　また、シンポジウムのテーマに直接関わる話題だけでなく、ベトナム国家歴史博物館と日本の東亜大学とにより進められております越日国際共同プロジェクトの成果についても評価を行いたいと思います。

一

　2014年末から2015年初めにかけて、2012年・2013年以来行われてきた共同調査の成果を踏まえてバクニン省ルイロウ古城遺跡の共同発掘調査が行われました。これによって、紀元以後10世紀の段階（giai đoạn10 thế kỷ đầu Công nguyên）においてルイロウがもつ重要な意義が明らかになりました。

　ルイロウ古城は紀元以後10世紀の時期の北部ベトナムにおける最古の都市遺跡で、周囲にも多くの遺跡が知られています。長い歴史の中で、ルイロウ古城は政治・経済だけでなく、仏教をはじめ漢字・儒教の受容や展開といった文化的、宗教的中心でもありました。ですから、紀元以後10世紀の時期を研究する上で、ルイロウ古城は第一級の価値を持つ

考古学共同調査協定書締結式（2013年12月ベトナム国家歴史博物館）

8 総　論

遺跡といえ、その研究によってベトナム民族の重要な歴史的段階——独立・自強の精神が溢れた時代——を解明することに貢献できるのです。その時期はまた、民族の独立だけでなく経済・文化の発展期でもあり、輝かしい大越文化・文明の発展という新たな時代を準備した時期でもありました。

二

　調査成果のうち、私からはまず、特筆すべき成果として版築による厚さ約1.8 mの内城壁遺構を報告します。これはルイロウ古城の研究において非常に有意義な発見で、ルイロウ城内の平面配置を復元する際には重要な根拠となるでしょう。しかも、遺構の位置からすると内城北門遺構の可能性もあります。これについてはさらなる研究が待たれます。

　第二の成果は、豊富な遺物の発見です。これは建材や日常生活に関連する資料、ルイロウの政治的機能に関わる資料などからなり、年代は3–5世紀及び7–10世紀に属すものが多く、素材、形式、装飾などにはそれぞれ特徴がみられます。さらに、はじめて多数の陶製銅鼓鋳型片が出土したことはドンソン文化の研究においても画期的な発見といえます。「庶民的」な遺物と「上層の」遺物とがともに内城から出土したことは、従来行政・官僚の空間とされてきた城郭の中心区域においてベトナム土着の人々の遺物が発見されたということであり、古城の居住者をめぐる問題に示唆を与えます。

ルイロウ古城の空中写真 （出典：*Google earth*）

三

　本シンポジウムには他にも多くの課題が関連しています。今後はこれまで得られた成果をもとに発掘規模を拡大するとともに、ルイロウの内城・外城の配置を確定して全体を科学的に復元するなど、研究の深化が期待されます。同時に紀元以後10世紀の段階における北部ベトナムの住民生活や建築、宗教、墓葬なども重要な学術課題です。ルイロウ中心部の発掘調査とともに、対象範囲を周辺に拡大して関連遺跡やその遺物、民間伝承なども検討する必要があります。その過程では、歴史・文化・美術・漢喃学等の研究者の協力を得て学際的な研究を行うことも必要になるでしょう。

　今後のルイロウ研究には、紀元10世紀以前の他の政治的中心との関係の検討も必要です。紀元以後10世紀の時期において中国支配の下で行政統治のための政治的センターが整備されました。そうした「権力」中心のうち、ルイロウは北部ベトナムの都市として第一の種類に属します。というのも、ハノイ市のメリン（麊泠：Mê Linh）、タインホア省のトゥフォ（胥浦：Tư Phố）と同様に支配政権によって建設された中心であるからですが、これに対し第二の種類としてベトナムの独立政権によって建設された中心もありました。これにはさらに二つの種類があります。第一は闘争に勝利したのち、元来の支配権力の施設をそのまま利用するものです。例えば、徴姉妹（徴王：Trưng Vương）の麊泠（ハノイ市）、8世紀の馮興（Phùng Hưng）が基盤を置いた交州城（ハノイ市）、唐末曲氏・楊氏政権（chính quyền Khúc, Dương）の安南城（ハノイ市）です。第二は新設されたセンターです。たとえば6世紀の李南帝（Lý Nam Đế, 李賁）が都を置いた万春（ハノイ市）、8世紀の梅黒帝（Mai Hắc Đế, 梅叔鸞）の万安城（ゲアン省）などです。

　ルイロウの研究は、将来的には次のような問題の解決に貢献するでしょう。すなわち同時代の地方行政府や独立政権の行政施設（たとえば、いまだ解明されていない万春、万安）の規模、構造や関連する問題です。

　ルイロウは大羅とともに中国の支配権力の中心であり、地方統治の機構はどのようであったか、ベトナムにおいて文化的にどのような接触があったのかという点も研究課題となります。その過程ではルイロウ古城の規模、地形などの検討が必要です。文化の接触や土着文化の影響はルイロウの特徴や建築遺構、生活用具などから窺うことができます。それを通じて紀元以後10世紀の段階の行政施設つまり支配権力の中心の位置、規模、歴史的役割・意義などを明らかにすることができるでしょう。

　このようにルイロウ古城は紀元以後10世紀の段階の歴史研究においてとりわけ重要な

10 総　　論

位置を占めています。

　これまでの共同研究活動を通じて、東亜大学及び日本の研究者とベトナム国家歴史博物館との共同研究はすぐれた成果を挙げてきたと言えます。この共同研究プロジェクトが今後もますます多大な成功を収めていくことを願っております。

［訳者付記］本稿は Nguyễn Văn Đoàn, Chương trình hợp tác Việt-Nhật: Kết quả và định hướng の全訳である。翻訳はファム・ティ・トゥ・ザンが下訳を作成し、新津が原文と対照のうえ修訂・校正を行った。歴史名辞について、漢籍に由来するものは漢字表記を示し、ベトナム語表記（原文）を括弧によって示した。また、本文に散見する「紀元以後 10 世紀の段階 giai đoạn10 thế kỷ đầu Công nguyên」とは、直訳すれば「紀元（以後）はじめの 10 世紀（間＝千年間）という段階（局面）」の意で、一種の時代区分として用いられている。張論文及び黎論文にも見える語である。日本語としてはなじみの薄い表現であるが、原語及び他のベトナム語論文においてしばしば用いられる英訳表記 the first centuries of the christian/ common era を勘案して上記のように訳出した。（新津）

漢帝国南端の交趾郡治を掘る

黄　暁　芬

は じ め に

　紀元前 111 年、前漢の武帝は南越国を攻略したのち、この旧領地を分割して九郡を設置し、ベトナム北部には交趾郡、九真郡、日南郡との 3 郡が置かれた。これら郡治（政庁）の所在位置について、文献に記載されておらず、未だに明らかでない。現在、ハノイ市街地から東へ 19km、北寧省順成県壟渓（Lung Khe）村には、「Luy Lâu」と呼ばれる古城址がよく残っている。ベトナム語 Luy Lâu（ルイロウ）の漢字表記は「羸陵」で、文献や当地出土の近世の碑石文字にも地名、位置など関連記録が見られる。よって本稿は、この古城址の名を「ルイロウ」と称する[(1)]［文献 6］。しかし、これまでルイロウ遺跡の学術的調査が遅れ、その歴史解明は、時代による偏りが大きく、今なお厚いベールに包まれ、ベトナム歴史文化史上の一つ「空白地帯」と呼ばれるほどである。

　紅河デルタ平野に残るこの交趾郡治・ルイロウ遺跡は歴史上、古代中国郡県制の直接支配を受けた東南アジアでは稀有な地域にあたり、東アジア文化圏の形成過程を探るのに朝鮮半島や日本列島文化とも対比しうる重要な地域である。

　2013 年以来、日本学術振興会・科学研究費補助金（基盤研究 A「東アジア文化圏の形成に果たした漢代郡県都市に関する学際的研究」）による実施調査の一環として、ベトナム国家歴史博物館と考古学共同調査を協定し、交址郡治・ルイロウ遺跡プロジェクトを立ち上げた。遺跡の予備調査、ルイロウ城址の発掘調査を継続的に実施してきている。まず地層学や考古型式学による遺跡の編年研究が進み、ルイロウ築城は前漢後期に始まり、六朝・隋唐初期に至って都市文化の持続的な発展を成し遂げたことが判明した。また、発掘調査で検出した遺構・遺物について、文化財科学、環境考古学などの学際的研究を推進し、モノによって過去を語らせた結果、紅河デルタに栄えつづいた古代都市—交趾郡（州）治・ルイロウの姿が二千年の時を経て、少しずつではあるが、確実に解き明かされてきている。

12 総　論

一　課題と問題点

　漢の武帝より設置された交趾郡は、紅河デルタ平野に立地し、豊かな自然資源に恵まれ
る農業生産が盛んで、また河川交通・交易の利用と開発によってベトナム北部の政治・経
済・社会文化の発展と繁栄をもたらした。紀元前後の交趾郡太守錫光、任延の執政期に、
当地の生産建設や社会経済発展にも大いに貢献した。一方、漢字や礼儀文化の教習にも尽
力した［文献1］。当時、交趾郡下10県（羸𨻻、安定、苟扁、麊泠、曲易、北帯、稽徐、西于、
龍編、朱覯）の総人口数は計92,440戸、746,237人（『漢書』地理志）に達し、中国嶺南・ベ
トナム北部における最大の人口数を擁し、飛躍的な発展を成し遂げた（『漢書』循史列伝、
黎崱『安南志略』巻第7）。紀元1世紀中頃、後漢の名将軍馬援は交趾郡の在地首長・徵姉
妹が反旗を平定したのち、雲南・広西からベトナムに往来する陸路を開拓した（『後漢書』
馬援列伝）。また、『水経注』には、馬援が交趾の郡県治を分置し城郭渠を穿ち、灌漑を通
導し、以て其の民に利することの記事がある［文献2］。以降、交趾郡は、紅河デルタ平野
には漢文化の影響が一層顕著になり、中国大陸と南海交易とも結びつなげる要所としてさ
らなる発展、繁栄が続いていた。

　後漢末頃、交趾郡を交州刺史部へと改名したことが文献には記されたが、交趾郡（交
州）治の所在地について、明確な記録がない。『漢書』地理志には、交趾郡治が「羸𨻻」
県に在るとの記載があり、『晋書』『元和郡県図志』には「龍編 Long Bien」県との記述も
あった。ほかに『水経注』は『交州外域記』を引用し「麊泠」県にあったとも記される。
また、ベトナムの史書『大越史記全書』『大越地輿全編』などには、交趾郡（州）治の所
在を『漢書』師古の注を転載し「羸楼 Luy Lâu」県に記するほか、『大越史記全書』に
「羸𨻻」と「龍編」を同一視にする記事もある。

　現首都ハノイの市街地から東へ19kmの北寧省順成県蘽渓（Lung Khe）村に古来 Luy
Lâu/ ルイロウと呼ばれる古城趾が残る〈図1・2〉。この遺跡調査は1930年代、フランス
人学者より先鞭につけられた［文献3］。土塁と環濠によって囲まれたルイロウ城址は、
1970年代頃、ほぼ完形に残されている。また、ベトナム学者らによる城内外の遺跡踏査
では雲文・人面文・蓮華文の施文磚瓦や「萬歳」「位至三公」の文字瓦当、陶磁片など漢
唐時期の遺物が多数に採集された。城内西側に起伏した地形の特徴から内城の存在として
推測された［文献4］。1980年代以降、ベトナム社科院考古研究所、ハノイ大学考古学研
究室の学生実習調査によるルイロウ古城の断続的調査、小面積の試掘が行われた。そこで
唐代建造物の一部が見つかり、またルイロウ土塁北壁外濠の構造を確認したほか、このル

 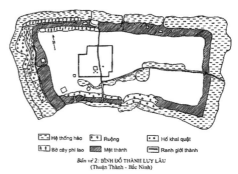

図1 ルイロウ古城の西北陽　　　　　　図2 ルイロウ古城の平面図（文献4）
本稿の掲載図版・写真は、出典明記の箇所を除き、皆黄の製図、現地撮影したもの、個々の記入を省略する。

イロウ土塁北壁附近に、ドンソン銅鼓の鋳型残片1点が西村昌也氏より見つかった［文献5］。しかしながらこれまでルイロウ遺跡調査と試掘などで得られたデータは断片的な情報が多く、その大半は未整理、非公開である。ルイロウ古城は、一体いつ創建され、都市の構造プランと盛衰の様相、いずれも未検証である。古城址の正体は何か、その歴史的な位置づけについては、依然謎めいたままである。

　2008年夏、筆者がベトナム国家歴史博物館の協力を得て、ベトナム漢墓の現地調査を実施し、初めて紅河デルタ平野に横たわるルイロウ城址を訪れた。そして、城壁と城濠によって囲まれた方形城郭遺跡と、城東の畑に分布する漢墓群がよく残されていることにおどろいた。また、ルイロウ城内に、後漢〜三国初の交趾郡太守士燮を祀る「士王」廟があり、城東約2km地点には「南交学祖」と称賛された士（燮）王墓とその墓廟〈口絵7・8〉も残されている。いずれも古くから建てられ、歴代の保存修繕が繰り返されており、それに関連する祭祀行事も21世紀現在、定期的に行われている［文献6］。『三国志』呉志・士燮伝によれば、交趾郡太守士燮の交趾執政が長く40年に及び、「燮兄弟並列郡、雄長一州、偏在万里、威尊無上」とある。士燮兄弟の施政期間には、在地の政治・経済・河川交通の発展、港湾都市の建設を推進する一方、漢の儀礼文化の教習にも励んでいた。ゆえに後世の人々は、交趾郡太守士燮が遺した輝かしい功績をしのんで士燮を「士王」「南交学祖」として崇められた。このように城址・墳墓・郡太守を祀る廟と同墓廟も建造時の原位置によく残されていることは、中国本土の郡県都市遺跡において稀に見る現象である。これまで不明だった中国文明の南辺（嶺南・ベトナム北部）における郡県都市の実態調査、また、漢文化の伝播と受容の真相究明は、東アジア文明史研究において、重要な意味をもつと考えるようになった。当初、漢魏帝都・陵墓・直道遺跡の科研調査が進行中のため、一定の準備期間を経て2012年冬、ベトナム交趾郡治・ルイロウ遺跡の実地調査が開始した。ル

イロウ城址と城東の墳墓群の GPS 調査を初めて実施し、清姜社の耕地に残る大小墳墓の群分布調査を行い、12LL.TK.M1〜M32 を測定、編番した［文献 6］。

2013 年、筆者が所属する東亜大学と、ベトナム国家歴史博物館との日越共同調査 5 年協定を交わし、紅河デルタ古代都市プロジェクトが立ち上がり、科研費によるルイロウ遺跡の学術調査を本格的にスタートさせた。初年度、遺跡の予備調査では、ルイロウ城趾・墳墓群の立地景観を GPS 調査で考察し、古城址の周辺にはザウ川沿いに大型集落跡、河川交通を利する港・船着き場など遺跡の存在が推定した［文献 6］。予備調査で得られた資料・情報に基づき、国の史跡・ルイロウ城址の発掘調査を企画立案し、ベトナム国家文化部・文物局の許可を得てルイロウ遺跡の学術調査と発掘調査を計画的継続的に実施してきている。2014–15 年度ルイロウ城趾第 1 次・第 2 次発掘では、遺構、遺物の地層学・型式学の検証より、ルイロウ築城のⅣ期区分を判明した［文献 7］。したがって、ルイロウ城址は、漢の武帝より設置された交趾郡治の所在地で、後漢・六朝隋唐初期に至って、交趾郡・交州の政庁都市として約 700 年間、栄えつづけた。唐代安南都護府の設立後、新政庁のハノイへ遷移されてから、ルイロウ城址が衰退の途に辿ったのである。

一方、本プロジェクトによる遺跡の学術調査と共に遺跡保存活動について、北寧省や当地県、社文化管理部門との協働で展開している。2012 年冬、ルイロウ遺跡の初年度調査終了後、北寧省文化局にて日越共同調査成果報告会を開催した際、交趾郡治・ルイロウ遺跡の歴史的意義を指摘し、現代社会の経済開発からこの東アジア古代都市遺跡の保存に尽力しなければならないと問題提起した。ベトナム国家歴博、北寧省博物館など関係者らに賛同していただいた。翌年、北寧省文物幹部によって、ルイロウ城址の保護看板が立てられたほか、関連する古代石刻・碑石の資料調査において「晋交州牧陶列侯碑」の発見につながった。この残碑の出土地は、ルイロウ城址以東 200m 清姜社清懐村の城隍廟「清懐廟」にあり、古くからこの城隍廟主は晋の交州刺史陶璜として祀られている。現廟内正殿の扁額には「北朝梁（良）目（牧）」が銘記され、その左右両側に掛けられている対聯には「傳受為先延世系」「民生後念德高超」とあり、陶璜の交州執政期の功績を讃えている。新出土の残碑の圭首に隷書文字で刻んだ「晋故使持節冠軍将軍交州牧陶列矦碑」を鮮明に判読し、ベトナム最古の石碑として報道され、国内外の学界に注目を浴びた。このルイロウ残碑の発見以来、碑文の解読によって、これは、晋の交州牧陶璜の顕彰碑として一般に認識されている。筆者が残碑の出土地周囲における現地調査と資料収集を行い、碑陽・碑陰に残存する碑文の判読や干支紀年を考察した結果、三国呉の「建興二年（253）」に建立された交州廟碑に該当するものと指摘した［文献 7］。この残碑の出土は本プロジェクトのルイロウ発掘資料を裏付けたもので、これまで時期不詳、正体不明のルイロウ城址は、交趾

郡（交州）治に該当し、古代東アジアにおける歴史の名城であることを、証明してくれたのである。

二　交趾郡治・ルイロウの都市空間を読む

（一）　交趾郡城建設の立地と景観

（1）古城址と墳墓群　交趾郡治・ルイロウ城址は、ザウ川の旧河道右岸に位置し、標高8.1mを測る〈図3-A〉。現在、城郭の土塁と外濠が断続的に残り、保存状態のよい北壁は高さ1～3m、外濠の残存幅が約15mである。2013年GPS調査では、掘削・埋没された城郭4隅や城壁・外濠のポイント地点を計測し、ルイロウ城郭の規格（西壁290m・東壁268m・北壁603m・南壁512m）と方位角（9°西振れ）を確認した［文献6］。古城址を中心に

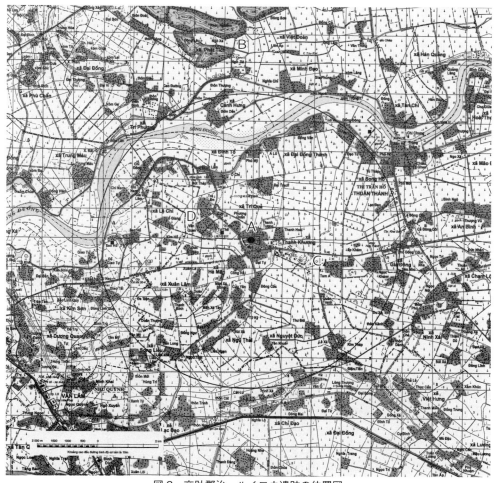

図3　交趾郡治・ルイロウ遺跡の位置図

16　総　論

図4　ルイロウ古城の立地方位

図5　ルイロウ城東墳墓群　TK.M31-M32

半径5kmの範囲には、河川勾配の緩慢な低平地勢を呈し〈図4・口絵5〉、ルイロウ城址の北に梁可山が聳え〈図3-B〉、城東の墳墓群〈図3-C〉やザウ川の旧河道沿いに手工業生産施設を含む集落遺跡〈図3-D〉など、交趾郡治に関連する遺跡が点在している。また、紅河デルタ平野において、河川の氾濫原に自然堤防が発達し、この自然堤防にあたる微高地を利用し、漢—六朝期の大小の墳墓が群在している〈図5〉。

（2）古河道・港・集落遺跡　ルイロウ城郭の西北隅から北西へ約800m、ザウ川の旧河道南岸一帯に磚瓦や陶磁器片が多量に散乱している。そこで採集したものを観ると城内の出土遺物と同類に帰する。よって、ここは生産施設を含む、政庁都市ルイロウの居住区に該当する可能性が高い〈図3-D〉。現存する城郭の外周には土塁と城濠で一周囲む〈図6〉が、北・東・南三面の土塁と城濠が隣り合わせで築かれたのに対して、土塁西壁と南流するザウ川の一部を利用した城濠の間に東西幅約40〜80mほどひらけている。しかも、土塁西壁の地勢がやや高く、西城濠の地点が相対的に低い、西壁と城濠との東西両者間には、広々としたスロープ状の地形を呈する〈図7・8〉。これは、周辺の城郭を守備するための軍事的駐屯基地としての見方があるが、しかし、この一帯に未調査で、物的証拠がなく、実態は依然不明である。筆者が2013年冬の現地調査時、城郭西側において養殖池の拡張工事があり、村民の作業で掘削された池の辺壁にスロープ状地形の断面観察ができた。そ

図6　ルイロウ外城土塁北壁・外濠

図7　ルイロウ外城土塁西壁外側

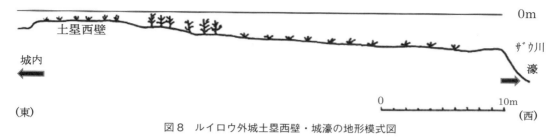
図8　ルイロウ外城土塁西壁・城濠の地形模式図

こは磚瓦・陶器片を混ぜた瓦礫層と粘土層が交互に造り上げた硬い盛土で、池の水面上から高さ1m余り、その周囲に漢〜六朝期の磚瓦、陶磁片が多量に散乱している。これら遺構、遺物を総合的に観ると、西壁と城濠の間に広々としたスロープ状の平坦地は、人工的盛土・土台造りと成しており、交趾郡治・都市ルイロウの河川交通・物流と深く関わる船着場、港施設の存在として推測できる。

（二）　ルイロウ都市建設の方位思想

（1）ルイロウ都市の空間配置　ルイロウ城内の中央北寄りに微高地を呈し、そこから北へ真っ直ぐ約6kmに延びる地点は、紅河デルタに聳える梁可山（別名「仏陀山」、標高約70m）に至る〈図3-B〉。この梁可山は、北方位を重視する交趾郡治・ルイロウ建設のランドマークに該当する。そして、ルイロウ古城の南面には、伝ベトナム最古の仏寺として知られている柚寺があり、その南西南200m地点に複数の六朝期の礎石が残る成道寺がある。いわば、郡県都市ルイロウの宗教空間として見て取れるし、また、城南の成道寺から真っ直ぐ北へ延びると、ルイロウ城内の中枢部を通して北の梁可山に指向することがGPS計測値で確認できた。これは、ルイロウ建設における南北軸線として考えられ、時の為政者らが紅河デルタの都市建設に注入したイデオロギーが読み取れるが、こうした南北軸線の空間配置は一体、何を意味するか、中国都市国家の形成期に遡る。

（2）中国古代都市のコスモロジー　紀元前2千年前後、中国最古の都市国家が誕生し、その文明装置として、分業を軸に祭壇・宮城・宗廟宮殿施設を中心とし、城壁と城濠によって一周囲まれた方形城郭が築かれた。この巨大な記年的建造物の建設は王権礼制と宗教信仰のイデオロギーを端的に具現された。

〔最古の王都〕　河南省偃師二里頭にあり、古城址の総面積は約300万㎡である。古城の中央には北方位重視の宮殿建築群が集中的に配置されている〈図9〉。二里頭Ⅲ期から古城址の中央には宮城が創建され、その城壁外周には東西・南北に直交する大型の道路も見つかった。また、宮城の北側は祭祀区、南側は手工業区が南北一直線に配置されている。それぞれの建造物は5〜10°西に振れ、いずれも北方位を重んじて建てられていた。この

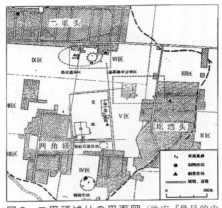

図9 二里頭城址の平面図（許宏『最早的中国』p43 挿図、科学出版社 2009）

ように、二里頭古城址において、宮城を中枢に祭祀・政治空間と専業組織化した生産施設が整然と区画されていた。すなわち、古代中国における王権礼制の空間配置は、紀元前2000年紀に創り出されたのである。

〔商代の都城〕　河南省偃師二里崗にある商の早期王都は城壁（東西1.2×南北1.7km）・城濠で囲まれた内外の二重構造をもつ方形の城郭で、総面積205万㎡〈図10-1・2〉。そして、商の湯王の都・鄭州商城は、総面積320万㎡の方形城郭（1.2×1.7km）である。安陽殷墟は商の後期王都（6×5km）で、都城の中枢部には宮殿・宗廟祭祀区が集中し、王権国家の儀礼センターとの役割を果たし、商王朝の宗教・政治の舞台装置として発達していた。

〔秦漢時代の帝都と陵墓〕　秦漢帝国の記念的建造物は、真北方位の追求を極めた。

中国古来の信仰理念において、北極星は「天帝」の座と象徴とし、天の中央をめぐり歩いて四方を統一する特殊な機能をもつ。また、北斗七星は天帝の乗物とも想像される。地上の秩序と天界の秩序、あるいは変化を互いに関連させる思考に基づき、諸々の記念的建

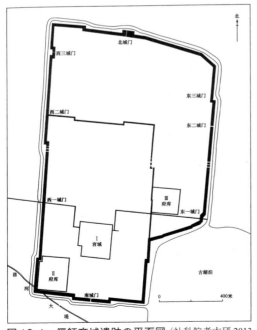

図10-1　偃師商城遺跡の平面図（社科院考古研2013《偃師商城》科学出版社より）

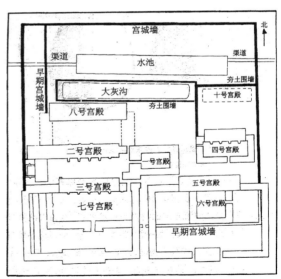

図10-2　偃師商城・宮城遺跡の平面図（杜金鵬2003『偃師商城初探』科学出版社より）

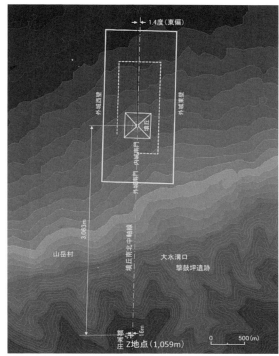
図11 秦の始皇帝酈山陵（『中国考古学』14号「衛星データを用いた秦始皇帝陵の陵園空間に関する一考察」の図4より）

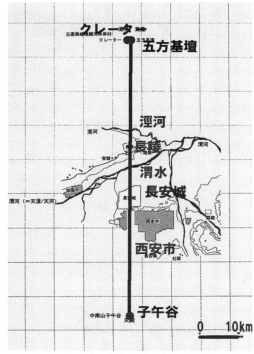
図12 漢の帝都長安の空間配置図

造物の建設には、真北方位を尊び、またそれを極力に求められていた。始皇帝は、自身の専制支配を正当化するために正方位を極めた咸陽宮と始皇帝陵を建設し、「法天象地」の雄大な空間が創出されたのである［文献8］。

　秦咸陽宮と酈山陵　理想的な都城建設は未完成のうち、秦が滅びた。しかし、巨大墳丘・陵園施設からなる始皇帝陵という雄大な文明装置は、帝国の思想理念を見事に具現されていた〈図11〉。

　一方、漢の帝都長安建設においてその理想的な文明装置を受け継いで完璧に築き上げた〈図12〉。漢の長安城遺跡は、現の西安市郊外に残り、総面積約36平方km、その7割は宮殿・政庁官衙施設が占められた〈口絵1・2〉。そして古来の方形城郭に比べて、屈折した南北城壁の構築が特徴的で、北壁の曲折は北斗を見上げた時の向きに似通ったもので、天体との対応関係が意識し、天文星象をデザインされたことが推測できる。また、筆者が漢長安城の周辺遺跡の踏査とGPS調査では、漢長安城と帝陵を取り囲む自然景観を観察してみると、興味深い事実が確認できた。西安市南にある終（中）南山の子午谷口から真北へ延長すると、漢長安城の南正門＝安門・渭河〈口絵3〉・高祖劉邦の長陵を通り、北の嵯峨山麓嵯峨郷天井岸村に残る五方（東西南北・中央）基壇、その西に隣接する径約230mの巨大な竪穴に至る〈図12〉。自然の山河と人工的な建造物の関連諸地点は、すべて南北

20 総 論

一直線上に並んでおり、南北全長 75 km。GPS 計測値によれば、各地点の方位角は真北か
ら東・西への振れが認められるものの、いずれも 30 分以内の範囲に収まっている。その
中央には渭水が東西に流れ、天河（天漢）として見立てられ、その南北両岸には漢の長安
城と高祖長陵とが生死・陽陰の象徴として対置された。また、渭水（天河）を中心に南端
の南山子午谷口と、北端の嵯峨山麓にある五方基壇・巨大な竪穴が南北にほぼ中心対称に
対峙されている。こうした秦漢帝都と陵墓における真北方位の追求と中心対称の原理は、
古来王者の道徳的かつ宇宙論的な中心定位の観念が一層強まり、「法天象地」という理想
的な帝都の神聖的空間が築き上げたと考える［文献8］。その後、歴代の都城・陵墓建築や
地方の郡（国）県都市の建設にも受け継がれていた［文献9］。また漢の帝国南辺にある南
越国都宮殿官署〈口絵4〉、閩越国の王都［文献9］、交趾郡治・ルイロウ城址［文献7］そ
して、日本古代都城制のモデルともなったのである。

　つまり、交趾郡治・ルイロウは古代中国の文明装置として、紅河デルタ平野湿地帯の微
高地に創設され、視覚的にも周囲から隔絶した権力文化のシンボルとして強く意識された
ものである。政庁都市としての機能を重視しながら、河川交通、水上運輸の利を活かし、
漢帝国南辺の物流を担う機能も兼ね備えていたと考える。やがて、嶺南地域において、最
大の人口数を擁する中核都市まで成長させていったのである。

三　発掘からみた交趾郡治・ルイロウの都市像

　2014–15 年、交趾郡治・ルイロウ遺跡第 1 次・第 2 次発掘調査を実施した〈口絵6〉。発
掘面積は計 122 ㎡、各調査区から検出した遺物は磚瓦建材、陶磁器、漆木器、ガラス製品
や銅鉄器・鋳造遺物、および動植物の遺存体など、合計 8000 点以上である。これら遺
構・遺物データの考察と分析によって、政庁都市ルイロウの支配層や市民レベルの暮らし
の様子が映し出され、ルイロウ都市像が明確によみがえるようになってきた。

（一）　ルイロウ築城の盛衰と編年
　現存するルイロウ城内の中央北寄りにやや高く、周囲が下がる緩やかな起伏を呈する地
形が見える。その周りの畑に磚瓦、陶磁片が散乱しており、付近の養殖池の壁面に露出さ
れた磚や瓦礫の堆積層が厚い。こうした磚瓦堆積の集中地帯に本科研調査の発掘区 T1〜
T5 を設定し、2014–15 年冬、当地の乾季において、ルイロウ城址第 1・2 次発掘調査を実
施した。第 1 次発掘では、城内には土塁の北東隅、北壁・北門らしき遺構〈図13・14〉

漢帝国南端の交趾郡治を掘る 21

図 13　ルイロウ北門跡

図 14　ルイロウ北門遺構（15LL.T1）

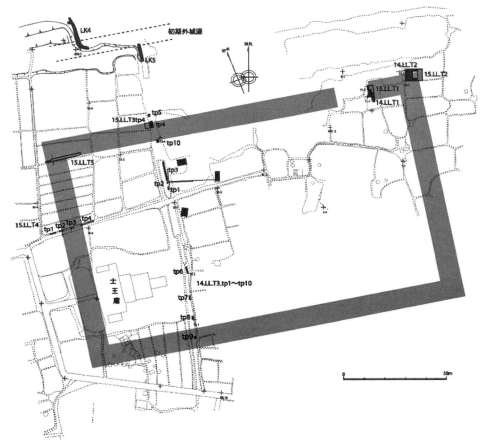

図 15　ルイロウ城址第Ⅲ期の内城復元図（2015）

を検出し、ルイロウ内城の存在を具体的に判明した〈図15〉。それによって、交趾郡治・ルイロウ城址は内、外城の二重構造をもつ方形城郭だったことも初めて確認できた。翌年、第2次ルイロウ発掘では、六朝期の内城プランを復元し、紀元前1世紀、交趾郡治の創設期における城濠を新たに検出した。これら発掘で得られた遺構・遺物情報を考察、検証し

22 総　論

図16　内城北東隅（14LL.T12）

た結果、ルイロウ築城のⅣ期区分（前漢 B.C.1c～六朝・隋唐初期 A.D.7c）を把握し、また炭 14 年代測定値も層位的な順序と概ね整合している。したがって、交趾郡治・ルイロウ城址の時期区分と編年を初めて確立したうえ、ルイロウの盛衰は 3 段階の変遷に辿れる。

（1）**創設期**　B.C.1 世紀～A.D.2 世紀（前漢後期～後漢）、ルイロウ築城Ⅰ期にあたる。城内中部北寄りの T1 下層部に北門道跡・盛土を検出し T2 下層部には磚列を検出した〈図 16・17〉。現地表下約 3m、最下層の遺構として、約 27°の傾斜角をもつ溝状の堆積で、そのなかの灰黒色粘土層から灰釉磚・瓦片、スタンプ文様の硬質陶片、漆耳杯や絹片など、漢代遺物の数々を検出した。それによって、ルイロウ築城第Ⅰ期の東城濠として判明した〈図 17〉。よって、Ⅰ期のルイロウ築城は、単一で小規模の方形城郭（東西 178×115m）である可能性が高いと考える。

（2）**拡張、発展期**　3 世紀～4 世紀（後漢末・三国呉～西晋・東晋期）、ルイロウ築城Ⅱ期にあたる。Ⅱ期のルイロウ建設は、創設期の小城を一周囲んだ大規格の土塁・城濠を築き、初めて内・外城の二重構造をもつ方形城郭が誕生させた。漢末～三国呉期の交趾郡太守士

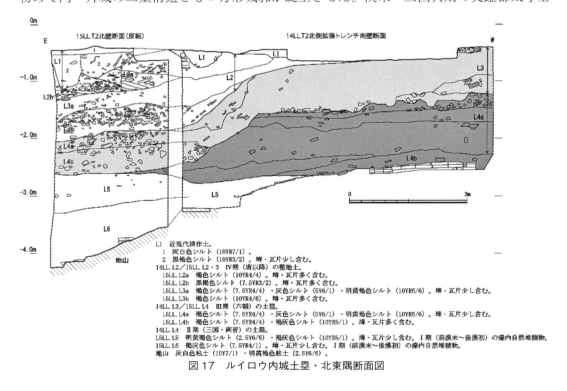

図17　ルイロウ内城土塁・北東隅断面図

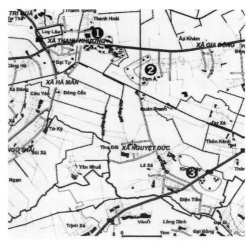

図18 ルイロウ内城北区・唐代建築址（14LL.T3.tp3） 　　図19 ルイロウ墳墓群の分布図

燮が優れた業績を遺し、交趾文化の発展と繁栄の最盛期が迎えられた。三国呉〜西晋期、交州刺史陶璜をはじめ陶氏一族4世代の活躍で交趾／交州地域の発展に多大な功績が挙げられた。その功績を讃え、後世に陶璜廟を建設、修繕しつづき、現在に至る。

（3）衰退期　5世紀〜7世紀初（南朝〜隋唐初期）、ルイロウ築城Ⅲ期にあたる。Ⅲ期内城〈図15〉は、基本的にⅡ期の構造プランを踏襲し、内外城の整地・修築が繰り返された。内城中央の微高地に列を成した唐代の床敷磚（14LL.T3）などが見つかり、磚造りの唐代建築址〈図18〉が確認できた。また、内城東部の軟弱な地盤には、瓦礫層と粘土層とを交互に搗き詰めて、内城敷地の基礎構造を強固化した。ここで検出した磚瓦・陶磁片の型式区分によれば、こうした軟弱地盤を補強する大規模の整地・地盤の強化作業は、六朝から持続的に繰り返されたが、唐代までに途絶えたことがわかる。

　（二）　ルイロウ墳墓群の調査と認識

　現在、交趾郡治・ルイロウ城址の東方に大小の墳丘をもつ古墓が群在している。

　20世紀末頃、ルイロウ城東の耕地に残る古墳は100基以上にのぼる〈図19〉、地元の住民らがこれらを「漢墓」と呼ぶ。従来、ここで考古学調査がなければ、関係資料の記録もないため、墳墓群の詳細は不明である。2012年、筆者がベトナム国家歴史博物館の協力を得てルイロウ城址と城東墳墓群の現地踏査・GPS調査を実施し、清姜社の耕地に現存する古墳墓32基（12LL.TK.M1〜M32）〈図20〉を測定し、その群分布を記録、考察した［文献6］。その後、内城の発掘と共に、ルイロウ墳墓群の分布調査をも行い、ほぼ3大墓区に分かれる。城東約1kmには清姜墓区〈図19-❶〉、続いて城址以東1〜2km範囲には参亜（Tam A）墓区〈図19-❷〉、また古城址から南東南3〜5km一帯、月徳（Nguyet Duc）

24　総　論

図20　ルイロウ墳墓群・清姜墓区

図21　交趾郡太守士王墓前の石羊

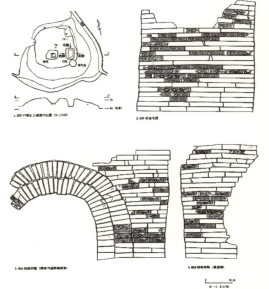

図22　ルイロウ城東漢墓 M28: 墳丘と磚室

墓区〈図19-❸〉がある。墳丘の形状について、これまで、円墳と見るのが一般的である、本プロジェクトによる城東墳墓群の現地調査では、墳丘実測を複数に行った結果、円形の墳丘として復元する（12LL.TKM18）ものがあれば、方墳の存在（12LL.TKM1）も確認できた。そして、参亜墓区にある士王墓の円墳前方に円彫石羊〈図21〉が置かれ、造形特徴や円熟な彫刻技法も後漢墓の石彫像と一致する。また、盗掘に遭われた複数の磚室墓に対する応急調査を実施し、露出した磚室の構造（TKM26・TKM28・TKM1）を観る限り、清姜墓区の磚室開口部は東西方向を軸にしたものが主流である。TKM28は全長5m、前室と後室からなるアーチ頂構造の磚室墓で、開口部は東向きである。横長前室の横幅2.4m、奥行約1.4m、縦長後室の長さ約3.6m、幅0.8mを測る〈図22〉、この磚室墓の構造プランは、紀元前後の漢墓にもよく見られる中軸磚配置型室墓の構造と一致する。

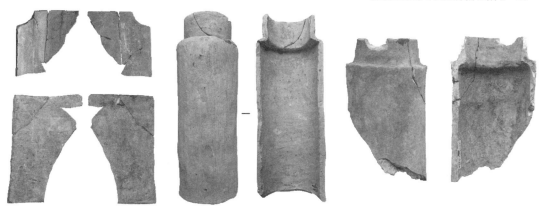

図23　ルイロウ内城から出土した平瓦・丸瓦

図24　ルイロウ出土瓦・人面文瓦当

(三)　出土遺物からのアプローチ

　ルイロウ城址の発掘では、様々な遺物を大量に検出した。磚・瓦建材や陶磁器が主流で、漆木器、銅鉄器、鋳造関連遺物や絹・ガラス製品、および動植物遺存体など多岐にわたる。

（1）瓦類　ルイロウ発掘では平瓦・丸瓦〈図23〉・軒丸瓦が大量に検出した。とくに「万歳」「官」など、漢字を施した文字瓦当があれば、雲文、人面文、蓮華文など、華やかな装飾文様を施した瓦当もある〈図24・25〉。瓦の製作技法について、中国文化の伝来要素が主流で、在地生産、独自な技法で作られたものも見られ、多彩多様である。

　1980年代、城内から「位至三公」「萬歳」を銘刻した文字瓦当が出土した。これら瓦当文様、造形特徴などは南京、鎮江、成都などで発見した三国呉・両晋・南朝・隋唐期の同類遺物と共通する要素が多々見て取れる。とくに、ルイロウ人面文瓦当は、南京出土の三国呉瓦当と類似しながらも、在地独特の造形美があり、人の顔描写も写実から徐々に抽象化への変化が看取できる。

（2）磚類　交趾郡治・ルイロウ遺跡の発掘調査からは建築材料としての磚が大量に検出した。基本的に長方形磚・楔形磚〈図26〉・菱形磚との3類に分かれる。漢〜六朝・隋唐時代磚の長側・短側には、様々な装飾文様が見られる。格子文、菱形文など幾何学文様〈図26〉が主流で、時期が新しくなると、円形・S字文、銭形文、波状文、蕨形文など多様化になる。ルイロウ内城北門跡から「大宮」と読む文字磚の残片が見つかり、「五」、

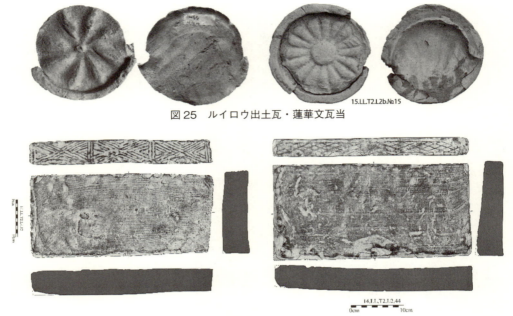

図25　ルイロウ出土瓦・蓮華文瓦当

図26　ルイロウ出土磚・長方形磚と楔型磚

「金」との文字が菱形文に加わる磚、また他地域に見られない灰釉磚〈図27〉、および城内からの採集磚には車馬・人物を施した画像磚〈図28〉などは交趾郡治・ルイロウ磚の特徴として認められる。隋唐時期の磚になると、大きく重厚化する傾向があり、綾杉（魚骨）文、忍冬文などの植物文様が特徴的である。さらに、ルイロウの城磚と墓磚の造形と文様がほぼ共通しており、それぞれ文様の型式学的考察を通して、漢から六朝・隋唐期に至って磚の時期区分が編成できる。

（3）**陶磁器類**　陶（灰釉）碗、杯、盤、壺、硯、および青磁の碗、盤、四系壺などが主流で、これら遺物の器形は、長江の中・下流域における重慶、南京、浙江省一帯の長江中・下流域や、福建、広東、広西などの嶺南地方で出土した漢～六朝・隋唐陶磁器の造形特徴と共通性をもつ。また、上層遺構からベトナム陳朝・阮朝の陶磁器をも多出している。

（4）**金属器と鋳造関連遺物**　青銅製品は五銖銭1・鏃2点、そして金銅製透彫仏像などが城内の遺構から検出した。五銖銭は北門跡の下層に見つかり、外周の輪郭が磨き取られ、磨（剪）輪五銖銭〈図29〉という。銅鏃は内城北東隅（14LL.T2）に四稜銅鏃1点、北壁中段（15LL.T3.tp4）に三稜銅鏃1点が見つかった。四稜銅鏃〈図30〉の頭部断面は四方形、頸部の断面は円形とし、それに円形の鋌部が付く。これは漢長安城武庫跡や巴蜀、楽浪土城など、数か所の出土例があるが、地域限定のモノとして見られる。また、内城北壁寄りの農家小屋裏の作業時、金銅製仏像の光背片〈図31〉が見つかり、仏像や背光の造形特徴を観察すると、六朝建康城から出土した金銅仏像残片、南北朝期の金銅仏像光背の出土

漢帝国南端の交趾郡治を掘る　27

図27　ルイロウ出土灰釉塼

図28　ルイロウ城址の画像塼

図29　ルイロウ出土五銖銭

図30　同左青銅鏃

図31　金銅製仏像光背

図32　鋳造関連遺物（14LL.T3.tp4）

図33　ドンソン系銅鼓鋳型片（14LL.T3.tp4）

例との類似点が見られ、造形様式の特徴考察を含む、6世紀後半に製造された可能性が高い［文献7］。

　ルイロウ内城の発掘区から鋳造関連遺物が多量に検出された〈図32〉。そのうち、在地文化の特徴を示すドンソン系銅鼓の鋳型片〈図33〉や坩堝、羽口、銅滓（14-15LL.T3.tp4）が多量に見つかり、また、金属器の研磨加工用砥石（14-15LL.T1）も多数出土している。これまで発掘調査の現状、出土遺物の層序からドンソン銅鼓の鋳型片や鋳造遺物について、年代的な裏付けをとるのは難しい。しかし、中に施文のある銅鼓鋳型片約100点を観察す

ると、いずれもドンソン系銅鼓の鼓面・胴部・脚部の内外范に当り、造形文様の型式学的特徴からは、今村氏の分類より Heger Ⅰ 2b 式〜Ⅰ 3b 式（1〜4 世紀）に相当する。また、ルイロウ発掘で出土した坩堝片の内外面に付着した熔融物の成分を透過 X 線分析で調べた結果、青銅の溶解に用いられた坩堝と、鉄の溶解に用いられた坩堝の存在が判明した。さらに、14-15LL.T1.L3 堆積層からは、鉄滓、鉄塊、鞴羽口、坩堝、炉壁片および砥石など、鍛冶工程に生じた遺物も多量に検出した。したがって、ルイロウ城内にはドンソン系銅鼓の鋳造工房と共に、製鉄施設の存在が推測できる［文献 7］。

<h2 style="text-align:center">おわりに</h2>

　ベトナム北部、紅河デルタの沖積平野に残る交趾郡治・ルイロウ城址の発掘調査を通して、古城内外の遺構・遺物に潜められた様々な情報を抽出し、文献に記されていないダイナミックなヒトとモノの動きを如実に描きだした。紀元前 2 世紀末に設置された交趾郡が強大な漢帝国の軍事力・経済力に一方的に飲み込まれたのではなく、在地文化と中国漢〜六朝文化を受け容れながら、海のシルクロードともつながり、穏やかで持続的な文化交流がはかられ、延べ 700 年以上栄えつづいたことを判明した。すなわち、郡県都市ルイロウの発展と繁栄は、ソフトパワー、文化交流の力によってもたらされたものである。とくに注意を引いたのは、2 次に亘るルイロウ発掘からの出土遺物は約 8000 点あり、その中には武器・武具らしいモノは、銅鏃 3 点のみ、また城内の発掘遺構において戦火に塗れた痕跡が見当たらなかったことである。それは侵略／抵抗といった対立的な概念、従来の征服史観にもとづく歴史理解とは整合しない、すなわち単純な文化拡散という文明伝播モデルとは異なる東アジア世界像が示唆される。これからアジア地域研究、並びに文明の伝播と受容の様相を考察する際、現代の「支配」という考え方に捉われず、古代の寛容な文化理解を想起することが重要であろう。

　注
(1)　ベトナム北寧省順成県壟渓村に残る古城址・Luy Lâu（＝羸陵）を「ルイロウ城址」と呼ぶ。現在の清姜社、参亜社一帯、城東、南東域に群在する大小の墳墓、また古城の周辺にある港湾集落や河川交通遺跡を含む、「ルイロウ遺跡」と総称する。

　参考文献
1　周振鶴『西漢政区地理』人民出版社（北京）、1987 年

2 〔越〕陳仲金（著）、戴可来（訳）『越南史略』商務印書館（北京）、1992 年

3 Madrolle「古代の東京」『フランス極東研究所紀要』第 37 巻、1937 年

4 Trần Đình Luyện "Khu di tích Luy Lâu（Thuận Thành-Hà Bắc）: Những chặng đường và kết quả nghiên cứu" *Khảo cổ học* số 4, pp. 66–73, 1989 年

5 西村昌也『ベトナムの考古・古代学』同生社、2011 年

6 黄暁芬編著『交趾郡治・ルイロウ遺跡Ⅰ』科研成果報告書、東亜大学、2015 年

7 黄暁芬編著『交趾郡治・ルイロウ遺跡Ⅱ──2014–15 年度　発掘からみた紅河デルタの古代都市像──』フジデンシ出版、2017 年

8 黄暁芬「漢長安城建設における南北の中軸ラインとその象徴性」『史学雑誌』115–11、2006 年

9 黄暁芬編著『漢魏帝国の空間構造──都城・直道・郡県都市──』科研成果報告書、東亜大学、2013 年

東アジア圏における衛星リモートセンシングデータを用いた古代都市遺跡調査

惠多谷　雅弘

一　はじめに

　考古学分野において、衛星データに最も期待されている役割は地表では確認不可能な遺跡の発見やそれらの全体像を広域的に捉えることであり、同分野における衛星リモートセンシングデータの有効性に関しては東海大学情報技術センターと早稲田大学古代エジプト研究所が衛星データによって発見と発掘に成功したダハシュール北遺跡（エジプト）の調査事例などで既に実証されている（図1）。WorldView や GeoEye などの最新の高分解能衛星データは、遺構建造物の形状や痕跡の調査、高精度な地形計測などで考古学調査の手がかりとなる情報収集が可能であり、詳細な地図情報が必要な場合や地図入手自体が困難な地域では、調査計画の立案あるいは現地調査での地図の代用としても利用可能である。

　ここでは、東アジア圏の嶺南地域（中国南部〜ベトナム北部：図2）に分布する漢帝国都市遺跡の調査事例を中心に、衛星リモートセンシングデータの有効性や可能性について述べる。

二　リモートセンシングと考古学

　リモートセンシング（remote sensing）とは、人工衛星や航空機に搭載されたセンサ（sensor）で地表の対象物から反射または放射される電磁波を観測し、それによって対象物や現象に関する情報を得る技術である。写真測量なども含まれるが、人工衛星からの地球観測技術として用いられることが多い。

　基本的に、リモートセンシングの観測には、空間分布、電磁波輻射エネルギー強度、時間的変化などがあり、優位点としては広域性や周期性などが挙げられる。このうち対象物あるいは現象の空間分布とその時系列的変化の観測データは地球環境の実態を理解する上で重要な情報であり、気象衛星 NOAA や地球観測衛星 Landsat などが30年余りにわたって観測したデータ蓄積がアラル海の変動（図3）やアマゾンの森林破壊などの環境問題を宇宙からの視点で明らかにしてきたことはよく知られる。

32 総論

図1　エジプト・ダハシュール北遺跡の発見（写真：大村次郷）

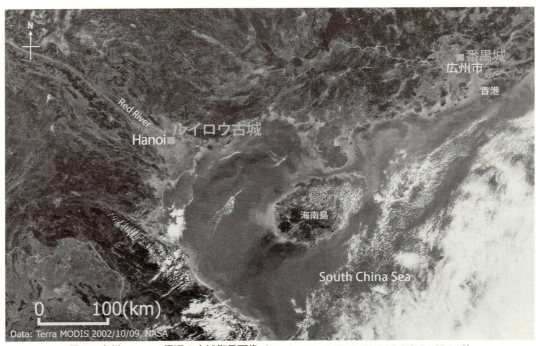

図2　広州〜ハノイ周辺の広域衛星画像（データ：Terra MODIS 2002/10/9 ©NASA GDAAC）

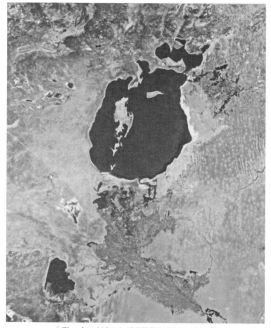 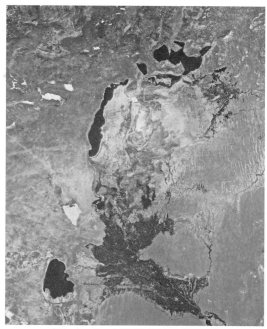

（データ：NOAA AVHRR©NOAA SAA）　　　　　　（データ：Terra MODIS ©NASA GDAAC）
　　a）1989 年 4 月 26 日　　　　　　　　　　　　　　b）2014 年 8 月 19 日

図 3　アラル海の変動

　衛星データは、地球温暖化、砂漠化、森林破壊など、今日の地球を取り巻く様々な現象の解明に既に欠くことのできないツールとなっている。考古学の領域においても、衛星が捉えられた近年の地球の姿を考古学や歴史学的知見と融合させながら分析することで、遺跡の分布や古環境を広域的かつ長期的視点で理解する研究が行われている。そうした衛星データ応用の新たな学際領域を「宇宙考古学（Space Archaeology）」という。宇宙考古学には、「未知遺跡の探査」と「古環境の推定」という互いに影響し合う2つの研究の流れがある。未知遺跡の探査には遺跡が形成された当時の気候、環境、歴史的背景などの理解も必要であり、古環境の推定には遺跡の分布、形態、出土物などが大きな手がかりとなることから、2つの研究は連係させながら進めていくことが重要である。

三　南越国都（番禺城）の調査

　科研費基盤研究（A）「東アジア文化圏の形成に果たした漢代郡県都市に関する学際的研究」の一環として、2014 年 3 月 24 日～同 3 月 28 日の日程で南越考古国際学術会議および広州市の日中越合同調査に参加した。調査では、B.C.3～2 世紀に嶺南に興起した南越国の考古調査に衛星リモートセンシングデータを応用するための基礎データ収集を主目

34 総　論

的として、番禺城（南越国都城）とその関連遺跡のグランド・トゥルース（ground truth: リモートセンシングの地上検証調査、以下 GT と呼ぶ）を 2 日間にわたり実施した。以下はその概要である。

（一）　広州古城の CORONA 画像

広州古城は、珠江デルタ北部の現在の広州市に位置し、越秀山南麓の緩やかな丘陵地に築かれた。考古学的な先行研究によれば、城郭の規模と建造範囲は時代によって変化し、番禺城と呼ばれる時代には現在の南越国宮署遺跡一帯に建造されていたが、三国〜唐代、宋〜元代と時代が新しくなるにつれて領域を拡張し、明清時代になると南北を珠江と越秀山、東西は越秀路と人民路に挟まれる範囲にまで至ったと考えられている。

衛星リモートセンシングデータには、気象、海洋、植生など、地球規模の広域調査を目的とした観測データや、建物、道路、車両などの判読や識別を目的とした高分解能データまで様々なものが存在する。図 4a は、米国の偵察衛星 KH シリーズが 1964 年 11 月 25 日に撮影した高分解能衛星写真 CORONA の画像データである。モノクロであるが、地上解像力約 2〜3m の高分解能で、今から約 50 年前の広州古城を撮影した考古学的にも貴重な写真である。2013 年 10 月 3 日撮影の米国の高分解能衛星 QuickBird 画像（図 4b）と比較すると、明清時代の新老二城の一部と考えられる城壁のうち中山路より北側の部分は 1964 年当時にはおおむね残存していたが、2013 年には消失しつつあることが分かる。

（二）　番禺城と南越文王墓

世界の古代都市や遺跡を見ると、方位を重視したグリッドプランを採用して建造物の配置が行われている事例が多い。そうしたプランが広州古城建造において採用された可能性を論ずるには、同城周辺の遺跡の配置や全体像、特に水と地形の関係の検討が重要であり、そのための手段として衛星データから得られる広域情報は有効である。

番禺城および南越文王墓は、いずれも珠江デルタ北側縁辺に位置する越秀山と隣接した小丘上に建造されている。両者の位置関係から、番禺城の立地選定において越秀山と珠江を意識した配置がなされ、特に越秀山の一峰「四方炮台（図 5）」についてはランドマークとなった可能性も考えられる。番禺城の規模と範囲についてはいまだ確定はされてないが、南越国宮署遺跡と接する北京路の方位を番禺城の南北中軸線と仮定し、衛星画像から方位を計測すると真北から約 1.4 度西偏していた。

一方、同じ画像から南越文王墓の南北中軸線の方位を計測すると真北から約 3.14 度西偏しており、北京路と同じく西偏ではあるものの方位角は一致しないことが分かる。同王

a) CORONA 画像 （1964/11/25 ©TRIC/USGS）

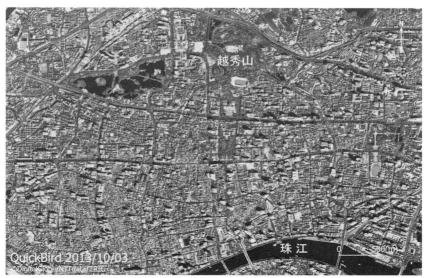
b) QuickBird 画像 （2013/10/3 Product©2013 DigitalGlobe, Inc.）
図4　広州古城の2時期の衛星画像

墓は、発掘調査後、上部が建物で覆われているが、1964年には樹木で覆われた南北方向に長い双円墳が存在していたようにCORONA画像からは判読できる。南越文王墓の南北中軸線については、隣接する解放路と方位が同じであることや、秦代石碑として知られる秦南海尉任君墓碑が南越文王墓と同じ解放路西側に配置されていることなども興味深く、漢帝国の都市形成理解においてこうした墓域を含めた検討も重要と考えている。

（データ：CORONA 1964/11/25 ©TRIC/USGS）
図5　想定される番禺城と四方炮台の位置関係

四　ルイロウ古城の立地環境検討

　2014年12月2日〜4日にかけて、ベトナム北部に分布する漢帝国都市遺跡の立地環境検討を目的とした日越合同のGTを実施した。GTの対象は、ハノイ市の中心部から東方約18kmに位置する漢帝国交趾郡城ルイロウ（Luy Lau）古城とその関連遺構である。主な使用データは、対象地域をカバーするLandsat8号 OLI、CORONA、SRTM DEM（Shuttle Radar Topography Mission/Digital Elevation Model）、WorldView-2などの多衛星データとAMS1:50,000地形図等であり、それらの画像判読、データ解析、GTを通して周辺遺構を含めたルイロウ古城の立地環境および空間的特徴の広域的理解が試みられた。主なGT地点と使用データを図6〜8に示した。使用した各データは、基本的に、同一縮尺、同一座標系（WGS84）で幾何補正することで、多次元解析が可能なデータベース化を行っている。

　データベース化した各データと考古学資料等によれば、ルイロウ古城は紅河支流の古河道ザウ（Dau）河の氾濫原上に位置する清姜社ルンケ（Lung Khe）村の微高地に建造されている。現時点において、周囲に環濠をもつ方形城郭の内部に内外城が存在していると考えられているが、城全体の領域は確定されていないようである。今回のGTでは、現地検証を必要とする地点を衛星データから予め選定した上で、各地点を実際に観察した。その結果を以下にまとめた。

東アジア圏における衛星リモートセンシングデータを用いた古代都市遺跡調査　37

（ベース画像：Landsat-8/OLI 2013/12/02 撮影）
図6　主な GT 地点（＋印）

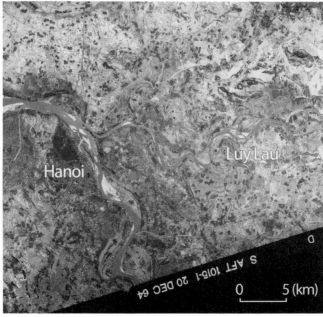

図7　a）CORONA 幾何補正画像（データ：1964/11/25 ©TRIC/USGS）

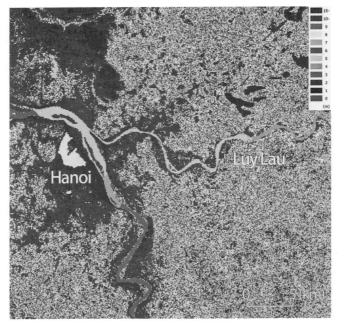

図7 b) SRTM DEM（数値標高モデル）

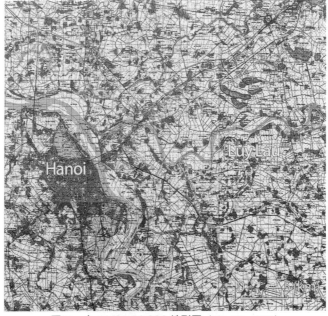

図7 c) AMS1:50,000 地形図（©EastView/PVC）

（データ：WorldView-2 Product©2013 DigitalGlobe, Inc.）
図8　WorldView-2 幾何補正画像（2013/11/03 撮影）

（一）　ルイロウ古城の立地環境

　現時点で外城と考えられている方形環濠（図9）内側の範囲を WorldView-2 画像およびそれから抽出した DSM（Digital Surface Model: 表層高さ）データから計測すると、その規模は東西約 569m、南北約 292m、表層高さは海抜約 8m（図10：建物・樹木等がない部分）、周囲の氾濫原との比高は約 +2〜3m である。ナイルデルタの古代エジプト遺跡などは、ナイル川の氾濫の影響を避け、コーム（ヘブライ語ではテル）と呼ばれるマウンド上に形成さ

a）ルイロウ古城（外城土塁）

b）コーロア古城（内城土塁）

図9　ルイロウ古城とコーロア古城の城壁の現状

40　総　論

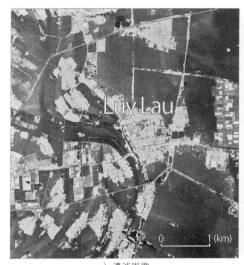
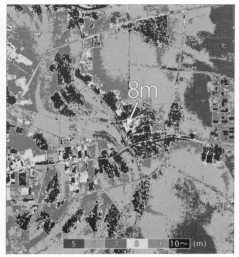

a）濃淡画像　　　　　　　　　　　　　　b）カラーレベルスライス画像
図10　ルイロウ古城周辺地区のDSM画像
（データ：WorldView-2 Product©2013 DigitalGlobe, Inc.）

れているが、ルイロウ古城周辺に集中的に分布する漢墓群も、規模は異なるものの、それと類似したマウンド形状を有していることが今回のGTによって確認できた。ルイロウ古城の立地条件として河川氾濫の影響を受けにくい紅河デルタの小高い丘が選定され、そこに城が建設されたと考えるならば、当時のこの地区の氾濫水位は海抜8m未満であった可能性が推定される。

（二）　ルイロウ古城の領域空間検討

　CORONA画像から判読されるルイロウ古城の領域空間について、ほぼ同時期に建造されたコーロア古城を比較資料に検討すると、コーロア古城には内城、中城、外城の3つの城壁が存在していると考えられており、それらの総面積を画像計測すると現時点でルイロウ古城の外城と考えられている領域の約20倍にも及んでいる（図11）。一方、ルイロウ古城のこうした領域空間や全体像についての研究はこれまであまり行われていないようである。そこで今年度の調査では、こうした従来の考古学的見解にもとづく同城の領域空間理解とは別に、衛星画像上の水域分布と地形データからルイロウ古城の領域空間の新たな可能性について検討を試みた。

　図12および図13はその結果であり、現在の水域をWorldView-2画像から抽出し、それらの空間的な連続性とDSMから理解される微高地領域を重ね合わせて目視判読したところ、ルイロウ古城の領域空間の新たな可能性としていくつかのパターンが想定できそうである。

東アジア圏における衛星リモートセンシングデータを用いた古代都市遺跡調査　41

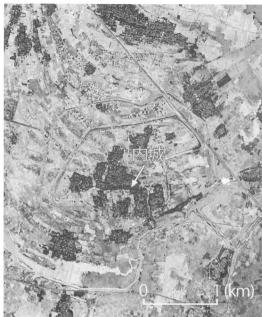

a）ルイロウ古城　　　　　　　　　　　　　　b）コーロア古城
図11　同一縮尺で比較したルイロウ古城とコーロア古城
（データ：CORONA 1964/11/25 ©TRIC/USGS）

図12　従来研究におけるルイロウ内外城の範囲（太破線）と現在の水域（黒色部分）
（データ：WorldView-2 Product©2013 DigitalGlobe, Inc.）

42　総　　論

図 13　DSM と水域分布から可能性が想定されるルイロウ古城の領域（白色部分と細破線）
（データ：WorldView-2 Product©2013 DigitalGlobe, Inc.）

（三）　ルイロウ古城の南北軸線

　CORONA 画像からルイロウ古城の南北軸線の方位を計測した結果、真北から西偏約 9 度（環濠東壁側を基準）となり、南北軸線を北方向に延長すると仏跡社（xa Phat Tich：図 14 後方の山地）に到達することが分かった。GT の結果、現在大仏像が建つ海抜約 84m の山

図 14　仏跡社（xa Phat Tich: 写真中央の山頂部に大仏像が見える）

頂は視界が良い日にはルイロウ古城から視認可能と判断され、同城の立地選定におけるランドマークとして利用された可能性も考えられる。

（四） 遺跡の有望地点

CORONA および SRTM/DEM 画像などによれば、ルイロウ古城の約 2km 東方（GIA DONG）、Tam A 北側の道路上に海抜約 8m（SRTM DEM による）を有し、方形状に樹木が茂る微高地（以下 Site No.54 と呼ぶ：図 15）の存在が判読できる。現地を検証すると、今現在は集落に変貌しているが（図 16）、CORONA 画像が撮影された 1964 年当時まではルイロウ古城の関連遺構とも考えられる何らかの構造物が存在していた可能性がある。樹木に囲まれた中央部分を CORONA 画像から計測すると、その規模は約 50m×50m、南北軸線はルイロウ古城と同様に西偏約 9 度である。早急な考古学的検証が望まれる遺跡の有望地点である。

（五） ザウ河の河道変動

ザウ河の河道変動について 1964 年に撮影された CORONA 画像で判読した。CORONA 画像によれば、ザウ河の河道変動基点はルイロウ古城の真西に位置するセンホ（Sen Ho）地区にあり（図 17）、同画像が撮影された当時には、現在は農耕地となっているルイロウ古城の北西地区に少なくとも 10 本の河道変動の痕跡が残っていた（図 18）。センホ地区は、ザウ河の氾濫の影響を受けにくい海抜 10m 以上の微高地（SRTM DEM による）であり、この一帯の遺跡の立地条件を満たしていると考えることが可能である。ルイロウ古城との位置関係も大変興味深く、例えば港湾施設の可能性を含め、同地点とルイロウ古城の関連性についての検討も重要かもしれない。

（六） DSM の有用性

今年度の調査では 2 シーンの高分解能衛星画像（WorldView-2）から建物や樹木などの地物を含む DSM データを作成し、試験的に用いた。そのなかで、特に氾濫原に分布する漢墓群や河道痕跡などの抽出に DSM が有効であった。図 19 は、WorldView-2 DSM 濃淡画像を斜方向から俯瞰した画像で、明るい部分は標高が高いことを意味している。この画像からルイロウ古城の南東方向に海抜約 7m の弧状の微高地（周囲との比高約 1m）が存在し、そこに漢墓群（図 20：M32、M31 ほか）が集中分布している様子や、旧河道の痕跡などが明確に判読可能である。

44 総論

a） 遺跡の有望地点

b） 拡大画像
図 15　遺跡の有望地点 Site No.54
（データ：CORONA 1964/11/25 ©TRIC/USGS）

東アジア圏における衛星リモートセンシングデータを用いた古代都市遺跡調査　45

a) GIA DONG 村の中心部

b) GIA DONG 村の南端側
図 16　遺跡の有望地点の現地写真

46　総　論

図 17　Sen Ho 地区の集落

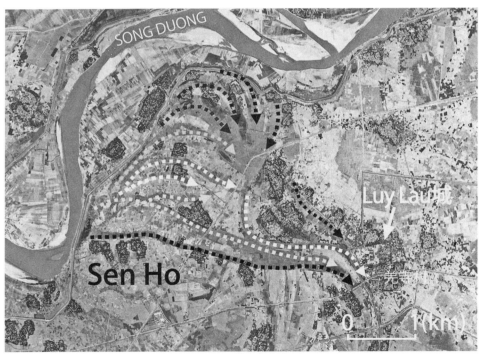

図 18　ザウ河の河道変動痕跡（破線矢印）
（データ：CORONA 1964/11/25 ©TRIC/USGS）

東アジア圏における衛星リモートセンシングデータを用いた古代都市遺跡調査　47

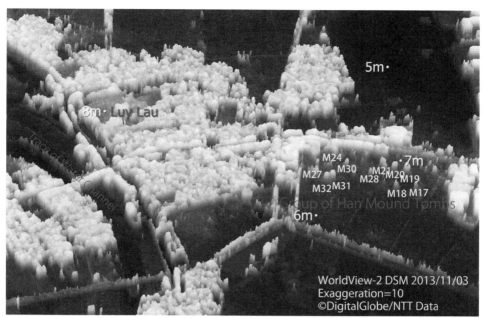

図 19　DSM 俯瞰図（高さ方向は 10 倍強調）
（データ：WorlgView-2 2013/11/3 Product©2013 DigitalGlobe, Inc.）

図 20　漢墓 M32（左）および M31（右）

五　まとめ

近年、気候変動や地域開発に起因する水供給パターンの変化や水資源の減少が世界各地で発生している。このような環境変動から遺跡を保護し、整備していくためには、個々の遺跡に着目するだけではなく、周辺環境を含めた広域的視点での調査が必要であり、なかでも水と遺跡の関係の研究は大変重要と考えられる。

2013〜2014年度の調査では、番禺城およびルイロウ城をテストサイトとして、デルタ地帯に形成された都市遺跡の広域的検証（概査）を多衛星データの画像解析とGTによって試みた。そのなかで、特に同城の領域空間検討、遺跡の有望地点の特定、水環境変動の調査において衛星リモートセンシングデータが活用可能であることが分かってきた。東アジアの都市遺跡調査に衛星リモートセンシングデータを応用した例は多数あるが、衛星リモートセンシングや考古学の専門家を含む多分野の研究者による分野横断型研究でその有用性や可能性を具体的に提示した事例は少ない。今後は衛星搭載合成開口レーダSAR（Synthetic Aperture Radar）などの新たな観測データも加えつつ、さらに調査地点を拡大しながら、東アジアの都市遺跡調査に適した新たな手法を探っていく計画である。

参考文献

坂田俊文、惠多谷雅弘、吉村作治、近藤二郎、長谷川奏、坪井清足、"衛星によるピラミッド探査と古代エジプトの遺跡発見について"、写真測量とリモートセンシング写真測量とリモートセンシング、Vol.36、No.6、pp. 41-53、日本写真測量学会、1997。

早稲田大学エジプト学研究所編、『ダハシュール（I）——宇宙考古学からの出発——』、pp. 1-120、Akht Press、2003。

日本リモートセンシング研究会編、『リモートセンシング・ノート——原理と応用——』、p. 2、技報堂、1975。

日本リモートセンシング研究会編、『リモートセンシング通論』、pp. 1-2、2000。

第1編　ベトナム

2014年ルイロウ古城発掘調査の新発見

張　得　戦（Truong Dac Chien）
（訳）範氏秋江（Pham Thi Thu Giang）
新津　健一郎

　「ルイロウ古城遺跡はバクニン省トゥアンタイン県タインクオン村に位置する。北部ベトナムにおいて最も大きくかつ古い都市であり、紀元以後10世紀の段階における遺跡の中で、遺物は質・量とも最も豊富である。その歴史を通じ、ルイロウは政治・経済の中心であるだけでなく仏教・漢字・儒教の受容と展開という文化・宗教上の中心でもあった。それゆえルイロウは北属期の歴史研究において第一級の対象であり、その研究によってこそベトナム民族の重要な歴史時期を解明できる。それは、独立のための闘争のみならず経済・文化の発展期であり、大越文化・文明の輝かしい発展を準備した段階であった。」
(Trần Quốc Vượng, Hà Văn Tấn, Diệp Đình Hoa 1975: 223)

一　研究史

（一）

　ルイロウ（羸陬）は、中国では『漢書』地理志・『晋書』地理志・『水経注』・『三国志』、ベトナムでは『越史略』・『大越史記全書』・『大南一統志』といった古籍に記されてきた。これらの記録には混乱も多いが、ベトナムと中国双方の編纂者の手になる記録を通じ、ルイロウ（羸陬）は漢交趾郡の治所、北属期における仏教の中心地とされてきた。

（二）

　フランス植民地時代、ルイロウ古城は国内外の研究者によって論じられた。中でも注目すべきは1937年に発表されたMadrolleの"Le Tonkin ancien（古代のトンキン）"である[1]。文献記録とWintrebertの踏査記に基づき、Madrolleは漢代の交趾郡治・羸陬が当時のルンケー村に位置し、ルイロウ遺跡こそがその古城であるとした。未解決の問題は残ったにせよ、Madrolleの見解はその後の研究に道筋をつけるものとなった。

52　第1編　ベトナム

（三）

　1954年から1960年、ルイロウはベトナムの通史や地理・文化・宗教研究の中で何度も言及こそされていたが、本格的な考古調査が始まったのは1968年であった。この年の年末、考古学院が初めて発掘調査を行い、城郭遺構、住居遺構、墓葬、宗教建築などを発見してルイロウ古城の大まかな全体像を明らかにした。

　1968年の発掘調査成果を踏まえ、考古学院は1969年末に第2次調査を行った。このときは地表面の調査とともに城郭内外の発掘が行われ、ルイロウ古城は築造・修復を経て長期にわたり利用され、今に残る遺構は六朝・隋唐期のものであるとの認識が得られた（Trần Đình Luyện 1970: 5. Trần Đình Luyện 1991: 10–11）。

（四）

　その後、1986年に「紀元以後10世紀のベトナム文化（Văn hóa Việt Nam 10 thế kỷ sau Công nguyên）」という国家プロジェクトの下、考古学院はハノイ総合大学歴史学部・博物館学部（現ハノイ人文社会科学大学・文化大学）、ハバック省文化通信局及びハバック省歴史編纂委員会の協力を得てルイロウ古城の研究を進めた。この時には城塞遺構の測量と土塁の調査、城郭内外における住民生活の検討が行われた。その結果、ルイロウ古城の規模、構造とその性格が明らかになり、土塁・墓葬・住居遺構に基づいて年代観を示すことにも成功した。それによれば、ルイロウ古城は紀元前後ごろに築造され、10世紀に至るまで修築を繰り返したこと、士燮廟周辺の発掘地点から出土した多数の建材や日常生活用品からは紀元前後から10世紀の間においてここに大規模な都市が存在したことが明らかになった。城郭外ではバイドンザウ（Bãi Đồng Dâu）にて発掘が行われ、ザウ川の岸にあって紀元前後から8世紀まで利用された漁民の集落であると結論された（Tống Trung Tín, Lê Đình Phụng 1986）。

（五）

　その後10年あまり研究の停滞があり、20世紀末から21世紀の初めにかけて発掘調査事業が再び活発化した。1998年11月、日本の考古学者・西村昌也氏は調査の中で北側土塁にて銅鼓の鋳型破片1点を発見した。西村氏の発見は大いに話題となり、学界の注目を浴びた。その後、1999年と2001年に人文社会科学大学歴史学部は西村氏の協力を得て、考古学院、バクニン省文化通信局とともにルイロウ古城発掘調査を行った。その間、2000年には人文社会科学大学歴史学部考古学研究室の教員と1・4年次の学生による発掘調査も行われた。この発掘では建築の遺構、窯跡、墓葬などが発見され、ルイロウ古城の造営

技術や年代に関する新知見が得られた（Nguyễn Văn Anh 2000, Nishimura 2001）。

（六）

2008年、ベトナム歴史博物館（現国家歴史博物館）は日本の東亜大学と共同で北部ベトナムにおける遺跡発掘を行ったが、その中にはルイロウも重要な対象として含まれていた。まず予備調査として城郭内外の墓葬についてGPS探査を行い、その後2012年・2013年に国家歴史博物館・東亜大学とバクニン省文化情報スポーツ局との協力の下、ルイロウ古城とその周辺に対して綿密な調査を行った。その成果を踏まえて2014年末、国家歴史博物館、東亜大学とバクニン省文化情報スポーツ局によって行われたのが第7次ルイロウ古城発掘調査である[2]。この調査では、ルイロウ古城及び北属期の北部ベトナムについて以下のような新知見を得ることができた。

二　第7次調査の新発見

（一）　城郭内東部の城壁遺構（図1・2・3）

トレンチ14.LL.T2では東壁の一部が確認された。T2は5層からなり、地表からの深さは3mである。城壁は断面によって4期に区分できる。最も時代が下るのは五代・宋時代（10世紀）の層である。その下は灰白色の粘土層で、隋唐時代（6-9世紀）のものである。次いで茶色の粘土層で、南朝期（5-6世紀）にあたる。最も古いのは炭混合黒色層で、後漢・三国期（2-3世紀）のものである。そのうち第3層と第4層は内城北壁の東隅部分にあたり、南北6.5mにわたって広がる。地層変化の観察及び遺物の分析から2期にわたって造られたことが明らかになった（NEW I・NEW II）。高さは1.8m、基部の幅は5m、上部の幅は2.5mであり、表面には厚さ約10cmの磚積みがある。NEW I期には灰色の粘土が使われ、年代は南朝時期（4-6世紀）とみられる。NEW II期は茶色の粘土層で、青銅鏃が出土した。造営・利用期は後漢・三国時代（2-3世紀）とみられる。その下のL5層は整然とした磚詰みの基壇で、長さは約4m、幅約80cmである。基壇の両側と中心部とでは使われた磚の寸法と模様が異なり、年代も一致しないと考えられる。城址の東に位置する後漢時代の墓葬（TKM28）で出土した磚と同じ幾何模様を持つものも確認された[3]。

（二）　内城北壁・北門遺構

ルイロウ城の北壁・北門遺構はトレンチ14.LL.T1で検出された。地層は5層、4期に分けられる（14.LL.T2.NEW I-IV）。近代耕作土層（L2）では最も新しい時期の城壁が確認さ

54　第1編　ベトナム

図1　東部内城壁（1）

図2　東部内城壁（2）

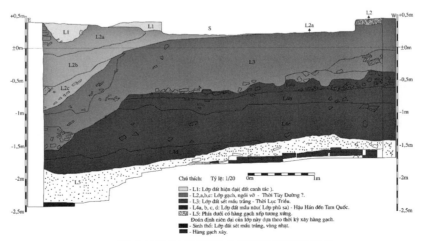

図3　東部内城壁断面図

れた（IV 層）。III 層は南朝から隋唐期の遺物が出土した濃い灰色の地層である（6-8 世紀：L3）。黄褐色・白色混合粘土層からは南朝期の遺物が出土した。II 層である（4-6 世紀：L4）。その下の I 層は灰色粘土層で、漢代・三国時代の遺物が出土した（1-3 世紀、L5）。地層に関する以上の検討から、ルイロウ城は交趾郡の都市として漢代から六朝・隋唐時代にかけて修築を繰り返したことが明らかになった。

この他に、最初期の地層である L5 層（14.LL.T1.L5：1-3 世紀）から内城北門とみられる遺構が発見された。L5 層からは南北方向に向く城壁の基部が発見された。遺構の状況からルイロウ内城北門の位置とみられる。注目すべきはトレンチ T1 から見つかった「大宮」という文字をもつ磚の破片である。これは内城の位置に関する筆者らの仮説を裏付ける物証である。

（三）　内城の南端及び建築の基壇

士燮廟の背後には、城内を南北方向にはしる現代の農水路がある（14.LL.T3）。これを利用し、層序と内城の位置を確かめるためにトレンチを掘削した（TP）。T3 の地層は 4 層に区分できる。茶色を呈する南朝・隋唐期の地層（14.LL.T3.TP9.L3）からは、内城区の南端が確認された。また、やはり 14.LL.T3.TP3.L3 からは隋唐期の建築遺構が発見された。

（四）　陶製銅鼓鋳型片の集中的発見

前述のように、T3 区では地層と内城区の調査のためトレンチを掘削した。ルン寺（đền Lũng）の北側約 80m、トレンチ T1 の西側約 90m の地点ではトレンチ 14.LL.T3.TP4 を掘削した。この南側約 20m の地点では 1998 年に西村昌也氏が銅鼓鋳型片を発見している。

トレンチの面積は 3.5m^2（3.5×1m）、前出の水路に沿って掘削した。以前その水路は深さ約 70〜90cm だったが、近年、住民によって養殖池が造られた際に、残土によって埋め立てられた。トレンチの層序は以下の通り。

最上部に 3-5cm の表土層。

次に淡褐色の粘土層があり、多数の植物根、ビニールや瓦の破片を含む。住民が養殖池を掘削した際の残土である。厚さは約 90cm。

次は茶色を呈する層で、多数の赤色を帯びた磚の破片を含む。厚さは約 10cm。

その下は灰色の層で、磚の破片を含む。厚さは約 10-20cm。

次は灰色の層である。T1.L3 層と同様、厚さは約 30-60cm。

その下は砂と灰黒色粘土の混合層。厚さは約 20-30cm。陶製銅鼓鋳型片を検出した地層である。

56　第1編　ベトナム

　その下にはかなり硬い地層があるが、トレンチが狭いことに加え、養殖池が近接するため浸水が激しく、対処が困難なため以降の発掘は中止した。今後の調査拡大に備え、現在は防水処置を施したうえで埋め戻してある。

　これはドンソン銅鼓鋳型片が集中的に出土した初の事例である。1998年11月、西村昌也氏は、筆者らが調査したトレンチTP4の南側約20mの地点で銅鼓鋳型片を検出したが、氏の発掘調査報告書（2001年）によれば、住民が煉瓦造りのために地面を掘ったところ出土した鋳型を表面採集したのだという（Nishimura 2001: 1）。それゆえ、今回の発見は大きな意味をもつ。

　陶製銅鼓鋳型片は深さ1.8-2.0mから出土した。トレンチTP4の全体に分布するが、南側に比較的集中し、合計38点を検出した。外笵（外型）・内笵（内型）及び鼓面・胴部・脚部等の鋳型が含まれ、ドンソン文化に特徴的な幾何学模様、たとえば連続円文・同心円文・斜線文等が確認できる。外笵鋳型片の胎土は赤色あるいは薄赤色を呈し、内笵のそれは灰白色をみせる（図4）。

　鋳型片だけでなく銅鼓の鋳造工程に関わる遺物も発見された。例えば、銅の液体を注ぐ湯口などである（図5）。以上の遺物に関する考察から、銅鼓の鋳造工程について以下の仮説を立てることができる（図6）。

　①鋳型の主型をロクロ台において成形する。

　②胴部の外笵・内笵を成形し、文様を施す。

　③鼓面を成形し、文様を施す。

　④銅鼓の耳部鋳型を成形する。

　⑤各部の鋳型を組み立て、銅を鋳込む。

　鋳型の年代は、共伴した蓮華紋瓦当・陶片によれば4世紀と判断される。さらに、検証のため鋳型の破片2点から炭化物を採取し、ドイツの考古研究所にて炭素14年代測定を行ったところ、以下の結果を得た。

（試料1）+23228 Luy Lau Probe 1: 2170＋/−22 ―― 1 sigma cal BC 349-181///2 sigma cal BC 357-167

（試料2）+23229 Luy Lau Probe 2: 3061＋/−23 ―― 1 sigma cal BC 1386-1311///2 sigma cal BC 1401-1268

　二つの試料には相異なる年代が検出された。試料1の年代は紀元前4-2世紀で、ドンソ

2014 年ルイロウ古城発掘調査の新発見　57

図 4　銅鼓鋳型片

58　第1編　ベトナム

図5　銅鼓鋳造関連遺物

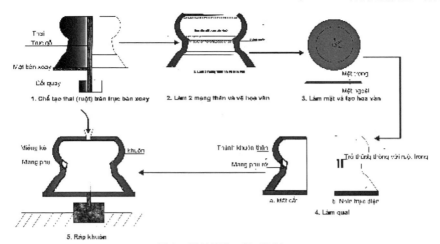

図6　銅鼓鋳造工程（推定）

ン期にあたる。試料2の年代はより早く紀元前15–13世紀、つまりフングェン文化末期、ドンダウ文化初頭に相当し、ドンソン期以前にあたる。採取した炭化物試料は本来鋳型片とは無関係であり、偶然付着したものにすぎないのかもしれない。いずれにせよ、2件の測定結果はともに予想外に早い年代であった。このことは、紀元前4–2世紀やそれ以前の時期に属する遺物が撹乱によって後代の地層に混入し、六朝期の地層であるTP4から検出されるに至ったとも解釈できる。しかし、銅鼓鋳型片の年代をより下ったものとみる根拠もあることには注意が必要である。西村氏は2001年にルイロウ遺跡ではじめて鋳型の破片を発見し、紀元2世紀の遺物と判断した（Nishimura, Nishino, Phạm 2002: 551.）。その鋳型の破片の模様はヘーガーI式銅鼓と同様の幾何学意匠であり、人物や鳥類、船などの図像は見られない。一方、Li Tana 氏はドンソン銅鼓が6世紀に至るまで北部ベトナムで鋳造し続けられたことを指摘している（Li Tana 2011: 47.）。この問題に関しては、今後の発掘調査を通じて解決されることを期待する。

三　結　論

（一）　遺跡について

（1）

今回の発掘調査ではトレンチ14.LL.T2にて東城壁を発見し、はじめて内城の遺構を確認した。その断面によって城壁は2期（前期・後期）にわたって造営・修復されたことが明らかになった。後期は4–6世紀の灰白色の粘土層、前期は茶色の粘土層で年代は1–3世紀である。従来の成果との比較から注目されるのは、1986年、外城北壁発掘調査の際に

確認された城壁断面である。これは灰黒色の層の下の粘土層で、今回発見されたトレンチ T2（南朝期）の地層（L3）と同じものである。当時発掘調査に参加した研究者によれば、その地層は後漢・六朝期のものだが、後漢初期あるいはそれ以前に造営され、継続的に修復されていたという（Tống Trung Tín, Lê Đình Phụng 1986: 10, 24）。このことは内城東壁の地層の年代に関する筆者らの認識と整合する。

（2）

層序に関する認識はまだ必ずしも一致をみないが、関係資料を総合的に考察すると、トレンチ T1 で出土した遺構は内城の北門と北壁である可能性が高い。城壁は後漢以降何度も修築されており、ルイロウの継続的利用を示す。北門遺構の位置は内城の隅であり、1986 年にベトナム人研究者が作成した復元図の推測とおおよそ一致する。

（3）

T3 区のトレンチの調査からは内城区の南限が確認された。TP9 には茶色の地層が検出されないため、ここが内城の南限と考えられる。

（4）

以上の分析結果から、内城の位置と規模がはじめて復元可能になった。1986 年に作成された復元図に対し、今回の発掘結果によって内城の位置は東・北よりに移ることになった。内城の範囲は東西 170m、南北 110m である（西壁の位置は地形による仮定である）。城壁と建築群は漢代に造営されたが、三国・魏晋・南朝・隋唐各時代にも修築を繰り返しながら利用され、後代に至る厚い文化層を残した。

（二）　遺物について

（1）

今回の発掘調査で出土した遺物は 1200 点以上にのぼり、種類も材質も年代も様々であった。具体的には、ドンソン時代から漢、六朝、隋唐を経て 16 世紀前後までの陶製・石製・金属製建材、生産工具、生活用品などである。

（2）

以上のような出土遺物によって、この遺跡の複雑な性格を読み取ることができる。磚などの建築部材からは、住居やさらに大規模な建築の存在が示唆される。建築遺物の研究によって、磚には赤色・灰色の二種があり、灰色の瓦は後漢から六朝時代までに作られ、赤色の瓦は隋唐代ないしそれ以降に作られたことも解明された。以上からみれば、この遺跡の建築群は後漢から六朝の時期と隋唐代という二つの時期に造営・修復されたといえ、これまで論じてきたことと一致する。

（3）

　出土した生活用具は碗・壺・甕や施釉陶器である。これらによって、かつてここに官僚・知識人だけでなく一般民衆が居住し、後漢から六朝期にかけて長期にわたり利用したことが推測できる。トレンチ T1 の黒色土層からるつぼやスラグが出土したことから、金属器の生産工房も所在したと考えられる。紡錘車や網の錘などの漁具も発見されたことから、漁業や手工業が行われていたことも示唆される。

（4）

　今回の発掘調査で採集された遺物と 1986 年に発掘されたバイドンザウ遺跡の資料とを比較すると、差異はそれほど多くない。ただ、興味深いことに、1986 年の調査に参加した研究者は、遺物分析の結果、バイドンザウ遺跡の住民の生活は城内の中国的生活と異なる（在地的な様式である）と述べた。しかし、今回の発掘調査の成果からは城内の生活の様子も城外の人々のそれとほとんど異ならないと考えられる。このことが示唆するのは、城内とはいえ決して漢人支配層の生活様式が主流というわけではなく、在地住民も存在感を示し、ルイロウの存続・発展を支えていたということである。

（5）

　銅鼓鋳型片とそれに付随する遺物の発見によって、銅鼓の鋳造工程や北部ベトナムにおけるドンソン銅鼓の土着的性格が解明された。

（三）　長期的発掘調査研究の必要性

　ルイロウ遺跡において、遺構や遺物は質、量ともに豊富であり、その研究にはさらなる時間、労力と物的資源が必要である。これまでルイロウでは各機関によって 8 次にわたる発掘調査が行われ、今回の発掘でも大きな成果を得たが、その一方で問題点や限界も多く見受けられる。それは資料が分散的であり、研究が体系性・継続性を欠く点にある。たとえば 1969 年に第 1 次発掘調査が行われた後、第 2 次発掘調査は 20 年を経過してようやく 1986 年に行われ、第 3 次発掘調査はさらに 10 年後に行われた。発掘調査の目的も場所もそれぞれ異なり、ルイロウ古城の全体像およびルイロウ古城とその周辺の遺跡との関連性についての研究には乏しかった。ルイロウの調査は重要な意義をもつものであり、その研究には長期的、体系的かつ組織的な研究プロジェクトを立ち上げることが必要になるだろう。長期的プランの下、段階と達成目標とを設定したうえで研究を遂行する必要がある。このようにしてはじめてルイロウ古城をより深く理解し、発掘調査によって得られた情報や資料を活用することができるのである。

62 第1編 ベトナム

注

（1） ［訳注］Madrolle C, "Le Tonkin Ancien: Lei-leou et les Districts Chinois de l'Époque des Han. La Population. Yue-chang", *BEFEO* Tome 37, 263–332, 1937.

（2） 2014年にはルイロウにて他に2件の発掘調査が行われた。2014年7月には約1箇月にわたり、考古学院とバクニン省文化・スポーツ・観光省により第6次ルイロウ発掘調査が行われた。2014年12月中旬にはハノイ国家大学人文社会科学大学歴史学部の教員・学生によるルイロウの発掘調査も行われた。これは現在報告書作成が進められている第8次の発掘調査である。

（3） 後漢時代の墓葬である。筆者らは2012年に調査を行った。

参考文献

Nguyễn Văn Anh 2001. *Báo cáo khai quật di chỉ thành nội Luy Lâu năm 2000*. Khóa luận tốt nghiệp khóa 42, chuyên ngành khảo cổ học. Tư liệu Khoa Lịch sử. （『2000年ルイロウ城内遺跡発掘調査報告』第42期考古学専攻卒業論文、歴史学部内部資料。）

Nguyễn Giang Hải 1989. Hà Bắc với đỉnh cao Đông Sơn. *KCH*, số 4, tr. 56–65. （「ハバック省とドンソン文化の頂点」、『考古学』4、56–65。）

Li Tana 2011. Jiaozhi（Giao Chi）in the Han Period Tongking Gulf. In *The Tongking Gulf through History*, Philadelphia: University of Pennsylvania Press, pp. 39–52.

Trần Đình Luyện 1991. *Tìm hiểu vị trí và vai trò của Luy Lâu trong lịch sử Việt Nam thời Bắc thuộc*. Luận án PTS Khoa học Lịch sử. Tư liệu Viện Khảo cổ học, TL 187. （『北属期ベトナムの歴史におけるルイロウの位置と役割の研究』、歴史科学博士論文、考古学院資料：TL 187。）

Nishimura M. 2001. *Báo cáo sơ bộ về khai quật thành cổ Lũng Khê năm 1999 và 2001*. Tư liệu do Ban Quản lý Di tích Bắc Ninh cung cấp. （『1999年・2001年ルンケー古城予備調査報告書』バクニン省遺跡管理部資料。）

Nishimura Masanari, Nishino Noriko, Phạm Minh Huyền 2002. Báo cáo khai quật tiếp tại thành cổ Lũng Khê năm 2001. *NPHMVKCH 2001*, tr.545–559. （「2001年ルンケー古城発掘報告書」、『2001年の考古学新発見』、545–559頁。）

Tống Trung Tín, Lê Đình Phụng 1986. *Báo cáo nghiên cứu khu di tích Luy Lâu（Thuận Thành - Hà Bắc）năm 1986*. Tư liệu Viện Khảo cổ học, HS 90. （『1986年ルイロウ遺跡［ハバック省トゥアンタイン県］研究報告』考古学院内部資料：HS 90。）

Nguyễn Hữu Toàn 1989. Tuyến đường thủy quan trọng của Luy Lâu: sông Dâu hay sông Đuống? *Khảo cổ học*, số 4, tr. 95–100. （「ルイロウの主要な水上交通路：ザウ河かドゥオン河か」、『考古学』1989年4期、95–100頁。）

Bùi Minh Trí 1986. *Thành Luy Lâu*. Luận văn tốt nghiệp khóa 27, chuyên ngành khảo cổ học. Tư liệu Khoa Lịch sử. （『ルイロウ城』、第27期考古学専攻卒業論文、歴史学部内部資料。）

Trịnh Cao Tưởng, Tống Trung Tín, Lê Đình Phụng 1989. Luy Lâu mùa khai quật năm 1986. *Khảo cổ học*, số

4, tr. 74–86. (「1986 年ルイロウ発掘調査」、『考古学』1989 年 4 期、74–86 頁。)

Trần Quốc Vượng 2001. Vị thế Luy Lâu. *Nghiên cứu Lịch sử*, số 2, tr. 3–7. (「ルイロウの位置」、『歴史研究』2001 年 2 期、3–7 頁。)

Trần Quốc Vượng, Hà Văn Tấn, Diệp Đình Hoa 1975. *Cơ sở khảo cổ học*. Nxb Đại học và trung học chuyên nghiệp, Hà Nội. (『考古学基礎』、国家大学・専業中学出版社、ハノイ。)

［訳者付記］本稿は Trương Đắc Chiến, Những phát hiện mới qua cuộc khai quật di tích thành cổ Luy Lâu năm 2014 の全訳である。翻訳はファム・ティ・トゥ・ザンが下訳を作成し、新津が原文と対照のうえ修訂・校正を行った。（新津）

ルイロウ古城発掘調査における放射性炭素年代測定

米田穣・尾嵜大真・大森貴之・黄暁芬

一　はじめに

　ベトナム北部に位置するルイロウ古城で日越共同調査プロジェクトで第1次発掘調査（2014年11月27日～2015年1月3日）で得られた木炭と動物骨で放射性炭素年代を測定した。

二　資料と方法

　本研究では動物骨3点と木炭9点で放射性炭素年代を測定した（表1）。木炭は年代測定にしばしば用いられるが、古い材木が再利用されることがあり、また大木の芯材近くの組織だと古木効果によって知りたい人間活動の年代と放射性炭素年代が一致しない。また、炭化物への汚染状態を客観的に評価するための指標は確立していないという問題がある。本研究では、汚染のプロセスや前処理法が異なる骨コラーゲンを併せて測定し、また複数

表1　受付分析資料のリスト

資料名	資料ID	種別	前処理法（アルカリ処理）
14LLT1 北壁北門出土獣骨	S-2121	骨	コラーゲン抽出
14LLT2NEW Ⅱ獣歯	S-2122	象牙質	コラーゲン抽出
14LLH1L21b5 牛歯	S-2123	象牙質	コラーゲン抽出
7. 14.LL.T2.NEW. Ⅱ期木炭	S-2302	炭化物	酸・アルカリ・酸処理（室温 0.2M　16時間）
11. 14.LL.T2.L5.NEW I 期木炭	S-2303	炭化物	酸・アルカリ・酸処理（室温 0.2M　16時間）
1. 14.LL.H1.L15a3 木炭	S-2304	炭化物	酸・アルカリ・酸処理
No.1 14.LL.T1.L4 木炭	S-2984	炭化物	酸・アルカリ・酸処理（室温 0.1M　4分）
No.2 14.LL.T1.L5 木炭	S-2985	炭化物	酸・アルカリ・酸処理（80℃1M　85分）
No.3 14.LL.T2.NEW I 期木炭	S-2986	炭化物	酸・アルカリ・酸処理（室温 0.01M　11分）
No.12 14.LL.T2.L5 泥炭	S-2987	泥炭	酸・アルカリ・酸処理（室温 0.01M　6分）
No.14 14.LL.T2.L5 泥炭	S-2988	泥炭	酸・アルカリ・酸処理（80℃1M　85分）
2014.LuyLau.H1L1ga5 木炭	S-2989	炭化物	酸・アルカリ・酸処理（室温 0.01M　6分）

の木炭で年代測定を実施することで、より確かな年代を得ることを試みた。

　骨試料では無機質のヒドロキシアパタイトは土壌埋没中の汚染の影響を受けやすいので放射性炭素年代測定には適さないが、骨中のタンパク質の大部分をしめるコラーゲンは汚染の影響を比較的受けにくく、汚染の影響も評価可能なので年代測定に適している。今回は、熱変性によって水に溶けるようなるコラーゲン性質を利用するゼラチン化を用いてコラーゲン精製を行った（Longin et al. 1971; Yoneda et al. 2002）。具体的には、0.2～0.5g の骨片を採取して、サンドブラストおよび超音波洗浄（純水中 10 分間）で表面の付着物した。土壌有機物のフミン酸とフルボ酸を除去するために 0.2M の水酸化ナトリウムに 16 時間つけるアルカリ処理を行った後、5.5 時間純水を交換して中性化した。これを凍結乾燥してから、数mm片に粉砕して、無機物を除去する脱灰処理を行った。脱灰処理では試料を半透膜のセルロース膜に封入して、4℃1.2M の塩酸と 17 時間反応させた。その後、純水を効果しながら 24 時間中性化して、セルロース膜内に残存した有機分画を遠心分離して回収した。回収した有機分画を 10mL の純水中で 90℃12 時間加熱して、含まれるコラーゲンを熱変性して水に可溶化するゼラチン処理を行った。ゼラチンを含む溶液をガラス繊維ろ紙（Whatman GF/F）でろ過して、溶液を凍結乾燥することで、コラーゲンを主成分とすると期待されるゼラチンを回収し、炭素・窒素の安定同位体比と濃度の測定と、放射性炭素年代測定に供した。

　木炭試料は、酸・アルカリ・酸処理によって土壌有機物などを除去して放射性炭素年代を測定した（de Vries & Barendsen 1954）。まず、表面の付着物を除去するために純水中で超音波洗浄した。次に 1.2M80℃ の塩酸に 16.5 時間つけて、二次的に付着した炭酸塩を除去した。さらに水酸化ナトリウムで汚染物質である土壌有機物のうちフミン酸とフルボ酸を除去する。濃度の薄いアルカリ溶液と反応させ、溶解する物質の色を基準に強いアルカリ溶液と高温で順次反応させる手順をとった。それぞれの資料で最終的に反応させたアルカリ溶液の条件を**表 1** に示している。アルカリ処理の間に大気中の二酸化炭素が溶液に吸収されており汚染源になるので、最後に 0.1M 80℃ の塩酸と 1.5 時間反応させてから、純水で洗浄することで試料を中性化した。

　ゼラチンにおける炭素および窒素の重量含有率および安定同位体比の測定は、放射性炭素年代測定室において、Thermo Fisher Scientifics 社製の Flash2000 元素分析を前処理装置として、ConFloII インターフェースを経由して、Delta V 安定同位体比質量分析装置で測定する、EA-IRMS 装置を用いて行った。約 0.5mg のゼラチンを錫箔に包み取り、測定に供した。測定誤差は、同位体比が値付けされている二次標準物質（アラニン等）を試料と同時に測定することで標準偏差を計算した。通常の測定では、$\delta^{13}C$ の測定誤差は 0.2‰、

$\delta^{15}N$ の誤差は 0.2‰ である。

放射性炭素年代測定は、加速器質量分析法（AMS 法）を用いるため、次の手順で試料をグラファイトに変換した。最初に 1mg 炭素に相当する試料を、石英ガラス製二重封管に酸化銅・サルフィックスとともに真空封入し、電気炉で 850℃ に 3 時間加熱、発生した二酸化炭素を真空ラインを用いて精製した（Minagawa et al. 1984）。二酸化炭素からグラファイトへの還元は、コック付き反応管に鉄触媒約 2mg および水素（炭素モル数の 2.2 倍相当）を封入して、650℃ で 6 時間加熱して実施した（Kitagawa et al. 1993）。

三 分析結果

動物骨 3 点のうち 2 点では、極微量のゼラチンしか回収できなかったため、炭素・窒素同位体と濃度を測定できたものは 1 点のみだった（表 2）。ゼラチン回収率が 1％ 未満の場合、コラーゲンが変性している可能性がある（van Klinken 1999）。獣骨―1 と獣骨―2 については EA-IRMS ならびに AMS 測定に必要なコラーゲン量が得られなかったため、以後の操作は実施しない。コラーゲンの場合、炭素濃度（重量）が 13％ 未満、窒素濃度（重量）が 4.8％ 未満、C/N 比（元素数）が正常値（2.9〜3.6）を外れる場合は、コラーゲンの変性あるいは外部有機物の混入の可能性がある（DeNiro 1985, van Klinken 1999）。今回分析した 1 点の動物骨では、C/N 比が 10.2 とこの範囲を逸脱しており、ゼラチンは生体由来のコラーゲンに由来するとは判断できないため、放射性炭素年代は実施しないことにした（表3）。

木炭・泥炭の酸・アルカリ・酸処理では、20〜50％ 程度の重量を除去することで、比較的化学変化しやすいと考えられる汚染物を除去する。今回処理した 9 点では回収率が 30〜70％ 程度であり、適切に処理されたと考えられる（表 4）。またグラファイトは 1.14.LL.H1.L15a3 木炭の 1 点を除き、ほぼ 1mg を得た（表 5）。

グラファイト化した炭素試料における放射性炭素同位体比の測定は、（株）パレオ・ラボ（測定機関コード：PLD）と東京大学総合研究博物館（測定機関コード：TKA）が所有する加速器質量分析装置（AMS）とを用いて測定した（Kobayashi et al. 2007）。慣用 ^{14}C 年代（BP年代）を算出するために、同位体比分別の補正に用いる $\delta^{13}C$ 値は AMS にて同時測定した値を用いている（表6Stuiver and Polach 1977）。^{14}C 年代の誤差は 1 標準偏差を示す。

大気中の変動や半減期のずれを考慮した較正データの推定には、データセット IntCal13 を基準に年代較正プログラム OxCAL4.2（Reimer et al. 2013; Bronk Ramsey, 2009）を使用した（表 7・8）。

68　第1編　ベトナム

表2　骨の前処理の結果

資料名	前処理 ID	処理前試料	有機分画	水溶性分画	ゼラチン	回収率
14LLT1 北壁北門出土獣骨	PCO-990	0.6222g	1.5mg	0.03mg	0.01mg	0.002%
14LLT2NEW Ⅱ獣歯	PCO-991	0.5417g	145.8mg	0.05mg	0.85mg	0.16%
14LLH1L21b5 牛歯	PCO-992	0.3863g	1.3mg	0.01mg	0.05mg	0.013%

表3　ゼラチンにおける元素および安定同位体比の分析結果

資料名	測定 ID	炭素濃度	窒素濃度	C/N 比
14LLT2NEW Ⅱ	YL11490	4.3%	0.5%	10.2

表4　前処理の結果

資料名	前処理 ID	処理前試料	処理後試料	回収率
7. 14.LL.T2.NEW. Ⅱ期木炭	PAA-293	40.00mg	11.42mg	28.6%
11. 14.LL.T2.L5.NEW I 期木炭	PAA-294	48.00mg	34.47mg	71.8%
1. 14.LL.H1.L15a3 木炭	PAA-295	48.40mg	22.95mg	47.4%
No.1 14.LL.T1.L4 木炭	PAA-486	45.11mg	22.97mg	50.9%
No.2 14.LL.T1.L5 木炭	PAA-487	43.40mg	21.56mg	49.7%
No.3 14.LL.T2.NEW I 期木炭	PAA-488	43.69mg	18.60mg	42.6%
No.12 14.LL.T2.L5 泥炭	PAA-489	46.60mg	18.53mg	39.8%
No.14 14.LL.T2.L5 泥炭	PAA-490	43.60mg	15.88mg	36.4%
2014.LuyLau.H1L1ga5 木炭	PAA-491	43.48mg	18.21mg	41.9%

表5　グラファイト化の結果

資料名	グラファイト ID	グラファイト化率	グラファイト重量	Fe 重量	C/Fe 比
7. 14.LL.T2.NEW. Ⅱ期	GR-1353	92.9%	1.17mg	1.90mg	0.616
11. 14.LL.T2.L5.NEW Ⅰ期	GR-1354	82.4%	1.32mg	2.04mg	0.647
1. 14.LL.H1.L15a3	GR-1355	81.3%	1.27mg	2.13mg	0.596
7. 14.LL.T2.NEW. Ⅱ期木炭	GR-1795	77.5%	1.04mg	1.97mg	0.528
11. 14.LL.T2.L5.NEW I 期木炭	GR-1796	76.9%	1.13mg	2.19mg	0.516
1. 14.LL.H1.L15a3 木炭	GR-1797	79.3%	0.27mg	2.01mg	0.134
No.1 14.LL.T1.L4 木炭	GR-1871	93.2%	0.84mg	2.05mg	0.410
No.2 14.LL.T1.L5 木炭	GR-1799	82.2%	1.02mg	2.10mg	0.486
No.3 14.LL.T2.NEW I 期木炭	GR-1800	76.9%	1.05mg	2.20mg	0.477

ルイロウ古城発掘調査における放射性炭素年代測定　69

表6　放射性炭素年代測定の結果

資料名	測定 ID	^{14}C 年代	補正用 δ^{13}C
7. 14.LL.T2.NEW. Ⅱ期木炭	PLD-29611	1717±19 BP	−27.1±0.3‰
11. 14.LL.T2.L5.NEW I 期木炭	PLD-29612	1740±20 BP	−26.9±0.3‰
1. 14.LL.H1.L15a3 木炭	PLD-29613	1799±20 BP	−25.4±0.3‰
No.1 14.LL.T1.L4 木炭	TKA-16664	1856±17 BP	−24.4±0.3‰
No.2 14.LL.T1.L5 木炭	TKA-16665	1758±15 BP	−26.8±0.3‰
No.3 14.LL.T2.NEW I 期木炭	TKA-16666	1781±38 BP	−34.9±0.5‰
No.12 14.LL.T2.L5 泥炭	TKA-16667	1745±25 BP	−22.9±0.2‰
No.14 14.LL.T2.L5 泥炭	TKA-16668	1711±15 BP	−25.3±0.3‰
2014.LuyLau.H1L1ga5 木炭	TKA-16669	1830±16 BP	−29.5±0.3‰

表7　推定される較正年代と注記（cal BP 表記）

資料名	較正年代（1標準偏差）	較正年代（2標準偏差）	較正データ
7. 14.LL.T2.NEW. Ⅱ期木炭	1691 cal BP（21.5％）1671 cal BP 1625 cal BP（32.3％）1594 cal BP 1585 cal BP（14.4％）1570 cal BP	1696 cal BP（34.9％）1648 cal BP 1635 cal BP（60.5％）1562 cal BP	IntCal13
11. 14.LL.T2.L5.NEW I 期木炭	1696 cal BP（49.1％）1648 cal BP 1635 cal BP（19.1％）1616 cal BP	1709 cal BP（92.0％）1595 cal BP 1584 cal BP（3.4％）1571 cal BP	IntCal13
1. 14.LL.H1.L15a3 木炭	1807 cal BP（6.5％）1795 cal BP 1783 cal BP（17.4％）1755 cal BP 1741 cal BP（44.3％）1699 cal BP	1817 cal BP（86.3％）1693 cal BP 1654 cal BP（9.1％）1630 cal BP	IntCal13
No.1 14.LL.T1.L4 木炭	1824 cal BP（47.0％）1773 cal BP 1761 cal BP（21.2％）1738 cal BP	1864 cal BP（8.8％）1841 cal BP 1834 cal BP（86.6％）1724 cal BP	IntCal13
No.2 14.LL.T1.L5 木炭	1705 cal BP（16.5％）1691 cal BP 1670 cal BP（51.7％）1626 cal BP	1712 cal BP（95.4％）1618 cal BP	IntCal13
No.3 14.LL.T2.NEW I 期木炭	1775 cal BP（6.0％）1759 cal BP 1739 cal BP（31.0％）1687 cal BP 1676 cal BP（31.3％）1621 cal BP	1820 cal BP（95.4％）1605 cal BP	IntCal13
No.12 14.LL.T2.L5 泥炭	1699 cal BP（68.2％）1618 cal BP	1714 cal BP（91.6％）1593 cal BP 1585 cal BP（3.8％）1570 cal BP	IntCal13
No.14 14.LL.T2.L5 泥炭	1687 cal BP（12.0％）1676 cal BP 1620 cal BP（34.7％）1593 cal BP 1587 cal BP（21.5％）1569 cal BP	1693 cal BP（24.6％）1654 cal BP 1630 cal BP（70.8％）1561 cal BP	IntCal13
2014.LuyLau.H1L1ga5 木炭	1811 cal BP（55.6％）1753 cal BP 1746 cal BP（12.6％）1733 cal BP	1818 cal BP（95.4％）1717 cal BP	IntCal13

70 第1編 ベトナム

表8 推定される較正年代と注記（BC/AD 表記）

資料名	較正年代（1標準偏差）	較正年代（2標準偏差）	較正データ
7. 14.LL.T2.NEW. II期木炭	260AD（21.5%）280AD 325AD（32.3%）357AD 365AD（14.4%）381AD	255AD（34.9%）303AD 315AD（60.5%）388AD	IntCal13
11. 14.LL.T2.L5.NEW I期木炭	254AD（49.1%）302AD 315AD（19.1%）334AD	241AD（92.0%）356AD 366AD（3.4%）380AD	IntCal13
1. 14.LL.H1.L15a3 木炭	143AD（6.5%）155AD 168AD（17.4%）195AD 210AD（44.3%）252AD	133AD（86.3%）257AD 297AD（9.1%）321AD	IntCal13
No.1 14.LL.T1.L4 木炭	127AD（47.0%）178AD 189AD（21.2%）213AD	86AD（8.8%）110AD 117AD（86.6%）227AD	IntCal13
No.2 14.LL.T1.L5 木炭	245AD（16.5%）259AD 281AD（51.7%）324AD	239AD（95.4%）333AD	IntCal13
No.3 14.LL.T2.NEW I期木炭	175AD（6.0%）191AD 212AD（31.0%）264AD 275AD（31.3%）330AD	131AD（95.4%）345AD	IntCal13
No.12 14.LL.T2.L5 泥炭	251AD（68.2%）332AD	237AD（91.6%）358AD 365AD（3.8%）380AD	IntCal13
No.14 14.LL.T2.L5 泥炭	264AD（12.0%）274AD 330AD（34.7%）358AD 364AD（21.5%）381AD	257AD（24.6%）296AD 321AD（70.8%）389AD	IntCal13
2014.LuyLau.H1L1ga5 木炭	139AD（55.6%）197AD 204AD（12.6%）217AD	132AD（95.4%）233AD	IntCal13

考　察

　較正年代を示した**図1**をみると、今回分析した9点が西暦2～4世紀に由来するものとわかる。調査区 T2 から出土した試料は3世紀後半から4世紀、なかには No.3 14.LL. T2.NEW I期木炭のように、2世紀から4世紀までの較正年代を示す試料もある。これは、大気中の3世紀末から4世紀初頭に大気中の放射性炭素濃度が減少した時期があり、長期間にわたって見かけ上は近似する放射性炭素年代を示すためである。

　考古学的には調査区 T1・T2 では第I期下限として漢末、三国期（3世紀）、第II期下限は晋、南朝期（5～6世紀）、第III期は南朝、隋唐期（6～8世紀）、第IV期下限は五代、宋期と比定された。今回分析した木炭・泥炭はI期からII期の比較的古い時期に由来する試料と考えられる。

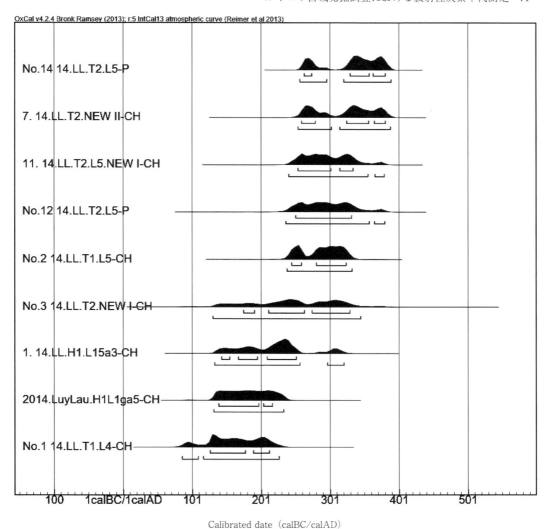

Calibrated date (calBC/calAD)
図 1　較正放射性炭素年代 (cal AD)

引用文献

Bronk Ramsey, C. (2009). Bayesian analysis of radiocarbon dates. Radiocarbon 51 (4), 337-360.

DeNiro, M.J. (1985). Postmortem preservation and alteration of invivo bone-collagen isotope ratios in relation to paleodietary reconstruction. Nature 317, 806-809.

de Vries, H., and G.W. Barendsen (1954). Measurements of age by the carbon-14 technique. Nature 174, 1138-1141.

Kitagawa, H., T. Masuzawa, T. Nakamura, and E. Matsumoto (1993). A batch preparation method for graphite targets with low background for AMS C-14 measurements. Radiocarbon 35, 295-300.

Kobayashi, K., E. Niu, S. Itoh, H. Yamagata, Z. Lomtatidze, I. Jorjoliani, K. Nakamura, and H. Fujine (2007). The compact ^{14}C AMS facility of Paleo Labo Co., Ltd., Japan. Nuclear Instruments and Methods

72 第1編 ベトナム

in Physics Research B259, 31–35.

Longin, R.（1971）. New method of collagen extraction for radiocarbon dating. Nature, 230, 241–242.

Minagawa, M., D.A. Winter, and I.R. Kaplan（1984）. Comparison of Kjeldah and combustion methods for measurement of nitrogen isotope ratios in organic matter. Analytical Chemistry 56（11）, 1859–1861.

Reimer, P.J., E. Bard, A. Bayliss, J.W. Beck, P.G. Blackwell, C. Bronk Ramsey, C.E. Buck, H. Cheng, R.L. Edwards, M. Friedrich, P.M. Grootes, T.P. Guilderson, H. Haflidason, I. Hajdas, C. Hatte, T.J. Heaton, D.L. Hoffmann, A.G. Hogg, K.A. Hughen, K.F. Kaiser, B. Kromer, S.W. Manning, M. Niu, R.W. Reimer, D.A. Richards, E.M. Scott, J.R. Southon, R.A. Staff, C.S.M. Turney, and J. van der Plicht（2013）. IntCal13 and Marine13 radiocarbon age calibration curves 0–50,000 years cal BP. Radiocarbon, 55（4）, 1869–1887.

Stuiver., M., and H.A. Polach（1977）. Discussion: Reporting of ^{14}C data. Radiocarbon 19（3）, 355–363.

van Klinken, G.J.（1999）. Bone collagen quality indicators for palaeodietary and radiocarbon measurements. Journal of Archaeological Science 26, 687–695.

Yoneda, M., M. Hirota, M. Uchida, A. Tanaka, Y. Shibata, M. Morita, and T. Akazawa（2002）. Radiocarbon and stable isotope analyses on the Earliest Jomon skeletons from the Tochibara rockshelter, Nagano, Japan. Radiocarbon 44, 549–557.

仏教の中心としてのルイロウ

黎　文　戦（Le Van Chien）
（訳）範氏秋江（Pham Thi Thu Giang）
新津　健一郎

一　ルイロウ古城における仏教定着の経緯

　古文献によれば、ルイロウ古城は交趾郡の政治的中心地であるだけでなく、古代ベトナムにおいて最も古くかつ規模の大きい、経済・貿易、文化・宗教の中心地であったという。
　ベトナムにおける仏教の受容・展開の歴史において、ルイロウは最も古い中心地であり、また彭城・洛陽とともに漢帝国における仏教の三大中心地のひとつであった。
　ベトナム北部、紅河デルタの中心に位置するルイロウ古城は、早くから水路・陸路の結節点となった。ルイロウ古城に至る道路の痕跡は今なお遺跡、地名や伝説に残る。各種の史料によれば、仏教は紀元後まもなく、チャンパー、真臘や交趾などに来航した商船に乗ったインドの僧侶によってベトナムに伝えられたという。
　ザウ寺（chùa Dâu）所蔵の史料『古珠法雲佛本行語録』（18世紀）によれば、紀元2〜3世

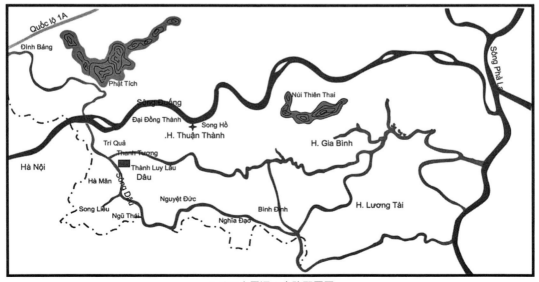

ルイロウ周辺の水路配置図

74 第1編　ベトナム

紀においてルイロウはすでに仏教の一大中心地であり、大規模な伽藍や仏塔が建立され、数百部の経典を蔵していたという。インド、中国、中央アジアからやってきた数百の僧侶がここで仏教経典を研究し、各地に布教を行ったようである。こうしたルイロウ古城の姿をしのばせる最古の痕跡はザウ寺とタムア（Tam Á）の士燮廟に現存する石羊である。

　士燮の時代、はじめてルイロウにやってきた僧侶はインドの丘陀羅（カウダーラー：Khâu Đà La）といわれており、彼と蛮娘（マンヌオン：Man Nương）との関係をめぐる説話は初期ベトナム仏教の形成を理解するために重要な情報を示す。[注(1)]

　6世紀から9世紀、ルイロウは毘尼多流支（ティニダルウチ：Tì-ni-đa-lưu-chi）によって開かれたというベトナム最初の禅宗の中心地であった。毘尼多流支は元々インドの僧侶だが、『古珠法雲佛本行語録』によれば庚子の年（580年）3月に法雲寺に入り、甲寅の年（594年）に遷化するまで滞在した。毘尼多流支の活動の中心地はザウ寺であった。

　6世紀から7世紀、ルイロウは聖地とみなされ、隋の文帝から釈迦の遺物（仏舎利）を与えられたという。

　9世紀前半以降、ルイロウはベトナムの政治的中心ではなくなるが、仏教の一大中心ではあり続けた。李・陳・黎各王朝の歴代君主の関心を受け、儀礼などのためここへの行幸が行われた。

二　ルイロウ地域における四法（Tứ pháp）信仰

　1945年以前、ザウ寺やクオントゥ（Khương Tự）など四法信仰の寺院が所在していたのは以下の12の社ないし村であった。[注(2)]タイントゥオン（Thanh Tương：トゥオン村［làng Tướng］）、タインホアイ（Thanh Hoài）、ルンケー（Lũng Khê：ルンチェン［Lũng Triền］）、クオントゥ（Khương Tự：ザウ村［làng Dâu］）、ダイトゥ（Đại Tự：トゥ村［làng Tự］）、ドンコック（Đông Cốc）、コンハ（Công Hà）、マンサ（Mãn Xá：メン村［làng Mèn］）、トゥテ（Tư Thế）、チャラム（Trà Lâm）、ヴァンクァン（Văn Quan：ザンコイ［Dàn Cối］）、フオンクァン（Phương Quan：ザンカウ［Dàn Câu］）である。

　現在、ザウ寺と四法信仰の寺院はバクニン省トゥアンタイン県の3つの社に分布する。タインクオン社クオントゥ村（thôn Khương Tự, xã Thanh Khương）にザウ寺、タインクオン社ルンケー村（thôn Lũng Khê, xã Thanh Khương）にトゥオン寺（chùa Tướng）、チクァ社フオンクァン村（thôn Phương Quan, xã Trí Quả）にザン寺（chùa Dàn）、ハマン社マンサ村（thôn Mãn Xá, xã Hà Mãn）にト寺（chùa Tổ）がそれぞれ位置する。またダウ寺（chùa Đậu）は抗仏戦争で壊滅的被害を被ったが、近年修復された。

仏教の中心としてのルイロウ　75

バーザウ
Bà Dâu

バーダウ
Bà Đậu

バーザン
Bà Dàn

バートゥオン
Bà Tướng
（バクニン省遺跡管理班提供）

　四法信仰の寺院は次の通り。①ト寺（フックギェン [Phúc Nghiêm] 寺）：四法の母たる蛮娘を祀る、②ザウ寺（ファップヴァン [Pháp Vân] 寺）：法雲仏（Pháp Vân Phật）を祀る、③ダウ寺（タインダオ [Thành Đạo] 寺）：法雨仏（Pháp Vũ Phật）を祀る、④トゥオン寺（フィトゥオン [Phi Tướng] 寺）：法雷仏（Pháp Lôi Phật）を祀る、⑤ザン寺（チクァ [Trí Quả] 寺）：法電仏（Pháp Điện Phật）を祀る。②から⑤が祀る四仏はそれぞれ俗にバーザウ、バーダウ、バーザン、バートゥオンと呼ばれる。

　以上の寺院はザウ寺を中心にザウ川（sông Dâu）沿いに位置する。伝承などによれば2世紀に建立されたといい、なかでもザウ寺はその構造を伝える代表例である。建築は方形で、前堂・後堂とそれをつなぐ回廊からなり、その間にホアフォン塔（tháp Hoà Phong、和豊塔）が立つ。インドの精舎（vihara）を範とし、中心の塔は僧侶が読経しながら周りを回

今日のザウ寺の全景

士燮廟の石羊像

ザウ寺の石羊像

るものである。

　長い年月の間に、四法信仰の寺院には多くの遺物が蓄積されており、その形成および展開の歴史を物語る。例えば石碑、文書、仏像や陳・黎・阮各王朝の特徴をもつ建築などである。なかでもザウ寺と士燮廟には、6-7世紀に作られたとされる羊の石像がある。

　ザウ地域の四法関係の寺院で信仰されている対象は「神」であり、「仏」である。カウダーラーと蛮娘の説話はインド由来の仏教とベトナムの稲作文化における自然信仰（雲・雨・雷・電）との結合を示すものであり、独特の性格を持つ土着的信仰の中心をなした。ザウ寺をはじめルイロウの多くの寺院で四法仏とタックアン（Thạch Quang, 石光仏[3]）を祀るのもその反映である。タックアンとは元々聖なる石であり、紅河デルタの農民によって伝統的に豊饒の象徴として信仰されていた。雲・雨・雷・電の神々も農民によって「四法」仏へと変換された。これはベトナム土着社会においてインド仏教が受容されるなかで、民間信仰の影響を受けて変化・融合していった過程といえる。

　仏教がベトナムに伝えられた時、ルイロウにおいて四法信仰が行われたのは自然なことだった。ルイロウは政治、経済の中心であり、土着信仰と新宗教とを融和させる受容方法がとられたのである。ゆえに雲・雨・雷・電を象徴する女神が四法仏になったのであり、この現象はベトナムにおける民間仏教の初期的段階を特徴づけるものといえる。しかし観音信仰が伝わると四法仏の存在感は薄れ、インドの毘尼多流支が580年にザウ寺に入り、ベトナムにおける最初の禅宗を開いた。

三　ベトナム北部における四法信仰関係の寺院

　蛮娘とタックアンの説話はルイロウだけではなく、ベトナム北部の各地に伝えられ、信仰されているが、ルイロウほど完整ではない。

　ザウ河はルイロウ地域の古い河川で、紅河や北部諸河川につながり、19世紀以前には

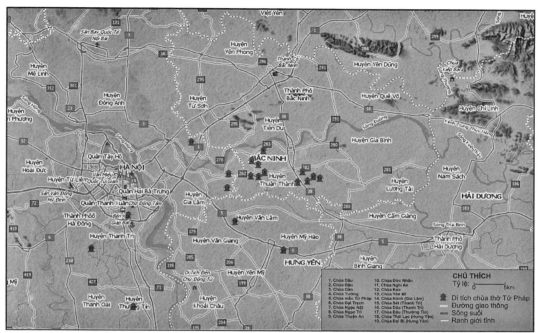

ベトナム北部における四法信仰関係の寺院遺跡図（筆者作成）

キンバク（京北：Kinh Bắc）地域南部の重要な水上交通路でもあった。かつてキンバクとその周辺地域の農業生産はこの川にたよるところが大きく、四法信仰はこの地域に生まれ、ドンアイン（Đông Anh）、ザーラム（Gia Lâm: ハノイ市）、トゥアンタイン（バクニン省）、ヴァンザン（Văn Giang: フンイェン省）と紅河対岸のトゥオンティン（Thường Tín）、フースェン（Phú Xuyên: ハノイ市）などの広範囲に拡大した。この地域の寺院としてはナイン寺（chùa Nành: ハノイ市ザーラム）、タイラック寺（chùa Thái Lạc: フンイェン省ヴァンラム［Văn Lâm］）、ファップヴァン寺（chùa Pháp Vân: ハノイ市ザッバット［Giáp Bát］）、ダウ寺（chùa Đậu: ハノイ市トゥオンティン［Thường Tín］）がある。この地域は元々紅河・ドゥオン川（sông Đuống）・ティウトゥオン川（sông Tiêu Tương）・カウ川（sông Cầu）・チャウザン川（sông Châu Giang）及びザウ川流域の古いデルタの中心部であり、この地域での自然神、聖なる石への崇拝・祭祀はがんらい農業生産に関わる儀式であった。

　以上のような四法信仰の寺院の整理を通じ、仏教の中心としてのルイロウがその周辺地域に与えた影響を窺い知ることができる。これは、ザウ地域すなわちルイロウの四法信仰が長きにわたりデルタ地域の農民にとって宗教上重要な役割を果たしてきたことを示す。

78 第1編 ベトナム

ベトナム北部の四法信仰寺院

No.	寺院	所在地	信仰対象
1	ハー寺（Chùa Hà）	バクニン省トゥアンタイン県ハマン社コンハ村（thôn Công Hà, xã Hà Mãn, Thuận Thành, Bắc Ninh）	バーハー*（Bà Hà）
2	ザンチョ寺（Chùa Dàn Chợ）	バクニン省トゥアンタイン県チクァ社スアンクァン村（thôn Xuân Quan, Trí Quả, Thuận Thành, Bắc Ninh）	バーファップ*2（Bà Pháp）
3	ダイチャック寺（Chùa Đại Trạch）	バクニン省トゥアンタイン県ディント社ダイチャック村（thôn Đại Trạch, xã Đình Tổ, Thuận Thành, Bắc Ninh）	バーファップ*2（Bà Pháp）
4	ケオ寺（Chùa Keo）	ハノイ市ザーラム県キムソン社（xã Kim Sơn, Gia Lâm, Hà Nội）	バーザウ＝法雲（Thờ Bà Dâu-Pháp Vân）
5	イェンミー寺（Chùa Yên Mĩ）	ハノイ市ザーラム県ズオンクァン社（xã Dương Quang, Gia Lâm, Hà Nội）	バーザウ＝法雲（Thờ Bà Dâu-Pháp Vân）
6	ラックミェウ寺（Chùa Lạc Miếu）	フンイェン省ヴァンミー県ラックホン社（xã Lạc Hồng, Văn Mĩ, Hưng Yên）	バーザウ＝法雲（Thờ Bà Dâu-Pháp Vân）
7	タイラック寺（Chùa Thái Lạc）	フンイェン省ヴァンミー県ラックホン社（xã Lạc Hồng, Văn Mĩ, Hưng Yên）	法雲・法雨・法電（Pháp Vân, Pháp Vũ, Pháp Điện）
8	ナイン寺（Chùa Nành）	ハノイ市ザーラム県ニンヒェップ社（xã Ninh Hiệp, Gia Lâm, Hà Nội）	法雲（Pháp Vân）
9	ダウ寺（Chùa Đậu）	ハノイ市トゥオンティン県グエンチャイ社ザーフック村（thôn Gia Phúc, xã Nguyễn Trãi, Thường Tín, Hà Nội）	法雨（Pháp Vũ）
10	ロンフン寺（Chùa Long Hưng）	ハノイ市タインチ県ホアンリェット社ファップヴァン村（thôn Pháp Vân, xã Hoằng Liệt, Thanh Trì, Hà Nội）	法雲（Pháp Vân）
11	ゴックノイ寺（Chùa Ngọc Nội）	バクニン省トゥアンタイン県チャムロ社（xã Trạm Lộ, Thuận Thành, Bắc Ninh）	四法仏（Tứ Pháp）

* バーハー：バーザウの末裔とされる。
*2 バーファップ：バーザウの弟子。

四　いくつかの新発見

　2012年、バクニン省博物館によって、ティエンチュン寺（長春寺：chùa Thiền Chúng）——所在地は隋の交州龍編県——にて2点の古い資料が確認された。隋の皇帝により仁寿元年（601年）に分与された舎利塔とその銘であり、石函とともに発見された。この2点が発見された場所はトゥアンタイン県チクァ社スアンクァン村で、ルイロウ古城から800mほどの距離である。

　2013年、ダウ寺境内にて、越日共同研究チームによって2～3世紀の砂岩（sa thạch）製

仏教の中心としてのルイロウ 79

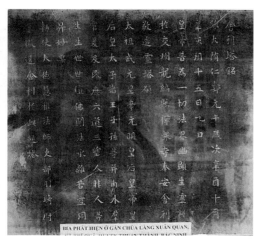

チクァ社スアンクアン村で発見された舎利塔銘と石函（バクニン省博物館提供）

ダウ寺で出土した礎石

ルイロウ古城で出土した銅製品

礎石3点が発見された。2014年には、ルイロウ古城付近にて養殖池の掘削中に、住民によって光背とみられる銅製仏像装飾片が発見された。いずれもルイロウ古城の歴史・文化と仏教の研究において重要な発見である。

このように、日本東亜大学とベトナム国立歴史博物館は共同研究としてルイロウ城と漢墓の発掘調査を行ってきた。紀元以後10世紀の段階における中心都市・ルイロウの経済・政治・文化・信仰を解明するためには四法信仰の寺院をはじめとする仏教の研究も不可欠である。

80　第 1 編　ベトナム

訳注

(1)　蛮娘説話は『嶺南摭怪』巻 2 蛮娘伝等に記される。説話の内容に関しては石井公成「ベトナ
　　ムの仏教」『新アジア仏教史：漢字文化圏への拡がり』（佼成出版社、2010 年）、Nguyen T. H.
　　eds., *The History of Buddhism in Vietnam*, Hanoi: Social Sciences Pub. House, 1992; part I など参照。
　　『嶺南摭怪』（台湾学生書局、1992 年、69–70 頁）によれば大筋は次の通り。インドからやってき
　　た僧（『嶺南摭怪』では「伽羅闍梨」）が蛮娘を跨いだところ娘が身ごもった。僧は生まれたその
　　子を木に捧げ、去りぎわに旱魃の際に用いるようにと蛮娘に杖を授けた。のちに一帯が旱魃に襲
　　われたとき、蛮娘が言いつけどおり杖を地面につきたてるとそこから水がわき出したという。ま
　　た、伽羅闍梨と蛮娘が子を納めた木は後に倒れたが、蛮娘でなければ動かすことができなかった。
　　他にも不思議な現象が相次ぎ、結局、木から四つの仏像が彫り出された。これが法雲・法雨・法
　　雷・法電（四法信仰の対象）となった。

(2)　四法信仰とは女性神の法雲・法雨・法雷・法電の四仏を対象とする信仰で、仏教とアミニズ
　　ムとが融合したベトナム独自の信仰である。大西和彦「ベトナムの雷神信仰と道教」（『国立民族
　　学博物館調査報告』63、2006 年）も参照。

(3)　蛮娘説話において、仏像を彫り出す際に木の中に極めて硬い石があり、川に投げ入れると光
　　を発し、斬ろうとした工人たちが落命したとのくだりがある。人々はその石を寺に迎え入れて仏
　　殿に納め、石光仏として崇拝したという。タックアンはこれに由来する信仰を指す。

参考文献

Nishimura M. 2001.　Báo cáo sơ bộ về khai quật thành cổ Lũng Khê năm 1999 và 2001. Tư liệu do Ban
　　Quản lý Di tích Bắc Ninh cung cấp.（『1999 年・2001 年ルンケー古城予備調査報告書』バクニン省
　　遺跡管理部資料。）

Nguyễn Giang Hải 1989.　Hà Bắc với đỉnh cao Đông Sơn. *KCH*, số 4, tr. 56–65（「ハバック省とドンソン
　　文化の頂点」『考古学』1989 年 4 期、56–65 頁）.

Trần Đình Luyện 1991.　*Tìm hiểu vị trí và vai trò của Luy Lâu trong lịch sử Việt Nam thời Bắc thuộc*. Luận
　　án PTS Khoa học Lịch sử. Tư liệu Viện Khảo cổ học, TL 187（『ベトナム北属期の歴史におけるルイロ
　　ウ古城の位置と役割』博士論文［歴史科学］、考古学院内部資料：TL187）.

Tống Trung Tín, Lê Đình Phụng 1986.　*Báo cáo nghiên cứu khu di tích Luy Lâu（Thuận Thành - Hà Bắc）
　　năm 1986*. Tư liệu Viện Khảo cổ học（『1986 年ルイロウ遺跡研究報告（ハバック省トゥアンタイ
　　ン）』考古学院内部資料）.

Trịnh Cao Tưởng, Tống Trung Tín, Lê Đình Phụng 1989.　Luy Lâu mùa khai quật năm 1986. *KCH*, số 4, tr.
　　74–86（「1986 年ルイロウ発掘調査」『考古学』1986 年 4 期、74–86 頁）.

Trần Quốc Vượng, Hà Văn Tấn, Diệp Đình Hoa 1975. *Cơ sở khảo cổ học*. Nxb Đại học và trung học chuyên
　　nghiệp, Hà Nội（『考古学基礎』ハノイ：国家大学・専業中学出版社）.

［訳者付記］本稿は Lê Văn Chiến, Khái quát trung tâm Phật giáo Luy Lâu の全訳である。本文中の写真は特記なき場合すべて原著者撮影のものである。翻訳はファム・ティ・トゥ・ザンが下訳を作成し、新津が原文と対照のうえ修訂・校正・訳注の付加を行った。なお、寺院の名称・地名表記は原文による。（新津）

ベトナム漢墓から見た士燮政権

宮本　一夫

一　はじめに

ベトナム北部は、青銅器時代にはドンソン文化という固有の青銅器文化が生成される。しかし、その青銅器文化の内容は雲南の石寨山文化（滇文化）に類似したものであり、中国西南部の青銅器文化の脈絡の中に位置づけることができる。こうしたドンソン文化に至る青銅器文化は、川西高原青銅器や洱海系青銅器を経た北方青銅器の系譜の中に生成したことが明らかである（宮本・高編 2013）。さらに鍛造鉄器技術もこの青銅器伝播の道を同じように辿り（宮本 2015）、銅柄鉄剣が雲南やベトナム北部へと広がっていく。しかし、こうした文化様相や集団関係の枠組みを変えたのが、前漢初期の前 203 年、番禺（広州）を拠点とする南越国の成立にある。

統一秦の長官であった趙佗によって建国された南越国は、文献史料や銅印などの文字資料によれば、その版図をベトナム北部に広げている（吉開 2000）。この事実は、例えばハノイのコーロア城の考古学的な証拠（Kim et al. 2010）に求める場合もある。あるいは南越国に先立つ統一秦による嶺南侵略の一端として捉えられる場合もある（西村 2011）。この殷周社会の系譜を引く社会集団がベトナム北部を支配したのである。これは、これまでの雲南石寨山文化などとの関係を持っていたドンソン文化社会を大きく変化させるものになったのである。さらに、前漢武帝代の紀元前 110 年には、南越国を滅ぼすことにより交趾郡など南海 9 郡が設置され、漢王朝の直接的な版図に編入されている。しかし、その実態は、土着の首長層である雒将・雒侯をして統治させる間接支配に近いものであった（後藤 1969）。したがってその前の南越国も、コーロア城などの郡治は別として、ドンソン文化社会を温存させるような支配形態であった可能性がある。

その後、後漢初期における徴姉妹の反乱、さらに後漢の光武帝に派遣された馬援将軍の鎮圧（43 年）を経て、大量の漢人の移住を伴いながら郡治による漢の直接支配が行われた。この間、ベトナム漢墓は前漢時期に木槨墓が中心であったものから、後漢には塼室墓（宮本・俵 2002）に変化している。この塼室墓の被葬者が、移住してきた漢系の人々の墓と言うことができるであろう。それは後漢の統治形態である郡県制に応じて、その奥津城であ

る塼室墓が郡県周辺に立地している。しかし、後漢後半期は統一王朝から地方の分裂を予
兆する時期にあり、各地で地方豪族が政治経済的に独立していく。ベトナム北部において
も交趾郡太守であった士燮が184年に独立する（後藤1972）。士燮政権期には仏教が伝来
するなどベトナム史においても重要な時期であった。こうした士燮政権の中心地が交趾郡
治であるが、士燮政権は226年に滅亡し、わずか40年あまりの命脈を保ったに過ぎない。
　こうした一連の歴史的な事実は、考古学的に明らかにされているわけではない。例えば、
士燮政権の中心である交趾郡治についても、ルイロウ遺跡がその一つの可能性のある城址
である（黄編2015）が、交趾郡治をルンケー城にあてる意見（西村2001）もある。漢代併
行期のベトナム漢墓については、戦前からフランス極東学院を中心に調査が行われている
にもかかわらず、その実態は長い間不明であったと言わざるを得ない。それは北属時代と
いう中国王朝の支配下に置かれた時代を評価したくないというベトナム社会の歴史観が多
分に働いているためである。同じ状況は、朝鮮半島における楽浪郡に対する北朝鮮史学の
否定説とも相通じる歴史観と言うことができよう。しかし現実に存在するベトナム漢墓は
移住してきた漢系の人々の墓である可能性が高く（後藤1975）、これを考古学的に評価す
る必要性がある。そのためには漢墓の編年すなわち時間軸の解明が必須である。この場合、
方法的には漢墓から出土する陶器編年を確立する必要があるのである。これにより、漢王
朝から独立した存在として、現在のベトナム史学においても評価の高い士燮政権の実態を
考古学的に検証することが可能であるのである。

二　ベトナム漢墓の副葬陶器編年

　ベトナム漢墓の副葬陶器は、灰釉陶器と灰陶（褐陶）からなる。これらの陶器編年はベ
トナムでは殆ど為されていない。すなわちベトナム漢墓の研究はほとんどなされていない
と言っても過言ではないであろう。これはすでに述べたようにベトナム史学の歴史観によ
るものであり、現状で考古学的な調査による科学的な資料を求めることはほとんどできな
い状況にある。
　ところで、ベトナム漢墓は第二次世界大戦前にフランス極東学院によって数度の調査が
なされていた。それは、スウェーデンの考古学者オロフ・ヤンセによってタイホンア省を
中心とした塼室墓の調査が進められていた（図1）。その内、ヤンセによる第3次調査は、
フランス極東学院ではなくアメリカのハーバード大学エンチン研究所の資金助成によるも
のであった。そのためヤンセ第3次調査資料は、現在ハーバード大学ピーボディー博物館
に所蔵され、一部がホーチミンシティー歴史博物館に1960年代に返還されている。それ

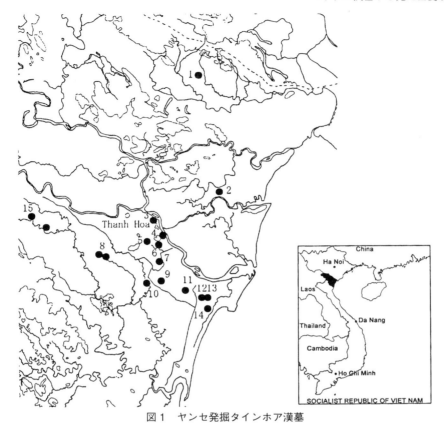

図1　ヤンセ発掘タインホア漢墓
(1 ビムソン、2 テクチュオン、3 チュズオン、4 ドンソン・ハムゾン、5 ドンターク、6 ダイコーイ、7 フーコック、8 ドンソン、9 ゴックアム・イェンビェン、10 タムト窯址群、11 テュントーン、12 ホアチュン、13 トダイ、14 ニョークアン、15 マントン・ヴクチュン)

らの墓葬単位の副葬陶器を比較検討することによって灰釉壺と灰陶甕を中心に型式学的な変遷を捉え、副葬陶器の編年を確立することができた（宮本・俵 2002、宮本 2004、Miyamoto2003）。その後、この副葬陶器編年を参考に西村昌也によって後漢期併行期の陶器編年が示されている（西村 2007、西村 2011）が、詳細な編年という意味では私のベトナム漢墓陶器編年を超えるものとはなっていない。そこで、再度、タインホア省の塼室墓を中心とする陶器編年の内容をまとめておきたい。

　これらの編年の基になったヤンセ第 3 次調査資料は、タインホア省すなわち当時の九真郡に相当するフーコック、マントン、ゴックアム、ビムソンといった四つの墓地からなっている（図1）。これら墓地群の中でも、各塼室墓単位の一括遺物を相互に比較して陶器編年を作成した。図2に示すように、フーコック、マントン 1A・1B 号墓、ゴックアム 1 号墓、ビムソン 2 号墓、ビムソン 3 号墓、ビムソン 7 号墓、ビムソン 10 号墓といった変遷を想定した。こうした変遷の中で、最も土器の形態的な変化を示したのが灰釉陶器の壺である。

86 第1編 ベトナム

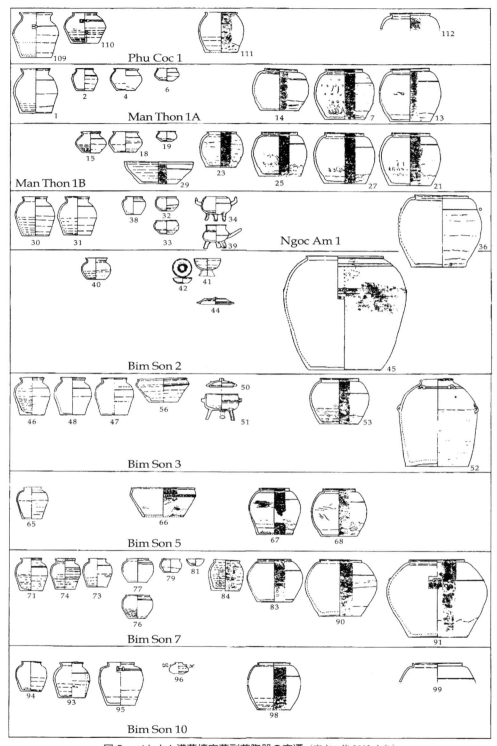

図2 ベトナム漢墓塼室墓副葬陶器の変遷 (宮本・俵 2002 より)

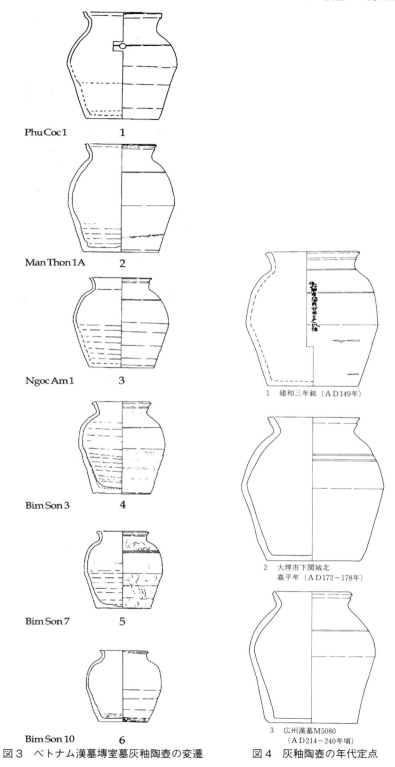

図3 ベトナム漢墓塼室墓灰釉陶壺の変遷　図4 灰釉陶壺の年代定点

88 第1編 ベトナム

　では、灰陶壺の型式学的な変化の方向性について、まず説明したい（図3）。変化の方向性を示すものとして、胴部最大径の位置とそれに呼応するような胴部外面下半の回転ケズリないし回転ナデの始まる位置（変換点）である。さらにその位置すなわち変換点の形態にある。まず胴部最大径の位置であるが、フーコック1号墓やマントン1A号墓では胴部中央ないしやや下半部にあったものから、胴部最大径の位置が次第に上昇していき、ビムソン10号墓では最も高い肩部に変化していく。それとともに、回転ケズリないし回転ナデの始まる位置すなわち胴部の変換点が、フーコック1号墓やマントン1A号墓では明瞭で鋭く屈折しているのに対し、その後は次第に丸みを帯びるような変化を示している。

　さらに灰釉壺の大きな変化を示すのが、口縁端部の変化である。フーコック1号墓では複合口縁状に口縁端部が段をなしさらに口縁端部がつまみ上げられて撫でられていたのに対し、マントン1A号墓ではもともとの複合口縁状の段部分を基点に口縁端部がつまみ上げられて回転ナデがなされている。さらにゴックアム1号墓では、口縁端部のつまみ上げ部分が断面三角形状に狭くつまみ上げられながら撫でられている。ビムソン3号墓ではこの断面三角形状のつまみ上げ部分がより外面に突出し、その後はビムソン7号墓、ビムソン10号墓と次第につまみあげナデの痕跡が消失していく方向に変化していく。

　このように、胴部最大径の位置と胴部外面に見られる技法状の変換点の位置が対応しながら変化していくとともに、口縁端部を中心とした口縁部形態の一定の変化方向が対応しており、灰釉壺の型式変化を想定することができよう。さらにこれら灰釉壺と、建和三年（AD149年）銘灰釉壺、嘉平年（AD172～178年）紀年銘塼室墓出土灰釉壺、広州漢墓5080号墓副葬陶器（図4）との型式学的な比較から、型式変化の方向性が妥当であることを示したい。建和三年銘灰釉壺はクレマンコレクションによるもので、出土地は不明であるが採集の経緯からしてベトナム漢墓出土のものであることは問題ないであろう。その形態的特徴は、口縁端部のつまみ上げナデの断面形が三角形状を呈し、かつ胴部外面の変換点の屈折が認められるとともに胴部最大径が胴部中央にある。口縁部端部形態がゴックム1号墓の灰釉壺と同じ型式的特徴を有しているが、胴部形態はマントン1Aの特徴を示している。建和三年銘灰釉壺はマントン1A号墓とゴックム1号墓の中間的様相を示し、マントン1A号墓とゴックム1号墓の間をAD150年とすることができよう。一方、嘉平年紀年銘塼室墓出土灰釉壺は、口縁端部のつまみ上げが形骸化しわずかに残る段階であり、さらに胴部外面の変換点すなわち胴部最大径位置が建和三年銘のものより上部に上がっている。これは、ビムソン3号墓の灰釉壺に相当する型式である。さらに、広州漢墓5080号墓副葬灰釉壺は、共伴する対置式神獣鏡の年代が3世紀初頭～3世紀第二四半期中葉（AD214～240年）にあたる。この灰釉壺は、口縁端部のつまみ上げ部分がさらに退化し単なるナ

デに転化しており、さらに胴部屈折部が甘くなり胴部最大径もビムソン 3 号墓よりさらに肩部に上がっている。このような型式的な特徴に最も近いのがビムソン 10 号墓の灰釉壺と言うことができるであろう。

　したがって、フーコック 1 号墓とマントン 1A 号墓が 2 世紀前半、ゴッカム 1 号墓が 2 世紀後半、ビムソン 3 号墓が 2 世紀後葉、ビムソン 10 号墓が 3 世紀前葉と言うことができるであろう。また、これらの灰釉壺の変遷で最も古いとしたフーコック 1 号墓灰釉壺の口縁部の二重口縁的な段の形成は、木槨墓であるゴックラク 2 号墓に見て取ることができる。フーコック 1 号墓が塼室墓であるのに対し、木槨墓であるゴックラク 2 号墓（図 5-1 ～3）は、相対的に古いものである。したがってゴックラク 2 号墓灰釉壺（図 5-1）の二重口縁部が退化するようにフーコック 1 号墓のものへと系統的に変化したということができる。さらに両者においては胴部最大径が胴部下部から胴部中央部へという変化傾向が見て取れ、一連の変化に呼応するものである。さらに胴部に見られる浮文は、ゴックラク 2 号墓（図 5-1）の蕨手状のものから、フーコック 1 号墓（図 3-1）の円文へ、さらにマントン 1A 号墓（図 3-2）では無文化するといった、一連の変化を看取することができる。このように、フーコック 1 号墓以来の変化方向は、ゴックラク 2 号墓を基点とすることにより、より明確に示すことができることとなった。

　ゴックラク墓地は、1～3 号墓の 3 基の木槨墓が確認されている（西村 2007）。その木槨構造はすでに南中国ないし在地化した木槨構造となっている。すでに述べたゴックラク 1 号墓からフーコック 1 号墓さらにはビムソン墓地への灰釉壺の変化方向に応じて、この 3 基の副葬陶器の一括遺物の相対編年を示してみたい。図 5 に示すように、ゴックラク 2 号墓の灰釉壺（図 5-1）は二重口縁の端部がやや肥厚気味であったのが、ゴックラク 3 号墓（同 4）では肥厚部を消失して直立する。さらにゴックラク 1 号墓（同 7）では口縁端部がやや外反し、最もフーコック 1 号墓に近いものになっている。また、これらの灰釉陶壺は共伴する小壺（同 2・5・8）や灰陶甕（同 3・6・9）とともに、胴部最大径の位置が口縁部下半から次第に胴部中央部へと変化している。西村昌也はこのゴックラク墓地を青銅器の年代観などから 1 世紀に位置づけるとともに、コーロア城の永元 11（99）年銘の塼室墓を最古の塼室墓と捉えている（西村 2007）。ベトナム漢墓の木槨墓が 1 世紀まで存続し、塼室墓がおおよそ 2 世紀に始まるとするもので、妥当な考えと思われる。したがって、塼室墓であるフーコック 1 号墓とマントン 1 号墓を 2 世紀前半に位置づけることができよう。

　このように、フーコック 1 号墓からビムソン 10 号墓までの一連の灰釉壺の変化は、2 世紀前半から 3 世紀前葉にかけてのものであることが考えられ（表 1）、この段階の詳細な型式変化を確立することができた（図 2）。

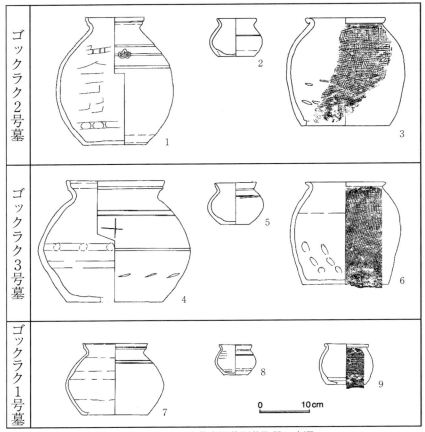

図5　ベトナム漢墓木槨墓副葬陶器の変遷

　このような墓葬の変化に応じて、灰釉壺に共伴する灰陶甕の変化を考えてみたい。おそらく灰陶甕は灰釉壺と違ってかなり地域的な特性を持つものであり、同じ九真郡内であるタインホア省の漢墓であっても、製作の系統を異にする可能性がある。甕は法量的には小型甕と大型甕に分かれる。大型甕の場合複数の製作場の系統が存在している可能性がある。そこで小型甕に注目するならば、先に示した図2の編年に従い、灰釉壺と同じように胴部最大径が胴中央下部にあったものから、胴中央部へさらに胴上部へと、次第に胴部最大径の位置が上昇する傾向を示し、灰釉壺と同じ様式的な変化の特徴を示している。こうした特徴は、大型甕の場合においても同じ傾向にあるとすることができる。また、小型甕の叩きの文様も大きく籾状菱形文から多重菱形文への変化を示している。以上のように、編年で示された灰釉陶壺と灰陶甕の型式変化は矛盾ないものとすることができ、この編年の妥当性を示している。

　さらに、副葬陶器に共伴する五銖銭の型式変化に注目し、陶器編年の妥当性を検証した（宮本・俵2002）。五銖銭は『洛陽焼溝漢墓』により型式細分されているが（中国科学院考古

表1　ベトナム漢墓の歴史的位置

年代	墓葬	歴史記事
		漢が南越国を滅ぼして郡治設置（BC111年）
AD1年		
		徴姉妹の反乱（AD40〜43年）
AD50年		馬援将軍の鎮撫（AD43年）
	ゴックラク2号墓	
	ゴックラク3号墓	
AD100年	ゴックラク1号墓	
	フーコック1号墓	
AD150年	マントン1A・1B号墓	
	ゴックアム1号墓	
	ビムソン2号墓	
AD175年	ビムソン3号墓	士燮政権（AD184〜226年）
	ビムソン4号墓	
	ビムソン5号墓	
	ビムソン7号墓	
	ビムソン9号墓	
AD215年	ビムソン10号墓	呉の支配（AD226年）
	ビムソン12号墓	
	ビムソン15号墓	

研究所1959）、本対象の墓葬からは第Ⅲ型と第Ⅳ型が出土している。マントン1A号墓では第Ⅲ型・第Ⅳ型が、ビムソン4号墓では第Ⅳ型のみが、ビムソン7号墓では第Ⅳ型と無文銭が、ビムソン10号墓では無文銭のみが出土している。五銖銭の型式変遷と陶器編年が対応するのみならず、五銖銭の重量が陶器型式に対応して軽量化しさらに無文化していく。こうした粗悪化は、陶器編年に対応しており、陶器編年の正しさを保証するものとなった。また、第Ⅲ型は建武十六年（AD40年）以降に鋳造され、第Ⅳ型は桓帝以降（AD146）と考えられており（中国科学院考古研究所1959）、第Ⅲ型と第Ⅳ型が共伴するマントン1A号墓は2世紀中葉頃とすることができる。先にゴックアム1号墓より1型式遡るマントン1A号墓を2世紀前半と考えることと矛盾がない。さらに無文銭は桓帝・霊帝期に存在し（中国科学院考古研究所1959）、第Ⅳ型と無文銭が共伴するビムソン7号墓は2世紀後半には存在しているところからも、陶器編年ならびにその実年代には何ら矛盾がないことになる。

　なお、マントン1A号墓から青銅容器が出土しているが、その年代は2世紀前半から中葉の青銅器一括遺物と判断され（宮本・俵2002）、年代観も陶器編年と矛盾するものではない。また、ビムソン7号墓出土銅皿も、2世紀後葉から3世紀前葉の幅で押さえられるであろう（宮本・俵2002）。

　このように副葬陶器の一括遺物を陶器の型式学的手法による型式変遷と実年代可能な型式との対応、さらには共伴する五銖銭や青銅容器の編年・実年代により、2世紀から3世

紀前葉のベトナム漢墓の編年を確立することができた。ベトナム漢墓の編年の確立は、漢代の郡治が作られて以降にみられる在地文化の変容や漢の支配構造など考える上での基礎的な年代軸とすることができる。

三　考古学から見た士燮政権

ここで確立した陶器編年の2世紀から3世紀前葉は後漢後半期から三国時代にかけてであり、漢王朝の支配権が弱体化した中国の分裂期あるいは地方の独立期に相当している。ベトナム北部では交趾郡太守であった士燮が独立を宣言し士燮政権が樹立された184～226年に相当している。表1のベトナム漢墓編年で言えば、ほぼビムソン墓地の時期に相当している。

さて、この時期の比較材料として示した広州漢墓や大理市下関城北の灰釉壺（図4）は、こうした灰釉陶壺がベトナム北部・西南中国から南中国まで広く共通していることを示している。すなわちこうした地域の流通圏が存在していたと考えられるのである。また、建和三年（AD149年）銘灰釉陶壺のような陶器の銘文は、中国本土には認められない書式である。ベトナム北部出土の可能性の高いこの灰釉陶壺は、漢王朝の年号を使った南海郡内の独自な生産組織を物語っている可能性がある。すなわち士燮政権の生まれる前にも既に南海郡内での独自の生産体制とともに、その流通や様式がベトナム北部・西南中国から南中国へ広がっていたことを示している。さらには青銅容器の様式的特徴や越式鼎の存在（宮本・俵2002）は、ベトナム北部から南中国の一体性を示している。また、マントン1A号墓の単夔鏡も南中国からベトナム北部の分布を示している（宮本・俵2002）。このように、ベトナム北部・西南中国から南中国は、この時期、共通した流通圏あるいは共通のイデオロギーが存在していたことを示している。

さらに広東省徳慶県大遼山からは「西于」銘の青銅容器（広東省博物館1981）が2点（図6）出土しており、また伝世の青銅釜にも「西于」銘（容庚1931）が知られている。「西于」とはベトナム北部の交趾郡西于県に相当しており、交趾郡内での青銅器生産がなされていることを示している。大遼山のものは元初元年（118年）と記されており、2世紀前半から交趾郡内での独自な生産が始まり、それが広東まで流通していたことを示している（宮本・俵2002）。先に示した建和三年銘灰釉陶壺も同じように交趾

図6　大遼山出土青銅容器銘文（1 銅壺、2 銅洗）

郡での生産の可能性が、銘文を刻むという伝統から見て想定できよう。このように、ベトナム漢墓から出土する青銅容器や灰釉陶・灰陶（図3）は、ベトナム北部において独自の生産体系が構築されていた可能性が高い。また、墓葬構造の変遷で認められたように、2世紀中葉から3世紀にかけて認められる単券頂多室墓と後蔵室の組み合わせはベトナム北部で在地的に発達したものである（俵2014）。

　2世紀後葉にはベトナム北部の交趾郡・九真郡・合浦郡を中心とした士燮政権が漢王朝から独立して成立し（表1）、その版図を南中国（嶺南地方）にまで広げている。士燮政権の成立は、2世紀前半には確立していたベトナム北部・南西中国から南中国の共通した文化圏と、墓室構造や副葬陶器にみられるベトナム固有の地域性の確立が、その背景にあると考えられる。交趾郡ではないが、江西省の漢代墓葬出土のガラスには、東南アジアやインドなどの地域からもたらされたものであることが知られている（熊昭明・李青会2011）。漢代における南中国の南海交易の役割については、古くから指摘されてきたところである（岡崎1973）。2世紀から3世紀にかけてのベトナム漢墓における南海交易に関わる明確な資料はまだ見られないが、ベトナム固有の地域性やその南中国流通圏の地理的な位置からしても、南海交易が地域経済において重要な役割をなしていたと想定できよう。士燮政権が政治的に独立する背景に、このような経済的な利益が存在していた可能性を今後検討していかなければならない。

四　まとめ

　ベトナム北部から南中国における後漢における独自の経済圏や文化圏を背景として、在地化した官人である漢人豪族層が漢王朝から独立して国家を標榜したのが士燮政権であった。しかし、それはあくまでも漢人豪族層による植民地的支配であり、政権基盤は弱いものであった。それ故、後に呉によって滅ぼされることになる。しかし、一方では南海交易を中心にベトナム中部との交易関係や政治的関係を持っていた可能性がある。既に前段階のサーフィン文化期には、南海9郡を通じて漢鏡がサーフィン文化の甕棺墓に配布されている（山形2007）。195年には林邑が日南郡からサーフィン文化を土台に林邑国を作り上げていく（山形・桃木2001）。林邑は盛んに南朝との関係を構築していたことが知られているが、いわゆる初期国家段階に相当すると考える（宮本2006）。林邑は後に古代国家であるチャンパ国に歴史的には繋がっていく。林邑成立期は、まさに士燮政権に相当する時期である。ベトナムにおける漢王朝周辺域の古代国家成立において、士燮政権は一定の役割を果たしていたのではないだろうか。

ベトナム北部から南中国の士燮政権は、同時期の中国東北部から朝鮮半島北部に見られる公孫氏に対比することができる。公孫氏時期は日本列島の邪馬台国卑弥呼の時期に相当し、画文帯神獣鏡における威信財システムが存在したと考えられている（福永2001）。まさに初期国家成立期に対応し（都出1996）、士燮政権と林邑国との関係と平行現象を示しているように見とれるのである。

ベトナム郡治と士燮政権、楽浪・帯方郡と公孫氏は、後漢末から三国時代における東アジアの周辺地域と中国王朝の対外交流史あるいはその歴史的変遷を考える際、大変重要な存在である。さらに、こうした周辺地域の枠組みから2〜3世紀の東アジア史を構築していくことができると考えられる。

参考文献

岡崎敬 1973「雲南省・石寨山とヴェトナム・オケオの遺跡」『東西交渉の考古学』、335-353頁、平凡社

広東省博物館 1981「広東省徳慶大遼山発現東漢文物」『考古』1981年第4期、372-375頁

黄暁芬偏 2014『交趾郡治・ルイロウ遺跡I』東亜大学

後藤均平 1969「徴姉妹の反乱」『中国古代史研究』3

後藤均平 1972「士燮」『史苑』第32巻第1号、1-30頁

後藤均平 1975『ベトナム救国抗争史——ベトナム・中国・日本』新人物往来社

俵寛司 2014『脱植民地主義のベトナム考古学「ベトナムモデル」「中国モデル」を超えて』風響社

中国科学院考古研究所 1959『洛陽焼溝漢墓』科学出版社

都出比呂志 1996「国家形成の諸段階」『歴史評論』No. 551、3-16頁

西村昌也 2001「紅河デルタの城郭遺跡 Lung Khe 城をめぐる新認識と問題」『東南アジア歴史と文化』30、46-71頁

西村昌也 2007「北ヴェトナム紅河平原域における紀元1世紀後半から2世紀の陶器に関する基礎資料とその認識」『東亜考古論壇』第3集、57-149頁、忠清文化財研究院

西村昌也 2011『ベトナムの考古・古代学』同成社

福永伸哉 2001『邪馬台国から大和政権』大阪大学出版会

宮本一夫 2004「越南東漢墓葬陶器編年——再論奥羅夫・陽士資料」『桃李成蹊集　慶祝安志敏先生八十壽辰』343-351頁、香港中文大学中国考古芸術研究中心

宮本一夫 2006「中国における初期国家形成過程を定義づける」『東アジア古代国家論——プロセス・モデル・アイデンティティ——』247-274頁、すいれん舎

宮本一夫 2015「中国鉄器生産開始の諸問題」『中国考古学』第15号、25-40頁、日本中国考古学会

宮本一夫・高大倫編 2013『東チベットの先史社会——四川省チベット自治州における日中共同発掘調査の記録——』中国書店。

宮本一夫・俵寛司 2002「ベトナム漢墓ヤンセ資料の再検討」『国立歴史民俗博物館研究報告』第 97
　集、123〜193 頁、国立歴史民俗博物館。

熊昭明・李青会 2011『広西出土漢代玻璃器的考古学与科学研究』文物出版社

山形眞理子 2007「ベトナム出土の漢・六朝系瓦」『中国シルクロードの変遷』（アジア地域文化学
　叢書 7）、240–271 頁、シルクロード調査研究所

山形眞理子・桃木至朗 2001「林邑と環王」『岩波講座東南アジア史』第 1 巻、227–254 頁

容庚 1931『秦漢金文録』4–15

吉開将人 2000「印から見た南越世界（後編）：嶺南古爾印考」『東洋文化研究所紀要』139 冊、1–38
　頁

Kim, Nam C., Toi, Lai Van & Hiep, Trinh Hoang. 2010 Co Loa: an investigation of Vietnam's ancient capital.
　In *Antiquity* 84（2010）, pp. 1011–1027.

Miyamoto, Kazuo. 2003 The Chronology of Eastern Han style Tombs in Thanhoa District trough the Olov
　Janse Collection（1938–1940）. In *Fishbones and Glittering Emblems* Southeast Asian Archaeology 2002,
　edited by Anna Karlstrom & Anna Kallen. pp. 181–190, Museum of Far Eastern Antiquities, Stockholm.

第 2 編　中　　国

漢武帝の時代の外交と内政

鶴間　和幸

は じ め に

　前漢第七代皇帝の武帝劉徹（前156～前87、在位前141～前87）は景帝の中子として景帝元（前156）年に生まれ、七歳で皇太子となり、16歳で都から遠く離れた山東半島にあった膠東王から後継に呼ばれて皇帝に即位し、即位55年、70歳で亡くなった[1]。半世紀を超える治世であるので、その政治も武帝の加齢とともに変化したといえる[2]。

　衛青や霍去病に積極的に匈奴遠征を求めたのは27歳から29歳、南越や西南夷を征服して泰山とその周辺において天地を祀る封禅の儀式を行ったのは46歳から49歳、23年もの長年にわたって放置していた黄河の堤防の決壊を塞いだのも48歳、秦以来の10月を年初とする暦を改めて正月を年初としたのが53歳、李陵を弁護した司馬遷を宮刑にしたのが58歳のときである。もちろん皇帝個人だけが王朝の政治を動かしていったわけではないが、武帝の時代の政治外交の動きを時代の流れとして理解するには、武帝の年齢も一つの尺度となろう。

一　武帝の年号と治世の時期区分

　武帝の時代にはじめて元号制が用いられた。武帝以前は君主が即位した翌日あるいは翌年から数え始めるだけの年号であった[3]。武帝の時代は一世一元ではなく一代のうちに複数の元号を用いた。建元・元光・元朔・元狩・元鼎・元封・太初・天漢・太始・征和・後元と11の元号がめまぐるしく変わった。清の趙翼は、建元、元光、元朔の年号は元狩の年号からさかのぼったものであり、当初は一元、二元、三元と6年ごとに改元しただけでまだ元号はなかったという[4]。陳直は「建元四年」銘の陶尊や元光元年銘の銅鏡の存在から当初から元号はあったという[5]。出土した武帝時期の簡牘には元号を用いずに年数のみ記しているものもあるので、元号の開始についてはまだ十分明らかではない[6]。建元から元封までは6年ごとに6回改元を繰り返し（計36年間）、10月から正月を年初に変えた太初から征和までは4年ごとに4回改元し（計16年間）、最後の後元は武帝の死去によって2年で終

100　第2編　中　　国

わっている （図1：武帝の年号）。

　改元のきっかけは、長星（彗星）が現れたので元「光」とし、白い麒麟を捕獲したので元「狩」とし、宝鼎を汾水のほとりで得たので元「鼎」とし、はじめて泰山に封禅することを決断したので元「封」の年号に換え、夏正の暦に改め、10月から正月を年初としたことで太「初」と換え、旱魃時に雨乞いを天にしたので「天漢」（天の漢水、すなわち天の河の意味）とし、夷狄を征討して天下が平和になったので「征和」とした。即位年（改元は翌年）から死去まで55年の在位年数をもつ武帝の長い治世を時期区分するには、元号も一つの基準になる。ちなみに前漢皇帝の在位年数は高祖6年（漢王即位からの年数は12年）、恵帝8年（年号は7年）、文帝24年（年号前元16年、後元7年）、景帝17年（年号は前元7年、中元6年、後元3年）、昭帝14年（年号13年、改元3回）、宣帝26年（年号は25年、改元7回）、元帝17年（年号16年、改元4回）、成帝27年（年号26年、改元7回）、哀帝7年（年号6年、改元2回）、平帝6年（年号5年、改元1回）となっている。

　武帝の治世を元号によって4つの時期に分けてみよう。第1期は建元・元光年間の12年、第2期は元朔・元狩年間の12年、第3期は元鼎・元封年間の12年、第4期は4年ごとの改元に変わった太初以降、天漢・太始・征和・後元年間の18年である（図2：武帝の治世の時期区分）。

図1　武帝の年号
建元（6）元光（6）12年 元朔（6）元狩（6）12年 元鼎（6）元封（6）12年 太初（4）天漢（4）太始（4）征和（4）後元（2） 　　　　　　　　　　16年＋2年＝18年

図2　武帝の治世の時期区分
第1期　建元・元光（前140〜前129）12年 第2期　元朔・元狩（前128〜前117）12年 第3期　元鼎・元封（前116〜前105）12年 第4期　太初・天漢・太始・征和・後元 　　　　　　　　　　（前104〜前87）18年 年号計54年　即位55年

図3　武帝の治世の概要
第1期　少年皇帝から親政へ（16歳〜28歳） 　　　　張騫第一次西域遠征 　　　　対匈奴戦略失敗・黄河決潰 第2期　衛青・霍去病の匈奴戦争（29歳〜40歳） 　　　　武威・酒泉郡設置　塩鉄専売制 第3期　中華帝国の樹立宣言（41歳〜52歳） 　　　　張騫第二次西域遠征　中央アジア外交 　　　　南越・西南夷征服 　　　　泰山封禅　均輸・平準法 　　　　東越征服・黄河決潰修復・朝鮮征服 第4期　中華帝国の拡張と失政（53歳〜70歳） 　　　　太初暦（正月歳首） 　　　　李広利の大宛遠征 　　　　酒専売制

第1期は少年皇帝が竇皇太后（祖父文帝の皇后）の死を機に親政を始めた時期、第2期は対匈奴戦争に邁進した時期、第3期は中華帝国の樹立を宣言した時期、第4期は中華帝国の拡張を求めて失政していった時期である（図3：武帝の治世の概要）。

二　外交と内政の連動

第1期のうち建元年間（前140～前135、武帝17歳～22歳）は劉徹はまだ親政を行えず、祖母竇太后とその一族の丞相竇嬰らが権力を握っていた。竇太后は建元6（前135）年亡くなった。元光年間（前134～前129、23歳～28歳）になると親政がはじまったが、対匈奴戦略に失敗し（元光2、前133年、馬邑の役）、同じ頃に内では黄河の堤防を決潰させて放置し（元光3、前132年）、外では衛青による対匈奴戦を開始する（元光6、前129年）など、武帝にとって多難な時期であった。

第2期の元朔（前128～前123、29歳～34歳）・元狩年間（前122～前117、35歳～40歳）は衛青と霍去病による匈奴遠征に終始した。塩鉄専売制（元狩4、前119年）も第2期の匈奴戦の軍費を調達する経済政策であった。元狩6（前117）年の青年将軍霍去病の死去で一時代は終息した。

第3期の元鼎年間（前116、41歳～46歳）には新たな外交を模索した。元鼎2（前115）年、張騫をふたたび西域に送り、烏孫に向かわせた。中央アジア外交の始まりであり、それは南越、西南夷征服（元鼎6、前111年）と連動していた。元封年間（前110～前105、47歳～52歳）の元封元（前110）年の泰山封禅、東越征服、元封2（前109）年の黄河決潰工事の完成、元封3（前108）年の朝鮮征服と続く。武帝が中華帝国の樹立を宣言したのが泰山封禅であった。

第4期の太初年間（前104～前101、53歳～56歳）は中華帝国の拡大を中央アジアに目指したが、天漢・太始・征和・後元年間（前100～前87）は武帝最晩年（57歳～70歳）の失政の時代となる。

武帝の時代は、始皇帝の秦帝国が未完に終わった中華帝国を完成させたともいえる。武帝の治世55年のうち20年が過ぎたころ、第2期に西方では対匈奴戦争のなかで五原、朔方、西河、武威、酒泉郡が置かれた。第三期には南方では元鼎6（前111）年に西南夷と南越（前203～前111）を同時に滅ぼし、南海、交趾などの所謂南海九郡を置いた。そして翌年の元封元（前110）年、泰山封禅を行いながら、同時に東越を征服した。元封2（前109）年23年も放置されてきた黄河の洪水に終止符が打たれた。元封3（前108）年朝鮮半島では衛氏朝鮮（前190～前108）を滅ぼし、楽浪（元封3〈前108〉年）・真番・臨屯・玄菟

（元封3）の朝鮮四郡が置かれた。第4期にようやく張掖郡（太初元〈前104〉年）、敦煌郡（後元年〈前88〉年）が置かれた。西南夷の軍隊を南越へ移し、南越出兵の軍隊を朝鮮へ送るなど、漢王朝側の対外戦略の動きは相互に連動していた。

三　武帝期の出土文字史料

　そしてさらに侵略された方の漢帝国の周縁地域では、どのような政治的な変容があったのだろうか。私たちは、既存の『史記』『漢書』の記述にたよりながらも、中華帝国の周縁地域でどのような状況が生まれたのかを探るには、出土文字史料が圧倒的に役立つことはいうまでもない。漢帝国の四辺の地、すなわち西の河西回廊、西南の雲南、南の嶺南、東の朝鮮の四地域では、考古資料が豊富である。河西回廊では居延・敦煌漢簡の文字史料や、長城、城塞遺跡、雲南では滇国の墓葬、嶺南の南越では南越王墓や王宮遺跡と木簡、朝鮮半島では楽浪漢墓と木簡などである。

　漢帝国内でも武帝期の簡牘が近年続々と出土している（図4：武帝期の出土文字史料）。帝国の周縁と内地の出土史料を連係させる視点によって簡牘を読み込むことが重要である。時代順に見ると、武帝の治世第1期では、湖北省荊州市の松柏漢簡が重要である（図5：第1期の外交と文字史料）。南郡江陵県西郷の有秩・嗇夫という地方行政最末端の郷里の公乗（第八級の爵位）の周偃という人物に関わる文書であり、木牘63枚、木簡10枚のなかに労役文書や建元・元光年間の暦譜（前140〜前129）が含まれる[(8)]（図6：松柏漢簡）。漢帝国を支える民衆がどのように国家に編成されたのか、かれらがどのように対匈奴戦争などの対外戦争や水利などの国家的土木事業に駆り出されていったのかがわかる。53号木牘によれば、江陵から対南越戦に駆り出されて犠牲になった犠牲者が1589人にものぼった

図4　武帝期の出土文字史料
第1期　少年皇帝から親政へ 　　　松柏漢簡（湖北荊州市） 　　　銀雀山漢簡（山東）：元光元年暦譜 　　　北大漢簡
第2期　衛青・霍去病の匈奴戦争 　　　長沙走馬楼漢簡（湖南）　対南越最前線長沙国 　　　天長漢簡（安徽）　匈奴戦争時の内政
第3期　中華帝国の樹立宣言 　　　成都老官山漢簡（武帝中期）
第4期　中華帝国の拡張と失政 　　　敦煌懸泉置漢簡・居延漢簡（甘粛） 　　　永昌水泉子漢簡（甘粛）・ 　　　日照海曲漢簡（山東）　後元2年視日簡

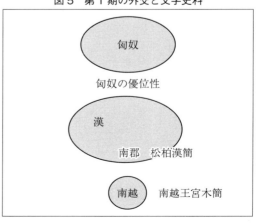

図5　第1期の外交と文字史料

という。この時期には、山東省銀雀山漢墓でも元光元（前 136）年の暦譜が出土している[9]。

　北京大学所蔵漢簡も武帝期の早期に筆写されたものといわれている。2009 年に北京大学に寄贈された 3346 枚の竹簡の概要が報告されている[10]。正式の報告書と図版は第 1 巻『蒼頡篇』、第 2 巻『老子』、第 3 巻『趙正書』・『周馴』・『子書』、第 4 巻『妄稽』・『反淫』、第 5 巻『節』・『荊決』・『六博』・『雨書』・『揅輿』、第 6 巻『日書』・『日忌』・『日約』、第 7 巻『医書』となっている[11]。行政文書はないが、武帝という時代の思想を反映している[12]。『蒼頡篇』は、秦の丞相李斯が編纂した官吏教育のための字書であり、漢代にも引き続き使用された（図 7：北京大学所蔵漢簡『蒼頡篇』）。華夷を意識した始皇帝の対外戦争時期の思想を武帝も受け継いでいる。北京大学所蔵漢簡は盗掘簡であり、埋蔵者が誰であるかは推測の域を出ない。諸侯王の子も列侯に封じられており、列侯墓から盗掘されたことも考えられる。湖南省長沙で発見された馬王堆漢墓は、武帝以前のものであり、長沙王国の丞相で軑侯の利蒼（呂后 2（前 186）年死去）夫妻と子で軑侯を継承した利豨（木牘によれば文帝前 12（前 168）年死去）の墓葬であり、軑侯という列侯墓の例である。3 号墓の利豨の墓室からは帛書の書籍が大量に出土した[13]。『周易』、『老子』、『春秋事語』、『戦国縦横家書』、『五十二病方』、『五星占』など、文帝の時代を反映した書籍が出土し、儒家の書籍ではない。北京大学所蔵漢簡も、始皇帝を秦王として皇帝即位を認めない『趙正書』の内容や『老子』を含むことから、文帝景帝期を想定できるが、均整のとれた隷書体から見ると、儒家よりも黄老思想の影響が強かった武帝期の早期、治世第一期に埋葬された諸侯王墓か列侯墓のものかもしれない（図 8：北京大学所蔵漢簡『趙正書』）。第一期の建元 6 年に亡くなった武帝の祖母の竇太后は、生前黄帝と老子の書を愛好し、皇帝も読まざるを得なかったという。

　武帝の治世第 2 期では、2003 年に長沙走馬楼の古井戸から出土した一万を超える簡牘（長沙走馬楼漢簡）がやはりきわめて重要な出土史料であり、全文の発表が待たれている[14]（図 9：長沙走馬楼漢簡）。内容は元朔・元狩年間（前 125 年〜前 120 年）の長沙国の法制・上計・交通文書である。長沙国はすでに呉氏五代の王国から劉氏の王国に変わっていた。景帝の子が長沙定王劉発であり、元朔 2（前 127）年に戴王劉庸が天漢元（前 100）年まで長沙王を継承している。南越国との国境に位置した南方の諸侯王国は内地から見れば藩塀の国であり、南越国から見れば国境交易の漢側の窓口であった。そのような立場から新出史料の意味することを読み取っていかなければならない（図 10：第 2 期の外交と文字史料）。

　安徽省の天長漢簡も第 2 期の武帝元狩 6（前 117）年以降の文書と考えられ、臨淮郡東陽県の官吏謝孟という人物の木牘 34 枚、戸口簿、算簿、書信、木刺、薬方、贈与目録などであり、匈奴戦争時の内政を物語る史料として貴重である[15]（図 11：天長漢簡）。

104　第2編　中国

図6　松柏漢簡
（『文物』2008年第4期）

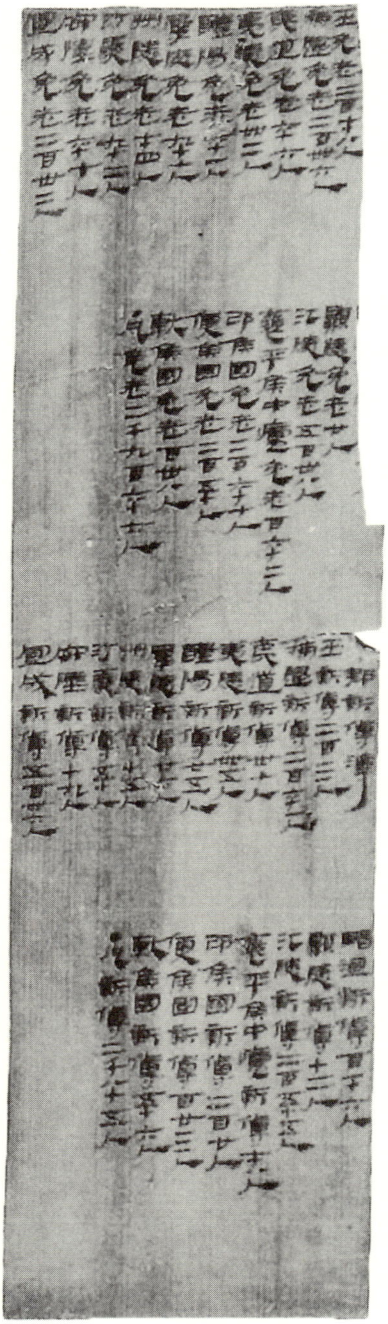

図7　北京大学所蔵漢簡『蒼頡篇』
（『北京大学蔵西漢竹書墨書迹選粋』人民美術出版社、2012年）

漢兼天下海内幷厠

図8　北京大学所蔵漢簡『趙正書』
（図7に同じ）

昔者秦王趙正出游天下

図9　長沙走馬楼漢簡
(『湘南出土簡牘選編』岳麓書社、2013年)

図10　第2期の外交と文字史料

図11　天長漢簡
(『文物』2004年第11期)

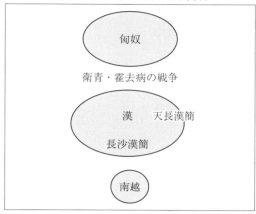

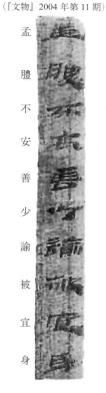

今有劾謁移長沙内史下屬縣

孟朧不安善少諭被宜身

　武帝第2期あるいは第3期では、四川省成都市の老官山漢墓出土木牘50数枚と医書竹簡920枚がある(16)。木牘は行政文書であり、左右内史の官職名が見える。左右内史は景帝2（前155）年に置かれ、武帝太初元（前104）年には左内史が京兆尹、右内史が左馮翊に改められた。また算緡銭に関する文書も見える。算緡銭とは、武帝元狩4（前119）年から商工業者に課せられた税金であり、商人には2000銭に1算（120銭）、手工業者には4000銭に1算を課した。やはり匈奴戦争時の財政事情を物語る史料である（図12：第3期の外交と文字史料）。

　武帝第4期では、敦煌懸泉置漢簡（武帝後期〜王莽末年、元鼎6〈前111年〉、太始3〈前94〉年、征和元〈前92〉年などの武帝期の紀年があるという(17)）、甘粛省永昌水泉子漢簡（武帝期以降か(18)）、山東省日照海曲漢簡(19)などがある。日照海曲漢簡は木牘4枚、竹簡39枚出土しており、後元2（前87）年に公孫昌という人物が埋葬された（図13：第4期の外交と文字史料）。

　武帝期の簡牘の隷書体は一律ではない。文・景帝期と昭・宣帝期にはさまれた半世紀であるだけに、秦から前漢初期の特徴である篆隷体（石刻や印璽や青銅器銘文の篆書体に近い隷書）と、前漢後期から後漢の漢碑に見られる均整のとれた隷書体との間の過渡的時期だけ

図12 第3期の外交と文字史料 図13 第4期の外交と文字史料

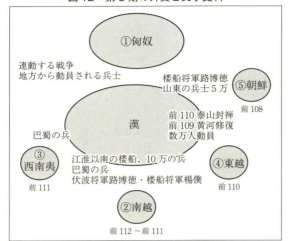
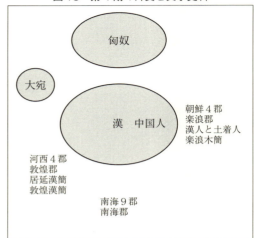

に書体には幅がある。秦漢各時期の簡牘の出現によって、秦（睡虎地秦簡・龍崗秦簡・里耶秦簡など）（図14：睡虎地秦簡）、前漢高祖・呂太后期（張家山漢簡・荊州謝家橋漢簡）（図15：張家山漢簡）、文・景帝期（馬王堆漢墓簡牘と帛書・江陵鳳凰山漢簡・江陵高台簡・沙市蕭家草場漢簡・隨州孔家坡漢簡・荊州印台漢簡・銀雀山漢簡・虎渓山漢簡・長沙王后漁陽漢簡・阜陽漢簡・南越王宮署簡）（図16：江陵鳳凰山漢簡）（図17：南越王宮署簡）、武帝期（上述）、昭・宣帝期（居延漢簡・胡場漢簡・定州漢簡）、元・成・哀・平帝期（武威磨嘴子徴集漢簡・エチナ漢簡・儀徴胥浦漢簡・尹湾簡牘・未央宮漢簡・敦煌馬圈湾漢簡）、王莽期（武威磨嘴子儀礼簡）、光武帝期（武威旱灘坡漢簡）、明帝期（武威磨嘴子王杖十簡）などの書体を比較できるようになった。隷書の特徴には八分（横画の終筆を右に跳ね上げる書き方）、波磔（横に波打つような書き方）というものがある。篆書に近い隷書から八分・波磔の隷書へ変化するので、篆書に近いか八分・波磔に近いかで隷書の変化を捉えることができる。[20]

　朝鮮半島では武帝の治世第3期に楽浪郡が置かれたが、その後半世紀を経た元帝初元4（前45）年の戸口籍簿竹簡が北朝鮮平壌の貞栢銅364墓から出土した。『漢書』地理志では楽浪郡全体の人口を記すが、県別の統計はない。ここでは楽浪郡下の県別の人口が具体的に記されている。原文は北朝鮮の孫永鐘氏が発表したことを、韓国の尹龍九氏が紹介している。[21] 内地で出土した戸口簿と比較しながら、古代の植民地である楽浪郡の状況を知ることができる。漢人と土着人の割合まで記述されていたといわれるが、その真偽はまだわからない。同じ墓からは、『論語』の断簡も出土している。武帝時期に拡張した周縁地域の研究は武帝以後にまで追跡すべきであろう。

漢武帝の時代の外交と内政　107

図14　睡虎地秦簡・効律
(『睡虎地秦墓竹簡』文物出版社、2001年)

図15　張家山漢簡・二年律令賊律
(『張家山漢墓竹簡』[二四七号墓]文物出版社、2001年)

図16　江陵鳳凰山漢簡
(湖北省文物考古研究所編『江陵鳳凰山西漢簡牘』中華書局、2012年)

図17　南越木簡

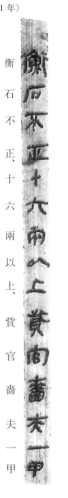
衡石不正、十六両以上、貲官嗇夫一甲

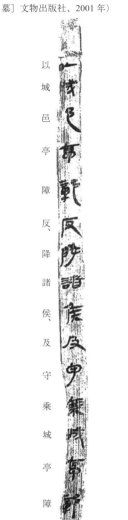
以城邑亭障反、降諸侯、及守乘城亭障

十三年五月庚辰江陵丞敢告

當禀八斗士五強秦

108　第2編　中　国

四　武帝治世時の三つの馬

　武帝の治世の前半と後半とでは馬の種類が大きく変わった。武帝第2期の前120年代に大将軍衛青、驃騎将軍霍去病が匈奴と戦ったときの在来の馬と、第4期の太初4（前101）年に貳師将軍李広利が大宛から得た汗血馬とは異なっていた（図18：武帝の治世の馬）。
　霍去病墓に置かれた石像に馬が彫られている[22]（図19：霍去病墓の石馬）。霍去病が元狩6（前117）年に24歳で亡くなったときにはまだ大宛の汗血馬は漢に入っていなかった。北方草原の駿馬は駃騠と呼ばれた。元朔3（前126）年に西域から帰国した張騫から大宛馬の話は伝わっていた。武帝は元鼎4（前113）年、敦煌に現れたという神馬を献上され、まだ見ぬ大宛の馬を想像して太一の歌を作っている。『史記』楽書や『漢書』礼楽志にその歌詞が載っている。意味はつぎのようなものである。「天の北極の太一神が天馬を賜って下し、赤くにじみ出た汗が赤く流れる。悠然と駆けめぐり、万里を行く。ともに行く者もなく、龍だけが友となる」。ここでは現実離れした想像上の天馬であった。
　武帝は使者に千金と金馬をもたせて大宛に行かせ、大宛の貳師城で飼われていた善馬を求めた。金馬とは大宛の馬を求めるために作ったものであり、歌に詠まれた想像の天馬であろう。大宛王はこれを拒否して使者を殺すと、李広利は10数万人の兵士を動員して4年もかけて執拗に攻撃した。大宛側の貴人は王を斬殺して漢軍を迎え入れ、3000匹の馬を献上した。太初4（前101）年李広利は現実の汗血馬を持ち帰った。新たに立った大苑王は漢の皇帝に毎年天馬の種馬を2匹送る約束をした。そのときに武帝は西極天馬の歌を作っている。実際に大宛の馬を見てから作った2首目の天馬の歌である。「天馬が西極より来て、万里をへて有徳ある者に帰属した。（漢は）霊威をうけて外国を降し、流沙（沙漠）をこえて（西域の）四夷を服属させた」。天馬が万里をへてようやく有徳の天子のもとに帰し、西域の世界を抑えた万感の喜びを唱った。
　これよりさき武帝治世第3期の元封5（前106）年に大将軍衛青が亡くなった。生前衛青は武帝の姉の陽信長公主と再婚した。陽信長公主はもとは平陽侯の曹寿の妻であった。陽信長公主は衛青よりも前に亡くなっているので、李広利が持ち帰った大宛の汗血馬を見ることはなかった。1981年武帝の陪葬墓近くから鎏金銅馬（青銅に金メッキしたもの）が出土し、銘文から陽信長公主のものであることがわかった[23]（図20：陽信長公主墓出土鎏金馬）。金馬は高さ62センチメートル、長さが76センチメートル、重さは22.5キログラム、実物の馬の三分の一ほどのサイズとなる。霍去病墓の石馬と比べると、首筋も体軀も細く長く、足はすらりと長く伸びている。しかし目はうつろで躍動感に欠けている。これは大宛

図18　武帝の治世の馬

第1期	建元・元光（前140〜前129）
第2期	元朔・元狩（前128〜前117）霍去病墓石馬
第3期	元鼎・元封（前116〜前105）陽信長公主鎏金馬
第4期	太初・天漢・太始・征和・後元（前104〜前87）武帝茂陵陪葬墓の馬（汗血馬）

図19　霍去病墓の石馬　　　　　　図20　陽信長公主墓出土鎏金馬

の馬を入手するために作ったものであり、大宛の馬を眼前において作ったものではなかったからであろう。

　2009年、武帝の茂陵の墳丘の南側、15号、26号陪葬坑が陝西省考古研究院によって発掘された。まだ未調査である茂陵の墳丘の地下を内蔵坑というのに対して、これらは外蔵坑と呼んでいる。26号坑には細長い通路の両側に10ずつの小部屋があり、2頭ずつ40頭の馬が葬られていた。陝西省考古研究院が発表した馬骨の写真を見てみると、2頭の馬の各部位の骨格がそのままの位置で左右に並んでいる。頭蓋骨から肋骨、骨盤にわたり、前脚部は上腕骨から橈骨、手根骨、管骨、指骨、後脚部は大腿骨から脛骨、足根骨、管骨へと完全に残されている（図21：茂陵陪葬坑出土馬骨）。これらは成年の牡馬であることがわかったが、武帝が入手した汗血馬であるか判断するために、現在DNA鑑定中であるという。武帝の死後に埋蔵したとすれば汗血馬である可能性は高い。

　1969年甘粛省武威市の雷台後漢墓で出土した青銅の奔馬は、金馬とは異なってこれこそ天馬を思わせる生き生きとしたものである。「馬踏飛燕（馬が飛燕を踏む）」と命名された。燕の上に右後ろ足をかけ、空中を駆けめぐるような姿態、鋭い眼球にいななく口もと。これこそ武帝が待ち望んだ汗血馬の系統を継ぐものであった。

　武帝期の馬も対匈奴戦の第1、第2期のものと、中央アジアの大宛に遠征した第4期の

110　第2編　中国

図21　茂陵陪葬坑出土馬骨

ものでは大きく異なっていたのである。

おわりに

　本稿の目的は武帝の時代の内政と外交が密接な関係にあったことを概観するものである。とくに出土史料の増加によって、そのことが明らかになってきた。出土史料の一つ一つの綿密な考証は今後の作業を待たなければならない。出土史料はともすると内容に一字一句の解釈に集中しがちであるが、既存の文献史料と照合しながら、歴史的背景をさぐるべきである。内政を語る内容が、外交と密接な関係にあることを解明することによって、その時代を深く読むことができる。とくに前漢武帝の時代は、対外的な外交と戦争の動きが顕著であり、内政の動きと複雑に絡み合っていたものと思われる。

　注
(1)　張晏は『漢書』巻六武帝紀の巻頭に注して「武帝景帝元年を以て生まれ、七歳にして太子と為り、太子と為ること十歳にて景帝崩じ、時に年十六なり」といい、臣瓚は後元二年条に注をして「帝は年十七にて即位、即位五十四年にして寿七十一」と数えている。

永田英正は治世期間の長さは、清の康熙帝の 61 年、乾隆帝の 60 年につぐ長期記録であることを強調する（注（2））。

(2)　武帝の単著の研究書は意外と少ない。吉川幸次郎『漢の武帝』（岩波書店、1949 年）、影山剛『漢の武帝』（教育社、1979 年）、永田英正『漢の武帝』（清水書院、2012 年）は、それぞれ中国文学、経済史、居延漢簡の研究者の立場でまとめている。さらに冨田健之『武帝——始皇帝をこえた皇帝』（山川出版社、世界史リブレット 012、2016 年）は、始皇帝の皇帝支配が短命で終わったのに対して、武帝は側近官僚群を用いて官僚組織を統御運用して皇帝支配を体制化したことを強調する。辛徳勇『制造漢武帝』（生活・読書・新知三聯書店、2015 年）は、武帝晩年の政治に重大な変化があったという司馬光『資治通鑑』の通説への批判を試みる。論文では西嶋定生「武帝の死——『塩鉄論』の政治史的背景——」（『中国古代国家と東アジア世界』東京大学出版会、1983 年所収）は武帝の死から霍光の死にいたる政治史をまとめたものである。武帝が巫蠱の乱によって皇太子の劉拠を失ってしまったことから政治的な混乱が武帝の死後の霍光政権の時代にも続いていく。武帝の治世を時期的に区分することの意味はここにもある。西嶋定生『秦漢帝国　中国古代帝国の興亡』（講談社学術文庫、1997 年）の第四章「武帝時代の外征と内政」も武帝の治世を七節に分けて内外からまとめて概説している。そのほかに林剣鳴『漢代雄風　漢武帝』三秦出版社、2003 年、王志傑『漢代雄風　漢武帝與茂陵』三秦出版社、2003 年）などもある。

(3)　唐・顔師古は「古自り帝王に未だ年号有らず、始めて此に起こる」（『漢書』巻六建元元年注）といい、建元を年号といっている。

(4)　趙翼『廿二史箚記』巻二、「武帝年号係元狩以後追建」。

(5)　『史記新証』天津人民出版社、1979 年。

(6)　後述の長沙走馬楼漢簡の歴譜では「四年　二月乙未朔　五月甲子朔」などと記している。後述の松柏漢墓から出土した「二年西郷戸口簿」の二年は、元号の始まっていない景帝の前元、中元、後元か、今上（武帝）二年（建元二年）かまだ明らかではない。同墓から出土した牒書には秦昭襄王から武帝までの在位年数が記されてあり、武帝の七年という年数があるという。これは 6 年ごとに改元していた事実と合わない。武帝即位翌年から七年、つまり元光元年のことか。さらに同墓から建元・元光年間の歴譜が出土しているが、干支と年数から建元と元光のものと判断されたので、元号は使用されていないことになる。山東日照海曲漢簡では武帝の天漢二年と城陽十一年という城陽国（諸侯王国）の年号と併記されている。天漢二年時の城陽国王は恵王劉武である。ともに出土した視日（歴譜）では干支から後元二年とわかったというから、これも元号は記されていなかったようである。長沙走馬楼漢簡に暦譜があり、四年、五年、六年、七年、八年、九年の年号と一部干支がある。四年、五年、六年の干支は元朔四年、五年、六年に相当し、七年、八年、九年の干支は元朔に続く元狩元年、二年、三年に相当するという。長沙王劉庸の年号でもなく、なぜ元朔を使わずに年号だけを使ったのか、なぜ元狩に改元せず、七年、八年、九年の年号を継続したのか不明である（『湖南出土簡牘選編』岳麓書社、2013 年）。

112　第2編　中　　国

(7)　顧炎武は文帝の前元、後元、景帝の前元、中元、後元の年号は後世の追記であるが、武帝の
　　後元は同時代の命名であるとする（『日知録』巻之二十一、后元年）。後元は武帝の他の元号の瑞
　　祥的な名称と表現が異なる。最晩年で意図的に変えたものか、あるいは改元せずに死後追記した
　　ものかもしれない。山東日照海曲漢簡の「武帝後二年視日」といわれるものも、詳しく報告され
　　ていないが、干支から後二年の歳としたものであって「後二年」と記されているわけではないで
　　あろう。

(8)　荊州博物館「湖北荊州紀南松柏墓発掘簡報」『文物』2008年第4期、『荊州重要考古発見』文
　　物出版社、2009年。

(9)　銀雀山漢墓竹簡整理小組編『銀雀山漢墓竹簡壱、弐』文物出版社、1985年、2010年。

(10)　北京大学出土文献研究所「北京大学蔵西漢竹書概説」『文物』2011年第六期。

(11)　北京大学出土文献研究所編『北京大学蔵西漢竹書』上海世紀出版股份有限公司・上海古籍出
　　版社、壹（2015年）弐（2012年）、参（2015年）、肆（2015年）、伍（2014年）。

(12)　行政文書を埋蔵した被葬者が地方官吏であれば、おもに書籍簡が埋蔵されている墓葬の方は、
　　諸侯王か列侯のものであろう。武帝の時期の諸侯王墓の例では、武帝の異母兄弟の中山王劉勝夫
　　妻墓（中国社会科学院考古研究所・河北省文物管理処編『満城漢墓発掘報告』上下、文物出版社、
　　1981年）や江都王劉非墓（『考古』2013年第10期）などからは書籍簡は出ていない。武帝の子
　　の広陵国の厲王劉胥と王后の墓葬が1982年江蘇省高郵市天山鎮で発掘されており、天山漢墓と
　　呼ばれ、黄腸題湊（木目を外に向けて隙間なく並べる木槨の工法）の木槨の墓室であった。武帝
　　の時期の諸侯王のなかで、河間国の献王劉徳（元光6（前129）年には子が王位を継承している
　　ので、第1期の諸侯王）は儒学を好み、魯国の共王劉餘も孔子の邸宅を壊してみずからの宮殿を
　　拡張したときに古文で書かれた『尚書』、『礼記』、『論語』『孝経』などを入手したことがよく知ら
　　れている（『漢書』芸文志）。諸侯王表では元朔元（前128）年には子が継いでいるので、第1
　　期のことである。かれらの儒学への思いは特別であり、二人の墓葬が発掘されていれば、多くの
　　儒学関係の書籍を埋蔵していたことであろう。武帝の異母兄弟の江都王劉非の墓は江蘇省で発見
　　されている。武帝の時期には、楚王、斉王、城陽王、菑川王、濟北王、梁王、清河王、河間王、
　　魯王、江都王、趙王、平干王、長沙王、中山王、広川王、膠東王、常山王、真定王、泗水王、燕
　　王、広陵王、昌邑王などがいる。かれらは副葬品として多くの書籍簡を埋蔵したことだろう。武
　　帝以降になれば、儒家文献の埋蔵が一般的になった。宣帝五鳳3（前55）年に亡くなった中山国
　　懐王劉脩墓（河北省定州八角廊40号墓）からは、『論語』、『儒家者言』、『哀公問五義』など儒家
　　関係の書籍簡が出土している（河北省文物研究所・定州漢墓竹簡整理小組『定州漢墓竹簡論語』
　　文物出版社、1997年）。宣帝神爵3（前59）年に死去した海昏侯劉賀の列侯墓からも竹簡の『論
　　語』、『易経』、『礼記』、『孝経』など儒家文献が出土している（江西省文物考古研究所・南昌市博
　　物館・南昌市新建区博物館「南昌市西漢海昏侯墓」『考古』2016年第七期、『五色炫曜―南昌漢
　　代海昏侯・考古成果』江西人民出版社、2016年）。

(13)　湖南省博物館・中国社会科学院考古研究所『長沙馬王堆漢墓』文物出版社、1973年、湖南

省博物館『長沙馬王堆漢墓』湖南人民出版社、1979 年、湖南省博物館・復旦大学出土文献與古文字研究中心編纂『長沙馬王堆漢墓簡帛集成』全 7 冊、中華書局出版、2014 年。

（14）　『出土文献研究』第 7 輯、上海古籍出版社、2005 年、『湖湘簡牘書法選集』湖南美術出版社、2012 年。

（15）　天長市文物管理所・天長市博物館「安徽天長西漢墓発掘簡報」『文物』2006 年第 11 期。

（16）　『2013 中国重要考古発現』「成都天回老官山漢墓」、本シンポジウム報告の索徳浩報告「成都老官山漢墓考古新発現」。

（17）　中国文物研究所・胡平生・甘粛省文物考古研究所・張徳芳編『敦煌懸泉置漢簡釈粋』上海古籍出版社、2001 年。

（18）　『文物』2009 年第 10 期、『出土文献研究』第 9 輯、中華書局、2010 年。

（19）　山東省文物考古研究所「山東日照海曲西漢墓（M106）発掘簡報」『文物』2010 年第 1 期。

（20）　横田恭三『漢代古代簡牘のすべて』（二玄社、2012 年）は簡牘の図版をくまなく整理し、書体の違いや変化も比較できる。

（21）　尹龍九「平壌出土『楽浪郡初元四年県別戸口簿』研究」（翻訳）『中国出土資料研究』第 13 号、2009 年。

（22）　王志傑『茂陵與霍去病墓石雕』三秦出版社、2005 年。

（23）　咸陽地区文管会・茂陵博物館『陝西一号無名冢一号従葬坑的発掘』『文物』1982 年第 9 期。

（24）　2009 年度全国十大考古新発現申報材料『"十一五"西漢帝陵大遺址考古新収穫』陝西省考古研究院・咸陽市文物考古研究所。

（25）　2017 年 8 月の報道では、二つの陪葬坑で計 80 の馬骨が出土、汗血馬である可能性が高いという（「漢武帝陪葬坑出土八〇具成年馬骨疑為汗血宝馬」（http://hz.edushi.com/bang/info/149-52-n4068501.html）。1984 年陝西省興平県庄頭村出土の彩絵陶馬も同じ形の馬である（王志傑『漢茂陵志』三秦出版社、2014 年）。

（26）　「武威雷台漢墓」『考古学報』1974 年 2 期。

南越国考古研究の概述

劉　瑞
（訳）德留　大輔

　南越国は秦の将軍である趙佗が、北方地方における戦乱の状況下で嶺南に建てた政権である。紀元前203年、趙佗が近隣の桂林、象郡を併吞した。そして「南越武王」を自称し、南越国を建国したのである。紀元前112年秋、漢武帝は南越を攻め、翌年には首都の番禺を落とし、南越国は滅んだ。約93年の存続期間であった。文献によると、南越国の領域は広く、現在の広東、広西の大部分を含み、さらに福建の一部や海南、香港、アモイ、ベトナム北中部の大部分の地域にまで広がっていた。現代考古学において、特に1949年以降、南越国の考古学的研究は多くの成果をあげてきた。調査・発掘の歴史を紐解くと、その研究史は大きく4つの段階に分けられる。

一　1949年以前の南越国考古

　1907年、広九鉄路の敷設により、広州東山区では大量の瓦片が発見された。南越国考古はここに始まる。骨董を鑑賞する南海人の潘六如が瓦の上に文字があることに気づき、その後、文字瓦が次々と大量に収集され、その量は日増しに増え、収蔵するのも容易ではない状況であった。その後、これらの瓦は南越国時代のものであると考証され、系統的に考証が進められた（図1）。その成果に牽引され、南越国の瓦の研究は次第に盛んとなり[1]、南越国の考古学的研究が始まった。

　1916年5月広州の亀崗で古代の墓が発見された。9月に広州孔子廟祭祀官の譚鑣が視察を行った際に、地面に敷かれていた木の端に、「甫五」、「甫六」、「甫七」、「甫八」、「甫九」、「甫十」、「甫

図1　広州東山発見の南越陶文

116 第2編 中 国

十二」、「甫十三」、「甫十四」、「甫十五」、「甫十八」、「甫廿」等の文字を発見した。この墓は「南越文王胡塚（墳墓）」であり、さらに南越国第二代国王の趙胡の墓であると推測された。この文字の意味を探求するために、譚鑣は蔡守とともに研究を進め、さらに14枚の「甫」字の拓本を、王国維、羅振玉、梁啓超等に送り、専門家の意見を求めた。王国維、羅振玉等は譚、蔡両氏の考え方を受け入れ、「甫」文が刻まれているのは「南越文王胡冢（墳墓）」であり、王国維はその木の存在から「黄腸」であると考証した。その後、1918年に「趙佗墓」、1931年には「趙興墓」が発見された。1929年に歴史言語研究所、中華考古学会が広州東山の南越王墓と王宮の発掘を計画したが、結局行われなかった[(2)]。

　今日の見解からすると、当時、文王墓、趙佗墓、趙興墓と判断されている墓は、後に発掘された広州象崗南越文王墓とは大きく異なり、また年代観についても少なからず問題がある。しかし、考古学研究が始まった頃のこれらの認識は、南越国考古の進展に大きく貢献した。

二　1949–1981年の間の南越国考古

　南越国はおおよそ前漢前期と中期前段に相当する時期に存続した。そのため長い期間、南越国考古は漢代考古の一部として扱われてきた。考古報告書等を見ると、主に漢墓あるいは漢代の遺存を扱い、いくつかの報告文中に南越国について触れられるといった具合である。

　広州は南越国の首都番禺が所在した地である。1949年以降、南越国考古はほぼ広州から始まった。1953年に広州市文管会は、西村石頭崗で古墓を50基余り発掘した。そのうちの1基は秦代と判断され、そこから「番禺」の漆奩が出土したのであるが、それは考古学的資料として初めて「番禺」の地名が見られた実物資料である。1954年、広州市文管会は南越国時期の木槨墓2基、また同年、21基の同時期の墓葬の発掘調査を行った。この後、広州市の都市開発計画に伴い、南越国時期の墓葬の調査が相次いで行われた。1957年、大型木槨墓の1つに「常御」、「居室」等の文字が刻まれた陶器が出土し、墓主が南越国の高級貴族であると判断された。その後、広州漢墓の考古資料は増加し、麦英豪と黎金は漢墓に主題をおいた報告書を出版する準備を始め、1962年、『広州漢墓』の原稿を各地の専門家に送付し、意見を求めた。広州市の都市開発地区の範囲が広がると、南越国時期の墓葬の集中区から離れたこともあり、徐々に発見される墓葬の数は減少し始めた。しかし1973年、広州環市東路淘金坑で22基の南越国の中小官吏の墓葬が発掘され、そのうちの16号墓から「長秋居室」陶甕が検出された（図2）。これは広州地区で発見された数百

図2 「長秋居室」陶文

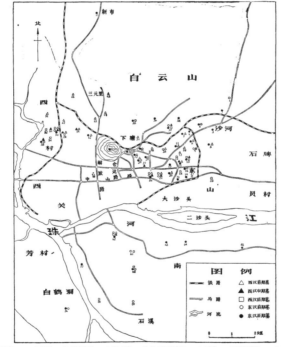

図3 広州市両漢墓葬分布図（図版出典　広州市文物管理委員会・広州市博物館『広州漢墓』文物出版社、1981年版、第3頁）

基の南越国の墓葬の編年を行う上での基準資料となった。1981年12月、一連の編集作業を経て、広州地区で最初の考古学的専門書『広州漢墓』が出版された。この報告中の前漢前期の墓は南越国の墓葬であり、ここに事実上最初の南越国墓葬の報告がなされたのである（図3）。

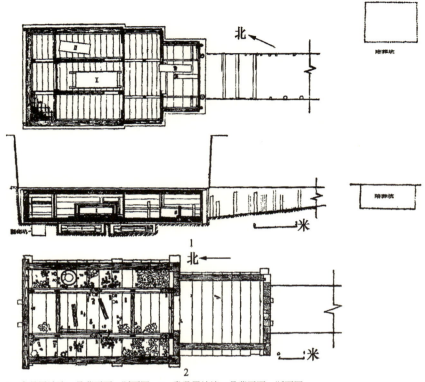

1. 貴県羅泊湾一号墓平面・断面図　2. 貴県羅泊湾二号墓平面・断面図
図4　**貴県羅泊湾一号、二号墓葬**（図版出典　広西壮族自治区博物館『広西貴県羅泊湾漢墓』
文物出版社、1988年版、第4、100頁）

　今日の広西地区も南越国を構成する重要な一部である。広西漢墓の発掘はおおよそ漢代の幾つかの郡治の所在地に集中している。現在の広西合浦は前漢合浦郡の郡治が所在した。合浦では多くの漢墓が発掘されたが、この地域の漢墓の多くは前漢中期、すなわち南越国が滅亡した後、つまり合浦郡が設置された時であり、そのため合浦郡で南越国時期の遺存の発見例は限定的である。今日の広西貴港は前漢郁林郡の郡治の所在地であり、梧州は蒼梧郡の郡治の場所であった。1950年代中頃から貴県と梧州の考古調査が進められ、南越国時期に併行する前漢前期の墓葬の調査整理が行われてきた。しかし公表された資料は限られている。広州のように調査後すぐに考古簡報などを刊行することができず、その後も漢墓に主題をおいた発掘報告も出版されていない。そのためこの2つの地域に南越国の墓葬がどれくらいあるのか、現在においても具体的な数字は分からない。

　ところが1976年と1979年に貴県羅泊湾一号、二号大墓の発掘により大きく研究状況に変化が表れた（図4）。羅泊湾一号墓は郁江北岸に位置し、高さが7m、底径約60mの封土（盛土）があり、墓道長は41.5m、墓室の全長14m、幅9.6m、深さ6.3mである。墓底には木槨が構築され、前・中・後の3室と槨箱（副葬品を入れる。「辺箱」ともいう）12個からな

る。木棺が3棺あり、槨室の底床の下から7つの殉葬坑が発見された。ともに墓道の突き当たりで車馬坑が検出され、殉葬坑北端の槨室の底床の下から器物が発見された。二号墓は一号墓より小さく、「夫人」の玉印と「家嗇夫印」の封泥が出土しており、二号墓の墓主は王侯クラスであると推測された。『広西貴県羅泊湾漢墓』も1988年に出版され、広西地区で最初の南越国墓葬の考古報告がなされたのである。

　1974年、広西平楽県銀山嶺で小型の方形土坑墓を調査し、その後間もなく資料が公表されている。報告では、その墓の年代は戦国時代、つまり南越国以前の墓と認識された。しかしこれは広東、特に広州の考古学者とは見解が異なる。広州の研究者は時代がさらに下り、南越国の時期の墓葬であるという認識である。このようにこの墓の編年観については異なる見解が存在し、結果として広東、広西の両地域で同様の類型の墓葬に対して異なる年代観が与えられていた。しかし、研究の進展に伴い、近年では広西の研究者もこの編年観の再検討を始め、銀山嶺墓葬から出土した硬陶三足盒、三足瓿、三足壺から、その年代を南越国の時期まで下る可能性を指摘している[4]。これは広東・広西地域における南越国考古研究における整合性を与えることになった。

三　1982年–2000年にかけての南越国考古

　『広州漢墓』は1981年12月に出版され、南越国考古研究は、1つの新しい段階に入った。この段階において、南越国の墓地は続々と発見され、整理され、数多くの資料が間もなく公表された。また多くの墓葬資料のみならず、南越国時期の建築遺跡も発見、発掘されたことも重要である。

　1982年、広東省五華県博物館が華城鎮塔崗村獅子雄山で縄文瓦と方格文の陶片を採集した。その後、広東省博物館の調査を経て、それが漢代の建築遺存であることが確定した。1984–1990年、広東省博物館、広東省文物考古研究所と五華県博物館は共同で、この遺址の調査を4次にわたって行った。そしてこの遺址は南越国時期に建造・使用され、南越国が滅亡した段階で廃棄されたのであり、趙佗時代の「長楽台」遺址であることがわかった。建築形式は、獅子雄山漢代の主体的な建築は宮殿式建築であり、中原地区で先秦以来流行していた[5]。

　1983年、広州象崗で南越国第2代国王趙眜の墓地が発見され、多くの機関が共同で調査組織を結成し、発掘を行った結果、未盗掘の石室墓を検出し、嶺南地区でこれまでにも発見された中でも最も大規模なものであり、また出土品も精美な南越国の墓葬であることが分かった。そして1991年に発掘報告書が刊行された。続いて南越文王墓の発掘資料が

120　第2編　中　国

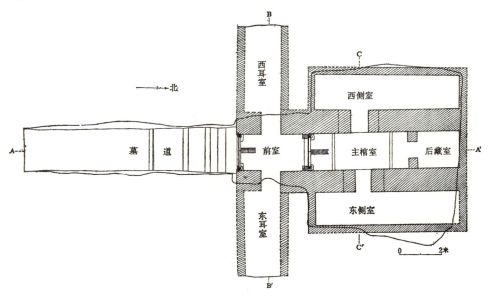

図5　広州象岡南越文王墓平面図（図版出典　広州市文物管理委員会・中国社会科学院考古研究所・広東省博物館『西漢南越墓』文物出版社、1991年版、第10頁）

図6　南越文王墓出土の「文帝行璽」

公表され、南越国に関する考古研究がさらに進展した。南越国考古は各方面において、その新資料が多くの学者から注目された（図5、6）。

　1988年、広州市の中心地の中山五路デパートの建築現場において、南越国時期の磚積みによる池と思われる遺構が検出された。そこからは「万歳」瓦等、重要な南越国の建築材料が出土し、南越国建築遺跡の発掘の新たな展開を迎えた。この後、南越国墓葬の発見数は減少するが、一方で、建築遺跡の発見は日に日に増加した。

　1988年、広東省博物館文物隊と澄海県博物館は潮汕平原の亀山遺跡の調査を行い、1992年には広東省文物考古研究所などが正式な発掘調査を行った。発掘面積はわずかに410㎡であったが、精美な文物が出土し、また住居址を検出しており、この遺跡がこの区

域の中で重要な場所であったことを示している。発掘担当者は、その第一期文化は前漢時期、つまり南越国の時期と考えている。つまりこの地が当時、南越国の掲陽県の所轄する範囲であり、閩越国と南越国の間に南海国が存在したという前提に立ち、「亀山遺跡はきわめて南海国の故地である」と考えたのであり、この遺跡の発見は、潮汕地区の漢代建築遺址の空白を埋めるだけでなく、澳東地区漢代遺存の編年に対する基準資料となったのである。

1995 年 7 月、広州市中山四路忠祐大街城隍廟西側の広州市電信局でビルの増築を行った。地表から 4.5m の深さの所に大型の石組み池の西南隅にあたる部分を発見した。この池は、逆ロート形を呈し、池の壁は白灰色の砂岩の石板の密に重ね、池の底には砕石を敷き詰めている。すでに発掘を行ったトレンチの東北隅には、大型の積み重なった石柱が西南側に向かって倒れた形で発見された。池の中には大量の八稜の石柱、石欄干、石門（および門の周囲の枠の上の横木）、「万歳」銘瓦、板瓦、筒瓦等の建築資材と部材が発見され、発掘担当者はこの池の中央には建築物があったであろうと推測している。ボーリング調査を行ったところ、この池の面積は約 4000 ㎡であった。この他、池の壁の石板上には「皖」、「閔」、「冶」、「□北諸郎」等の文字が見られ、池の南壁石の下には木製の暗渠が南側に伸びていたことが分かった。

1996 年、広州市考古研究所はこの池の西側の発掘調査を行い、南越国の磚積の井戸を検出した。井戸の中には大量の南越国時期の磚、瓦、木、石質の建築材料が発見され、火を受けた痕跡が多く見られた。

1997 年、前述した発見地点の南側数 10m の別の地点で、地下 3–5m の所で南越国時期の石組みによる曲水遺構を検出した。その長さは 150m で、既に 4000 ㎡発掘した。そこは人工の庭園であり、この湾曲しながら広がる遺構は、1995 年に検出した池の遺構にまで続いており、全体的に西から東へ流れている。暗渠の底には卵石（河原石）が敷かれていた。東側の先端では弯月形（鎌形）の池が発見され、池の底から数百匹の鼈の残骸が発見された。石渠西側に突き当たった箇所には石板の橋と敷石が発見され、その下には木組みの暗渠が西側に向かって伸びて排水されるように作られ、その上には回廊遺構が見られた。石渠内にはさらに 2 つの限水（断水）と阻水用の池があり、いずれも多くの果物の種や樹木の葉を検出した。それは前述した池と同じく、非常に精美な庭園の景観を作りだしている。漢代考古学における初めての発見であった。大量の南越国時の庭園の景観遺存は隣接して集中して発見された。このことは南越国首都の番禺においてさらに重要な宮殿建築が存在することを暗示しており、おおよそ上述した一帯に集中している（図 7）。

1999 年、広州中山五路と吉州路の交差点の東側、元新華映画館の所在した場所から、

122 第2編 中 国

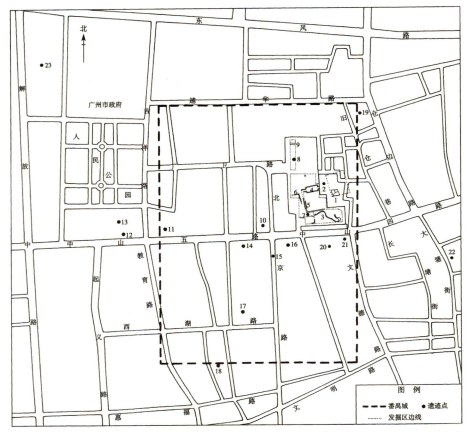

1. 1995年发掘的南越宫苑蕃池 2. 1996年发掘的南越宫署食水砖井 3. 1997年发掘的南越宫苑曲流石渠 4. 2003年发掘的南越国一号宫殿基址 5. 2003年发掘的南越国一号廊道 6. 2003年发掘的南越国二号宫殿基址 7. 2004年发掘的南越国渗井 8. 2005年发掘的南越国食水砖井 9. 2006年发掘的南越宫城北墙基 10. 1988年发掘的南越国砖砌水池 11. 1996年发现的南越国瓦砾堆积 12. 1996年发现的南越国木方井 13. 1999年发现的西汉陶圈井 14. 南越国木构建筑遗迹 15. 2002年发掘的南越国遗存 16. 2006年发掘的南越国食水砖井 17. 2000年发现的南越国木方井 18. 2000年发掘的南越国木构水关遗址 19. 1996年和1998年在银山大厦工地未发现早于唐代的文化层堆积 20. 1999年在府学电站工地未发现早于唐代的文化层 21. 2003年在致美斋工地未发现早于东汉的文化层 22. 2002年在大塘街发掘出宋代河堤遗址 23. 2000年在恒鑫御园工地未发现早于东汉的文化层堆积

図7　南越国官署遺存周辺の遺跡・遺構の分布図

大量の南越国時期の建築資材が発見され、「南越王宮の西境がさらに北まで伸びていることを表している」と報じられた。

四　2000年から現在の南越国考古

　南越国宮殿の具体的位置を確定させるために、2000年の初めに中国社会科学院考古研究所と広州市文物考古研究所は共同で、1995年に発見した大型の池の東側にある広州市児童公園内の試掘調査を行い、南越国時期の宮殿建築を検出した（図8）。そこでは、主体建築の東北部分北側の散水の東段、東側散水の北段、そして宮殿に付属する東から西に向かって主体部分の通路が見られた。南越国宮殿の散水などの遺存がこの場所で発見され

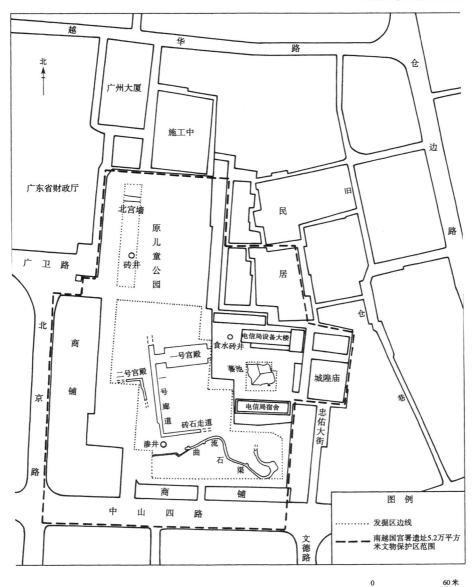

図8 南越国官署遺址内の重要遺存分布図

たことは、この区域は確実に南越国の宮殿址が存在したことを明らかにし、南越国考古が宮殿建築の発掘を行う新しい時代に入った。[11]

2001年、広州市文物考古研究所は広州市西湖路と恵福路との間の建築現場において、保存状況が良好である南越国時期の水門遺構の緊急発掘調査を行った。この遺跡は現地表面から約4mの深さで、北から南へ水を引く取水路と水門部屋と出水路の3つに分かれ、複雑な構造をしている。また整理作業を行ったところ、この水門には幅8mの版築基壇があり、南越国都城の南の境界部分がこのあたりまで広がっていたことが分かった。[12]

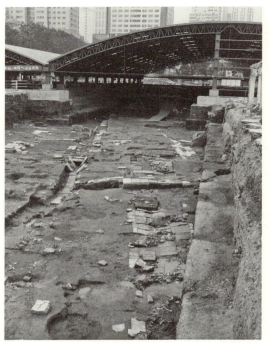

図9　南越国官署遺址一号回廊（廊道）の発掘　　　図10　南越国官署遺址出土の南越木簡

　2002年、広州市政府は南越国宮殿建築の上に建設予定であった児童公園の場所を他の場所に移すことを決定し、南越国の宮殿研究の核心的な考古学的調査を行うことになった。長年の考古調査の結果、当該地区内には南越国一号宮殿、二号宮殿、一号回廊等の南越国の非常にレベルの高い建築遺構を発見した（図9）。その中の一号宮殿は東西長30.2m、南北幅14.4m、面積は約434.8㎡である。二号宮殿はわずかに東北隅が検出されたのみで、その具体的規格や形などは不明である。発掘中、大量の南越国時期の建築資材が出土し、陶片に「華音宮」がスタンプされたものも一点見つかった。2004年、南越国の井戸（J264）の一つから、100枚以上の南越国時期の木簡が出土した（図10）。その内容は籍簿と法律文書が主である。籍簿には出入籍（例えば簡099）、門籍（例えば簡091。門籍：朝廷の諸門の通行許可証。人名を書いたもの）、物籍（例えば簡068、069、090）なども含まれ、南越国の文字考古の重要な発見があった。また発掘区北側では、幅約4m、残存高1mを超える東西向きの城壁の一部が検出された。なおそれは南越国都城の北壁である。

　2011年、獅雄山遺跡の年代、分布、構造と性質を明らかにするために、広東省文物考古研究所は当該遺跡のボーリング調査、試掘を改めて行い、秦漢時期の主要な遺構が獅雄山南岡の人工的に作られた四級台地上にあることを確認した。壕の残長は約330m、台地は3〜8m、平面形は不規則な方形状を呈していることが分かった。壕の北、東、南の三

面は第三、四級台地に囲まれて、鞍部と南岡南側の自然にできた谷は山下の坑水（地下水）と五華河につながっており、人工の環濠と天然の河川が有機的に結びつき、一つの大規模な防御システムを構築している。この遺跡は宮殿遺構の外に環濠をもつ城址であり、嶺南秦漢城址の研究に新しい材料を提供した。発見された封泥には「定□（楬）之印」、「定□（楬）丞印」等の文字が見られ、遺跡の名称を検討する上で貴重な手がかりとなる。この発掘を通して調査担当者は、「秦代晩期と南越国時期の遺構と典型的な器物を区分することができ、嶺南地域の当該時期の考古学的な編年研究に新しい内容をもたらすことができた」と位置づけている。[15]

五　南越国考古のいくつかの特徴

　100年余りの南越国考古研究の歴史を見てみると、当該研究は以下の特徴を備えている。
　第一、南越国考古は広州東山南越国瓦の発見をその研究の始まりとするが、長期間にわたり、南越国の墓葬の発見と発掘が主な内容であった。1995年に広州市電信局内で池遺構、1997年に曲流石渠が発見され、南越国宮殿建築考古研究の始まりを迎える。
　2000年には南越国宮署遺跡の位置が発掘により確定し、その後、大規模な発掘が行われ、南越国考古が都城の建築学的研究にも貢献した。南越国都城における建築遺存に関する考古学的研究は早くから始まったが、その展開は遅いものであり、長い間、討論を行うことに限界があった。しかし、関連する資料が増加し、上述のような状況は徐々に解消された。
　第二、長期間、南越国の墓葬考古と言えば、南越国考古全体を指すような関係であった。墓葬の発見において、1916年の所謂「南越文王墓」は、現在の見方ではその墓葬の年代については不確かなものであるが、しかし、当時の考古学が未発達な状況、さらには資料が分散している状況下にも関わらず、その墓は前漢早期の南越国の地位の極めて高い貴族墓であると認識したことは、非常に示唆に富んでいたといえる。1949年の後、広東・広西地区の南越国の墓葬における発掘は、現代の都市の発展に伴い進んだ。
　現在までのところ、南越国の墓葬は当時の都市

図11　新しく出版した『南越国考古学研究』

126 第2編 中 国

の近郊に分布しているが、これは1949年の後に行われた都市開発の第一工期の土地であり、最初の開発区である。そして1950、1960年代は南越国の墓葬の発見がピークの時期である。

1980年代、各地で経済発展が進む中で、南越国の墓葬の発見事例も増加し続けた。その過程で、広州象崗南越国第二代南越王趙眛墓が発見され、南越国墓葬の発見と発掘は最高潮に達する。この墓は未盗掘であり、また科学的発掘を経た南越王墓であり、南中国における最も重要の漢代考古発見の一つである。

南越王墓の発掘と新資料、また既に刊行されていた『広州漢墓』、『貴県羅泊湾漢墓』などの考古報告書により、南越国の墓葬、南越国の器物、および南越国の制度の研究が進展し始めた。しかし、1950、1960年代、広西地区の当該期の発掘資料で公表されたものは少なく、広州地区の南越国の墓葬研究にも影響を与え、その進展は限定的であった。このほか、『広州漢墓』の出版後、広州地区では長年にわたり発掘が行われたが、その整理作業と報告書の刊行には作業量が多く、大きなプレッシャーともなってきた。広東、広西考古学における編年研究が統一され共通見解を作ることは、今後の南越国考古の研究の発展には不可欠の課題である。

第三、南越国考古は南越国文字の発見に始まっている。南越国の建築考古は広州東山南越国の陶文に始まり、南越国墓葬考古も1916年の南越国墓葬の木槨上の文字の発見による。南越国考古と殷墟における甲骨文研究と同様に、南越国の文字資料の探求が1949年以前の南越国考古における主な特徴である。しかし文字資料の発見は数量的な制約もあり、その研究の進展が十分なものとなっていない。

しかし歴史時代の考古学において、文字資料は不可欠で重要である。陶文、印章、封泥のいずれもが文献記載に見られない、あるいは僅かしか記載されていない重要な情報を提示してくれる。そして2004年、南越木簡の発見により当該研究は、新しい一頁を開く。ただ、それでも発見された数の制約もあり、また破損部分も多く、嶺北長沙国都城の臨湘（現在の長沙）で大量に発見された木簡と比べると情報量が不足する。今後のさらなる発見に期待している。

第四、文献の記載によると、南越国は南嶺の南の広大な範囲を支配した。なおこの区域内は、南越国が建国される以前には、様々な考古学文化が存在していた。趙佗が南越国を建国した後、「和輯百越」的政策は南越国の安定した統治環境を形成した。現在のところ調査の進展・研究の進展具合に地域差がある。南越国考古における主な作業は、都城番禺といくつかの郡県都市に集中しており、それ以外の多くはまだあまり研究は進んでいない。さらに関連する資料が増加し、研究が進展することを期待する。

注

(1) 林雅傑、陳偉武、業興『南越陶文録』天津人民美術出版社、2004 年版、序 2-3 頁。

(2) 丁磊「歴史関懐与考古定性：民国時期広州南越王墓的発掘」『河南大学学報（社会科学版)』2011 年 1 期、104-114 頁。

(3) 全洪、酈桂榮「広州考古五十年大事記」『広州文物考古集——広州考古五十年文選』広州出版社、2003 年版。

(4) 韋江「広西先秦考古述評」『広西考古文集』（第二輯）、科学出版社、2006 年版、51 頁。

(5) 広東省文物考古研究所、広東省博物館、五華県博物館『広東五華雄獅山漢代建筑遺址』『文物』1991 年 11 期、27-37 頁。

(6) 広東省文物考古研究所、汕頭文物管理委員会、澄海市博物館『澄海亀山漢代遺址』広東人民出版社、1997 年版、137 頁。

(7) 南越王宮博物館籌建処、広州市文物考古研究所『南越宮苑遺址——1995、1997 年考古発掘報告』文物出版社 2008 年版。

(8) 広州市文物考古研究所、南越王宮博物館籌建処「広州南越国宮署遺址 1995、1997 年発掘簡報」『文物』2000 年 9 期。

(9) 南越王宮博物館籌建処、広州市文物考古研究所『南越宮苑遺址——1995、1997 年考古発掘報告』文物出版社 2008 年版。

(10) 広州市文化局『広州秦漢考古三大発現』広州出版社 1999 年版、80 頁。

(11) 中国社会科学院考古研究所、広州市文物考古研究所、南越王宮博物館籌建処「広州南越国宮署遺址 2000 年発掘報告」『考古学報』2002 年 2 期、235-259 頁。

(12) 国家文物局『2001 年中国重要考古発現』文物出版社 02 年版、92 頁。

(13) 広州市文物考古研究所、中国社会科学院考古研究所、南越王宮博物館籌建処「広州市南越国宮署遺址 2003 年発掘簡報」『考古』2007 年 3 期、15-31 頁。

(14) 広州市文物考古研究所、中国社会科学院考古研究所、南越王宮博物館籌建処「広州市南越国宮署遺址西漢木簡発掘簡報」『考古』2006 年 3 期、3-13 頁。

(15) 尚傑「広東五華獅雄山遺址二〇一一年調査、試掘新収穫」『中国文物報』2012 年 2 月 24 日 4 版。

渠県沈府君（石）闕の調査と初歩的研究

秦　臻[1]

（訳）徳留　大輔

　四川省渠県は先秦賨人の古宕渠であり、その地の民は勇猛果敢で、俗に鬼巫と言われる。この地には6箇所に7基の漢代の石闕が現存しており、その数は全国に29箇所ある中でも最も多い。このことは漢代において当該地域の豪族が非常に勇敢で武を尊び、また相互に競合し、争いによる功績をあげた結果を表している。

　沈府君闕は四川省渠県水口郷漢亭村に所在する（図1）[2]。闕本体およびそれを取り囲む楼の部分には非常に美しい彫刻がなされ、エネルギーにあふれているが、しかし長い歳月が経つなかで風化し、既に不明瞭になっているところや、破損も多いのが実情である。

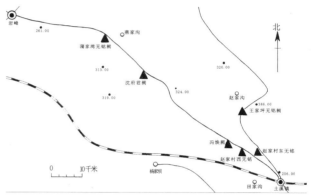

図1　沈府君闕および周辺の闕の分布図

一　沈府君闕に関連する記載と研究

　沈府君闕は、刻まれた文字と図像の保存状態がかなり良いことから、歴代の地理史や金石関係の史料の中に記録されてきた。例えば、宋人・洪适による『隷釈』、『隷続』のほか『漢隷字源』、『輿地碑目』等がある。清の道光年間には、渠県県令に任じられた山西霊石の人・王椿源が、道光二十九年（1849年）に『創建漢謁者北屯司馬左都候新豊交阯都尉沈府君神道碑亭記』を建立した[3]。その中では、当該闕を訪問して後、東屋を建てて保護した状況の詳細を記しており、また歴代の沈府君闕およびその題・銘について回顧と初歩的な考証も行っている[4]。

　1914年には、フランス人学者のヴィクトル・セガレン（Victor Segalen）が中国西部地域で古代彫塑の調査を行い、当時の達州府渠県で馮煥闕、沈府君闕さらには無銘の闕の調査

と記録を行った。その調査成果は『中国西部考古記』の中にあり、またその後、『漢代墓葬芸術』等の著作中でも記述された。[5] セガレンによる最も大きな功績は、墓葬と神道と漢闕を結びつけて総合的な研究を行ったことである。その方法は現代考古学の手法に基づくものであった。それは闕の銘文と図像のみを対象とした中国の伝統的な金石学研究を越え、初めて石闕の立地環境や墓葬の空間構成なども踏まえた研究であり、金石学で言われてきたことをさらに系統だて、深く研究することになったのである。

その後、四川の中国造営学社（Society for the Study of Chinese Architecture）が 1939 年に川渝地区の古代の建築遺存の調査を行い、渠県の諸漢闕についても詳細な調査が行われた。[6] 梁思成の著書『中国建築史』の中で、中国建築史の一部分として記述されている。[7] 陳明達はさらに全国の 23 箇所の漢代の石闕の研究を行った。そして沈府君闕を中国漢闕の一大系統の中で位置づけ、建築構造、図像内容や状況についての記録を行った。[8]

これを基礎に、重慶市博物館の徐文彬らにより四川地区漢石闕の測量および実測調査が行われた。その成果の『四川漢代石闕』は歴史文献記載の誤りを修正し、さらに新たな図版資料、例えば漢闕画像および銘文の拓本、詳細な実測図を加え、かなり有益な書となっている。[9] この書は沈府君闕が建てられた時代の背景と「沈府君」その人に関する考証を進めている。但しこの調査ではセガレンが早くに注目していた墓闕、墓葬と神道の位置関係については考察されていない。このほか、信立祥が『漢代画像石総合』の中で沈府君闕の画像に関して概観している。[10]

2012 年、渠県漢闕の保護の観点から、四川省考古研究院が渠県の漢闕の周辺環境の調査を行った。そして闕体周辺の神道、墓葬等の分布状況を確認することができた。それはたとえば層位、周辺の遺構のボーリング調査を行い、周辺からは活動面、神道、墓葬等の遺構を検出したことである。大規模な系統だった漢闕周辺の状況を調査でき、より詳細が明らかとなった。本研究における非常に有用かつ詳細な資料を提供することになった。

二　沈府君闕の調査と現状

2015 年 4 月、四川美術学院は上述した研究成果を基礎に、石闕およびその周辺環境の状況について詳細な調査を行った。その際に主に墓葬、神道と石闕の相互の関係についての問題に着目した。

（一）　闕体

沈府君闕は渠県にいくつかある闕の中で唯一、2 つの闕からなる双闕タイプである。建

てられた時期は後漢中晩期の安帝、順帝の頃である。闕自体は南から北に向けて緩やかに傾斜があがった、台地の北側に位置し、西北―東南を軸に西北側に正面がある。軸は南から東に26°振れている。双闕の間の距離は21.78m、高さは4.84m（東闕）、4.85m（西闕）である。西闕の北面には清道光二十八年（1848年）、王椿源による『沈府君神道碑亭記』碑がある。現在は土壌の原因により、双闕はいずれも北向きに10° 前後傾いている。

石闕は黄砂石により作られ、いずれも正闕の傍に子闕が付随する子母闕であり、母闕はいずれも現存する一方で、子闕は破損している。闕の天井部も部分的に破損し、亀裂あるいは一部はズレが見られる。石闕の風化現象も著しく、表面の石質は何層にもわたって剥落しており、図像も曖昧模糊な状況となっている。

東闕の右側には「青龍銜璧綬（璧に結ばれたリボンを咥える青龍）」、西闕左側には「白虎銜璧綬（璧に結ばれたリボンを咥える虎）」の図像が浮彫りにより表されている。両闕の楼部には一周、浮彫りされた、「董永侍父」、「獵射（狩猟）」、「仙人騎鹿」、「栜虎（虎を投げ飛ばす）」、「西王母」、「出行図」等の図像がみられる。楼部の四隅には角神が残存している。両闕の正面には隷書により銘文が彫られている。東闕には「漢謁者北屯司馬左都侯沈府君神道」、西闕には「漢新豊令交趾都尉沈府君神道」と彫られている。

（二） 神道

神道は両闕の間の中軸線上に位置し、南から北にかけて緩やかに傾斜があがっている。闕の後ろ側は長さ3mが調査可能であったのであるが、闕本体の北約30mの所に神道の痕跡と思われる部分を看守することができ、おそらく神道が延びている部分と思われる。しかし大部分は水田あるいは耕作地として攪乱を受け残っていない（図2）。

（三） 墓葬

2箇所で漢代の墓が検出された。2014QHSM1（以下、HSM1と略す）は、沈府君闕東北部の高地上に所在する（図3）。平面は凸字形を呈し、墓道は墓室西南部に位置し、墓底および墓壁の一部には磚が残っている。また高さ約1m前後の墓のマウンド（墳丘）が残存しているが、現状では頂部はかなり平らな林地になっている。HSM1は、まず墓壙は地山を堀り込み、墓室を作り、最後に盛り土を行っている。典型的な四川東部地区の後漢中晩期の墓葬である。この墓が所在する場所と規模から、この墓は沈府君闕に所属するものと推定される。またもう一基、2つの闕の前に所在する墓は、沈府君闕とは関係がないものと考えられる。

132　第2編　中　国

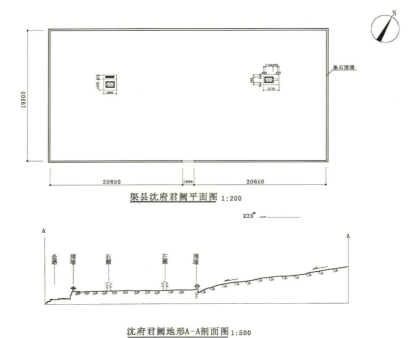

図2　神道の痕跡に関する調査時に関する平面および断面図

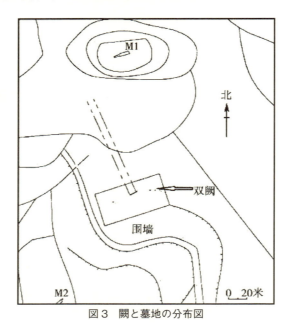

図3　闕と墓地の分布図

三　「沈府君闕」に関連する問題についての議論

沈府君闕は現存する漢代の石闕の中で残存している貴重な遺構であり、中国古代木造建

築の実物の例証であり、また中国の墓葬体系においても重要な構成要素である。

（一）「沈府君闕」闕主の身分、官職の経歴

「沈府君」その人の歴史は、闕に記載されている通りである。

東闕の碑文によると（図4）、沈府君は「謁者、北屯司馬、左都侯」等の職にあったとある。「謁者」とは迎賓等を管轄する官名であり、光禄勲の謁者僕射の属吏は、官秩四百石である。「北屯司馬」とは衛尉の属吏で、宮殿の北門の守備を守衛し、官秩千石である。「左都侯」は衛尉の属官であり、宮廷の巡回、罪人の収監を担当しており、官秩六百石である。これらの三職はいずれも宮廷に仕える官僚であり、南軍に属する。

西闕碑文には、地方官職について記されている（図5）。「新豊令」、「交趾都尉」とある。新豊故址は長安付近に所在し、京畿を防衛する上での重要な地である。交趾郡は漢武帝元鼎六年（前111年）に設置された、漢帝国における重要な南方の郡の一つである。後漢時期に任じられた交趾都尉は、胡貢、沈景と名前は分からないが劉寛の門下生の三名の記載があるのみであり、胡貢と沈景は「軍旅大治」あるいは「御蛮有功」の士とあり、史籍の中ではその軍事能力と貢献の高さが強調されている。ここでは、後漢中期以降、交趾の情勢が揺れ動いており、巴郡の豪族である沈府君闕の主人が北屯司馬、左都侯等の重要な軍職および地方長官の新豊令を歴任し、武功を挙げて交趾都尉に任ぜられ、華陽国志の「巴

図4 東闕碑文の沈府君の職に関する箇所の拓本（『四川漢代石闕』より）

図5 西闕碑文の地方官職に関する箇所の拓本（『四川漢代石闕』より）

134　第2編　中　　国

有将」の記載を裏付けるものとなっている可能性もある。

(二)　蒲家湾無銘闕との関係

　セガレンが曾て渠県蒲家湾無銘闕と沈府君闕を一緒に検討を行ったことは、道理がないわけではない（図6）。測量を行ったところ、蒲家湾無銘闕と沈府君闕との距離は447m、いずれも現在の村の道路から遠くない丘陵の隆起する先端にある。[14]

　蒲闕は子母闕であるが、現存しているのは東闕の母闕のみであり、高さ472cmである（図7）。そのサイズ、構造、建築の特徴、技術と図像の内容は沈闕東闕と基本的に一致する。類似する要因は、これらの闕には賛助する人、工人、図像の版本（粉本）、建造年代などの様々な方面において沈闕と密接な関係があることを示している。

　四川省考古研究院が2012年に調査を行った結果、蒲闕北側にも神道と思われる遺構を検出し、その東北部にはそれに関連する墓葬も発見された。[15]しかし蒲闕及び沈闕の4周には、囲壁遺構は発見されていない。

　現在のところ蒲闕と沈闕の関係は不明で、今後の研究が期待されるが、筆者は次のように推論している。それは沈闕と蒲闕は巴郡宕渠で権勢を誇っていた沈氏の家族墓地の造営物であったというものである。当時、沈氏家族墓地は非常に計画的な設計プランかつ囲壁が存在し、沈闕と蒲闕は墓園の門闕であり、一墓園の四隅に配されていたというものである。あるいは沈闕は墓園の正門の闕で、蒲闕は側面或いは後門の闕であったとも認識される。さらに沈氏家族が正面に広くかつ低い丘陵の台地上を選択して家族墓地を造墓した、言い換えるとそれは山の傾斜にそって段々と標高が高くなり、沈闕および墓葬、蒲闕とそ

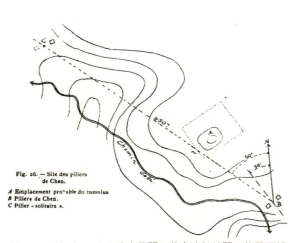
図6　セガレンによる沈府君闕と蒲家湾無銘闕の位置関係

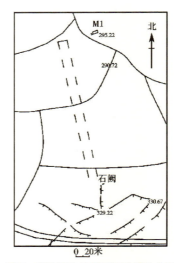
図7　蒲家湾無銘闕周辺遺構分布図

の墓葬が順次作られ、家族墓地を形成していった景観であるというような認識も可能であろうということである。

（三） 図像の題材、内容およびその意義

渠県沈闕に遺存している図像はその題材や内容がかなり多く、漢代の社会状況、思想や観念、墓葬観念および中国初期の芸術の雰囲気や交流等の諸問題を研究する上で非常に重要な意義をもつ。

（1）「拽虎」図

沈府君闕東闕の楼部および蒲家湾無銘闕にはいずれも「拽虎」図像があるが、四川雅安後漢建安十四年（209年）益州太守高頤闕にもこの題材は見られる（図8）。

漢代には狩猟や獣と格闘する演出が流行し、宮廷内に獣を飼育する施設が設けられた。そして勇士が猛獣と取っ組み合って戦い、貴族がその戦いを観覧する際に獣は供出されたのであり、そしてその行為が狩猟を行っている際の主要な演目となっていた。

河南南陽では「双環拽虎画像石」の上に、1人が駆け回るトラを追い、片手で虎の尾をつかみ引っ張っている様子が表されており、さらには人と獣が戦ったり、2匹の獣同士が取っ組み合う画像が多く見られる。四川地域を代表する沈闕「拽虎」の図像と比べてみると、南陽のこの系統の画像は一種の演出的な、儀礼的な猛獣との決闘シーンが多く、一方で沈闕「拽虎」図像は2匹の猛獣同士が闘う様子が表現され、力の限りを尽くして樹木の上によじ登る小さい獣、全力を注いで虎の尾を引っ張る力士の力強い様子が表現されており、一種のリアルな情景が表されている。四川地区のこのような図像表現は地域性が非常に強く表れている。それは山岳地帯で生活する巴人が武力を崇拝し戦に長けている姿を描写しているようであり、出仕して多く重要な任務を果たし、武功をあげ大きな勢力を誇る

図8　雅安高頤闕の「拽虎」図

図9　沈府君闕上の「董永侍父」図案

「沈府君」を体現しているのである。

もちろん、このような図像の形成においては、ユーラシアの草原地帯で流行した（2匹の獣が絡み合う双獣相搏）図像芸術の影響や虎食鬼魅（虎を食べる鬼、ばけもの）、邪気を払う鎮墓の機能があったのかもしれないが、今後の研究が待たれる。

(2) 「董永侍父」図（図9）

沈府君闕の東闕の闕楼の背面には「董永侍父」が刻まれており、蒲闕も同様である。漢代には孝行故事が流行した。朝廷は孝廉の制度を制定しているが、これは社会で崇拝されていた「事親孝故忠可移於君、是以求忠臣必于孝子之門（親に事うるは孝ゆえに忠をば君に移すべし　是を以て忠臣に求るは必ず孝子の門とす）の観念と密接な関係がある。西南地区では、同様の題材が楽山麻浩一号崖墓と楽山柿子湾一区一号崖墓などに見られ、その図像の内容や構図の形式は基本的に同じである。つまり「董永侍父」が当時の社会的背景をもとに広く墓葬の装飾の中に流行していたと考えられる。

かつて「謁者」に従事した沈府君は、その孝名によって孝廉に出仕することが許された。その墓闕は既に家族の記念碑であり、また家族の葬送儀礼空間を構成する重要な一部であったのである。後代の人は、孝子故事によって沈府君の生前の忠孝徳行を顕彰し、また子孫と郷里にとっての「成教化、助人倫（教えとなり、人倫を助ける）的な作用を果たしたのである。また墓闕に刻まれた孝子図像は、漢代に広く流行した讖緯観念と天人感応思想と関連しており、孝子図像は死者の子孫が、その先人への孝行心を表す以外に、さらに一種の不老長寿を希求していたことを示している。

(3) 「射猿」図（図10）

沈府君の闕西の闕上に「射猿」図が見られるが、学界では大きく2つの見解があった。たとえば巫鴻は、沈府君の闕の射猿画像は先秦における伝承の（春秋楚の武将で弓の名人として知られる）養由基が白猿を弓で射ようとした時の故事に由来する[16]。また『淮南子』の中で養由基に追われた白猿が、養由基が「弓を張り矢を番えただけで、まだ矢を放っていないの、猿は柱を抱えて号泣した（猿号擁柱）」というシーンと沈府君の闕の画像が対応するとしている。

邢義田は、中国民俗伝統の図像である「射猿射爵（射爵射侯）」図を連想させるとする。つまり樹木の下の人が弓で猴（侯）を射る、或いは雀、鵲（爵）を射ることであり、それ

図10　射猿図（写真）　　　　　　　　　　　射猿図（拓本）

は官爵を得ることを表していると指摘する。官位を得て昇進すること、吉祥富喜、災難を避けるといったことの寓意である[17]。

　筆者は、沈府君闕の「射猿」図像は、後代の人々が死者に対して推戴と保護の体現と、墓主の武功と出仕の身分を表していたものと考える。また古人は弓矢にある種、邪悪な勢力に打ち勝つという神秘的な力を賦与し、まさにそれを闕の上に表すことで墓主を邪気から守り、また墓主が弓の名手である「養由基」の保護の下で化け物をも追い払い、無事に仙人になることの寓意でもあったのである。同時に、墓闕の上の「養由基射白猿」は、この主題の葬送儀礼における意義を強化したものと言える。

四　まとめ

　沈府君闕は社会史、思想史、建築史、墓葬制度、芸術史の領域において、巴蜀地区の漢代の地域文化、社会習俗等を研究する上で非常に重要である。筆者は上述した調査や研究が今後の研究が進展する上での叩き台となり、また多くの学者が沈府君闕の価値に注目されることを期待している。さらに神道や墓葬の発掘調査を通して、沈府君闕に所属する墓の全体が明らかになることを期待している。このことは中国墓葬制度の発展や変遷に関する理解に大きく貢献するものである。

注

（1）　四川美術学院美術学系。本稿は中国国家社科基金芸術学プロジェクトにおける「図像、観念と営建——川渝地区漢代石闕芸術研究」（課題番号：14BF063）の成果の一部である。

（2）　図1の引用元。四川省考古研究院等「四川渠県県漢闕考古調査勘探報告」『四川文物』2014年第4期、第12頁の図1。以下の各図版中の写真は特に注がない限りは筆者撮影。

138　第2編　中　　国

(3)　清・同治『渠県志・巻十三・古迹志』。

(4)　碑文の詳細は本プロジェクトでは清同治本『渠県志』および王建緯『跋「沈府君神道碑亭記」
――紀年王公介屏先生』を参考に加筆・補完している。王建緯「跋『沈府君神道碑亭記』――紀
年王公介屏先生」『四川文物』1992年第3期、45-47頁。

(5)　色伽蘭著、馮承鈞訳『中国西部考古記』上海、商務印書館、1935年。Victor Segalen, "Mission
archéologique en Chine（1914）", Paris: P. Geuthner, 1923. Victor Segalen, "L'Art Funeraire e L'epoque
des Han, Mission archéologique en Chine（1914）", Paris: P. Geuthner, 1935.

(6)　劉敦楨「川康之漢闕」『中国営造学社匯刊』、1945年第七巻二期。図11は梁思成『西南建築
図説』人民文学出版社、2014年、第155頁から引用。

(7)　梁思成『中国建築史』百花文芸出版社、2004年、第48頁。

(8)　陳明達「漢代的石闕」『文物』1961年12期。

(9)　徐文彬『四川漢代石闕』文物出版社、1992年。

(10)　信立祥『漢代画像石総合研究』文物出版社、2000年。

(11)　沈府君闕の闕主名、事績に関しては、詳細な検討を行う方法がない。その建造年代について、
徐文彬氏は、「（沈府君闕）闕そのものの造型性と本県馮煥闕、蒲家溝無銘闕は同一の系統にあり、
彫刻に装飾は馮煥闕よりは豊富で、より精緻であり、蒲闕と比べる質朴である。全体的に見ると、
その建造年代は蒲闕よりは早く、馮闕よりは新しい。おそらく130～140年の間であろう」と指
摘している。また陳明達氏は闕の築造年代は後漢安帝の延光（122-125）年間であろうとしてい
るが、いずれも明確な証拠は示されていない。徐文彬等『四川漢代石闕』文物出版社、1992年。
陳明達「漢汉代的石闕」『文物』1961年12期。

(12)　図2は四川省考古研究院等「四川渠県漢闕考古調査勘探報告」『四川文物』2014年4期、第
13頁、図2より引用。

(13)　図3は四川省考古研究院等「四川渠県漢闕考古調査勘探報告」『四川文物』2014年4期、第
13頁、図3より引用。

(14)　図6は蒲家湾無銘闕と沈府君闕位置を分析したものである。

(15)　図7は、四川省考古研究院等「四川渠県漢闕考古調査勘探報告」『四川文物』2014年4期、
第14頁、図5より引用。

(16)　巫鴻「漢代芸術中的白猿伝画像――兼談叙事絵画与叙事文学之関係」『礼儀中的美術』三聯
書店、2005年、186-204頁。

(17)　邢義田「漢代画像中的『射爵射侯図』」『画為心声　画像石、画像磚与壁画』中華書局、2011
年、175-186頁。

漢墓印章封泥と楚国の始封属県

王　　健

（訳）石原　遼平

　前漢高祖六（前201）年に劉交が封建されて楚王となり、彭城に都が置かれたが、楚国の封建当初の属県については伝世文献中に36県、32県、40余県という異なる記載が存在する[1]。文献の記載が乏しいため、長い間封建時の属県については十分な研究を行うことができなかった。1990年代に徐州の北洞山と獅子山の楚王陵からまとまった量の官印と封泥が出土すると、研究者はこの史料を利用し、文献と結合させて初歩的な考察を行い、封建当初の属県に関する我々の知見を大きく進展させた。ただし、依然として検討すべき問題も残されている[2]。本論文は先行研究の基礎の上に、新出土の考古資料を用いるとともに、考証の方法を新たに考案し、さらに一歩進んで楚王国の始封属県の歴史上の本来の姿を解明したい。

一

　漢初の楚国属県に関する早期の研究は今世紀初めに開始された。これらの研究では、前述の印章封泥に見られる行政区画の情報に対して革新的な分析が行われている。その方法は、数種類の史料を深く掘り下げ、比較することで、楚国の属県を確認しようとするものである。より具体的にはまず、『漢書』地理志と漢初の地名の記載を互いに比較し、劉交が初めて封建された時の属県の名称を探し出す。次に、導き出されたこれらの地名と二つの陵墓から発掘された印章封泥を互いに比較し、景帝前二（前134）年以前の楚国の属県の数を導き出す。その後さらに楚王国の領域内に封じられた信頼性の高い侯国を加える。この方法によって当時の研究では、蘄・滕・薛・鄒・魯・瑕丘・符離・銍・傅陽・下相・僮・取慮・徐・下邳・彭城・留・沛・蕭・相・栗・襄賁・城父・竹邑・胊・文陽・向・卞・郯・建成・彭・武原・穀陽・合陽・費・豊の36県が楚王国の属県として導き出された[3]。この成果は楚王国封建当初の属県の復原研究において先駆的な役割を果たした。

　しかし、早期の研究を回顧すると、属県の考証にはなお不十分な部分が見受けられる。例えば、秦末・楚漢交代期から漢初の史料の叙事部分に依拠して秦県の地名を確認する方

140　第2編　中　国

法には以下のような問題がある。当時の重大事件の大部分は豊・沛・彭城一帯で発生しているため、この地域では確認できる地名が比較的密集しているが、薛郡の北部や東海郡の東部の地名に関してはほとんど登場の機会がない。この方法には明らかに限界があるといえるだろう。早期の研究で確認された 36 県のうち東海郡はわずかに 4 つの地（郯、下邳、襄賁、朐）を占めるのみであるが、これは東海郡の行政区域および属県の規模に対して極めて不釣り合いな結果である。[4] また、以前の研究では秦の封泥を使用した検証を行っていないために、幾つかの秦県（例えば、桑・凌、呂、承など）を文景帝期に新たに増えた県であるとする誤りが起きている。このことが漢初に封建された県の誤認につながり、属県の数の正確性に直接影響している。[5]

　今世紀になってから、西安相家巷秦封泥、徐州土山漢墓封泥や張家山漢簡『二年律令』などの新資料が相次いで発表され、[6] 漢墓に陪葬された印章の性質に関する認識は次第に深まり、[7] 秦の行政区画研究に重要な進展があり、[8] 漢初楚国の三郡の秦代における属県の状況は基本的には解明され、前漢の侯国の分封の状況も次第にはっきりとしてきた。また、秦漢制度の研究の深化に伴って、学界は前漢建国初期の郡・国が並行して行われる制度の新たな構造上に秦県制度の伝統が継承されているという認識に至っている。これらの進展が旧来のテーマを新たに研究するための条件を整えたといえる。

　本論文では、現在の研究のコンテクストのもと、新たな考証方法を採用する。一つめは漢代の楚王国三郡に含まれる秦代以来の県を手掛かりに、漢代の県を確認する方法である。これによって考証のプロセスが改善される。[9] 二つめは秦の封泥および漢の楚王墓の印章封泥を用いて属県に対して検証を加える方法である。これによって文献の記載にまつわって引き起こされたいくつかの疑問点が解決される。三つめは始封という時間の節目に立脚して楚国の県設置状況の歴史的な横断面を展開させる方法である。『史記』・『漢書』に記載された属県の規模は、いずれも劉交の始封（六年正月丙午）を基準としているので、[10] この時点を基準として考察の範囲を明確にし、必要な侯国を統計の視野に入れる。上述のような多層的・総合的な考証によって、より正確に楚国の属県を復元したいと考える。

二

　楚王国の属県を考察するためには、まず楚国の三郡の基本的な情況を明確にしておく必要がある。

　『漢書』楚元王伝には、「漢六年、既廃楚王信分其地為二国、立賈為荊王、交為楚王、王薛郡、東海、彭城三十六県、先有功也。」とあり、同じく『漢書』の高帝紀には「以碭郡、

薛郡、郯郡三十六県立弟文信君交為楚王。」とある。このように『漢書』には薛郡・東海・彭城・碭郡・郯郡などの郡名が封郡として記されている。

しかし、このうちの碭郡は明らかに誤りである。この点については銭大昕『二十二史考異』巻六がすでに「考地理誌、梁国故秦碭郡、高帝五年為梁国、梁為彭越所封、楚元不能得之、当従伝為是。」と指摘している。

薛郡については秦代に置かれたものと考えられる。『漢書』地理志の本注には「故秦薛郡。」とあり、『水経注』巻二十五「泗水」では魯県に注して「周成王封姫旦于曲阜曰魯。秦始皇二十三年以為薛郡。」とある。秦の薛郡はもと魯国の版図であり、秦章台遺址から出土した封泥には「薛丞之印」が見られる。漢代になると薛郡は楚国に属し、徐州土山封泥には「薛□之印」がある。呂后は薛郡に外孫を封じ、魯王国を立てた。文帝元年（前179年）になると呂氏が滅ぼされ、魯は国除された[11]。この時に楚国は薛郡を回復した。漢景帝二年には楚を分けて再び魯国が置かれた。漢景帝三（前154）年に乱が平定されると景帝は楚国から薛郡を奪い、再び魯国が置かれた[12]。

彭城郡に関しては、その前身が秦の四川郡であることが封泥によって実証されている。『漢書』楚元王伝によって、少なくとも漢高帝六（前201）年には、すでに四川郡から彭城郡になっていたことがわかる。では、いったい何時改名されたのであろうか。王国維は項羽が彭城に都を置いたため、四川郡を彭城郡と改名したと推測している。従うべき見解であろう[13]。

彭城郡の範囲は『漢書』地理志に記載された成帝期の楚国・沛郡および臨淮郡の淮水以西の地に相当する[14]。漢景帝が乱を平定した後、楚王劉礼が封を継ぎ、彭城郡が封土とされた。『漢書』地理志の記載によれば、楚国は彭城・留・梧・傅陽・呂・武原・甾丘の7県を領有している。劉礼の時にはさらに広戚と陰平も領有していた[15]。彭城郡はもとの四川郡の25県から劉礼の時には10県に減少している。封建された領域の急激な減少は沛郡を分置したことと関係する。

では、沛郡はいつ置かれたのであろうか。漢代の文献は明確な記載を欠き、現在三通りの見解がある。まず、高帝四年に改名されたという説がある。『漢書』地理志の本注に「沛郡、故秦泗水郡、高帝更名。」とあり、『水経注』睢水には「相県、故宋地也。秦始皇二十三年、以為泗水郡。漢高帝四年、改曰沛郡、治此。」とあるのがこれである。しかし、これらの説は歴史的事実と矛盾する。高帝四年には沛郡一帯はまだ項羽に属していたので、劉邦が郡を置くことができるはずはない。また、『史記』・『漢書』の記載する楚国の管轄郡の中にはいずれも沛郡は見られない。そのため、後世の注釈家および『水経注』の解釈は『史記』・『漢書』いずれの記載とも食い違うといえよう。

次に、漢高帝六年に彭城郡から沛郡を分置し、自らに属せしめたという推測がある。しかし、楚王墓からは相・山桑・虹・蕭・符離など後に沛郡に属する県名の印章封泥が出土している。このことは沛郡の設置年代は楚王が封建された高帝六年よりも後であることを示しているため、この説は成立しがたい。また、筆者は沛郡所轄の各県がいずれも『二年律令』秩律の中には出現していないことを発見した。これは呂后期に至っても沛郡が設立されていなかったことを示している。

三つ目は景帝三（前154）年に分置されたという説である。これは、朝廷が諸侯国の勢力を削減するために、彭城郡の管轄区域を削減し、彭城郡を分割して新たに沛郡を設け、自らに属せしめたとする見解である。この説は合理的に郡分割の動機を説明することができ、楚王陵出土の印章の状況とも一致するため、本論文ではこの見解を採用したい。

郯郡と東海郡に関しては、『水経注』泗水、郯県の注に「故旧魯也。東海郡治、秦始皇以為郯郡、漢高帝二年、更従今名。」とある。また、楽史『元和郡県志』巻十一には「秦置三十六郡、以魯為薛郡、後分薛郡為郯郡、漢改郯郡為東海郡。」とある。しかし、秦末の史料の叙事部分の多くの箇所には「東海守」、「東海郡」という記載が見られる。また、秦代の封泥中に「東海司馬」、「東海都水」があることも秦代に東海郡が設置されていたことの証拠となる。王先謙は「東海郡治理郯、……、楚漢閒称郯郡。」と述べている。南陽郡を宛郡とも呼ぶように、当時は郡治の県名を郡名の代わりに用いることが流行していた。よって、秦末の郯と東海の名称もかわるがわる変化したのである。

三

ある研究者による秦代行政区画の新たな考察に依拠すれば、秦の三郡管轄の県の総数は65県に達する。本論文では、これをもとに秦県の属郡を一つ一つ検証し、確定してゆく。まず、別の郡に属するが誤って三郡に入れられている秦県はその郡に戻す必要がある。また、漢になる際に三郡内の秦県に発生した複雑な変動も追跡する必要がある。例えば、幾つかの旧秦県は漢になると別の郡あるいは別の侯国などに編入されている。65県に対するこのような考察は、実は秦郡の設置年代の問題とも関わり、延いては三郡周辺の漢郡と封国の行政区画の状況とも関わる。以下では、学界の最新の研究成果を参照し、すでに明らかになっている事実によって、未知のことを解明してゆきたい。

（一）　薛郡属県の問題

『秦代政区地理』の考証によれば秦代の薛郡には魯県・無塩・任城・薛県・番県・平

陸・方輿・鄒県・寧陽・汶陽・卞県・承県・陰平・建陽・平陽・剛県・滕県・胡陵・瑕丘・亢父・須昌・柴県の22の属県がある。[22]

　まず、秦代の須昌県が所属する郡について検討する。『水経注』巻八には「秦以為県」、唐李吉甫編『元和郡県志』巻十一には「須昌県、本漢旧県、属東郡。禹貢、兗州之域。春秋時属宋、即魯附庸須句。……戦国時其地属魏、秦為薛郡地。在漢為東平国。」とあり、『中国歴史地図集』の秦代部分では須昌を薛に入れている。しかし、馬非百『秦集史』はこれを秦の東郡の所属としている。[23]

　漢になってからの須昌県の所属郡に関しては、『史記』高祖功臣侯者年表の須昌に対する『索引』注に「県名、属東郡。」とあるため、漢になると須昌は東郡に属したようである。高帝十一年には劉邦が梁王彭越を誅し、二月丙午に皇子劉恢を梁王としている。この年に「罷東郡、頗益梁。」とあるため、二月丙午に劉恢に分封した時に東郡を分け与え、東郡の編制が廃止されたのだと考えられる。三日後、すなわち二月己酉に劉邦は趙衍を功臣として須昌侯に封じた。[24]ここにおいて、須昌侯は梁国に属したと考えられる。この須昌侯は漢景帝五年に廃されている。『漢書』地理志には「東郡、秦置。……県二十二……須昌、故須句国。」とあり、『続漢書』郡国三、志第二十一には「須昌、故属東郡。」とある。ここから須昌は前漢後期になると東郡に属していたことがわかる。須昌が再び東郡に属した背景は史書に明確な記載は無い。しかし、東郡の属県である東阿、聊城などが呂后初期の「秩律」[25]の中央管轄の県のリストに見られることから推測すれば、漢廷が東郡を没収し、その編制を回復させたのは、概ね高后元（前187）年頃だと推測できる。[26]

　次に剛県と柴県の問題に関して考察する。『漢書』地理志によれば、剛県と柴県は泰山郡の下に領有されているため、この二県の帰属は泰山郡自体の設置年代の問題と関わる。

　泰山郡の設置年代について、『漢書』地理志には「泰山郡、高帝置。属兗州。」、「県二十二、……剛県……柴県。」とあるが、高帝による具体的な設置年代については言及されていない。全祖望『漢書地理志稽疑』巻二には「泰山郡、故属秦斉郡……高帝四年属漢、改博陽曰泰山、仍属斉国。」とある。これは高帝四年に博陽を改めて泰山郡としたという説である。往年の『斉魯封泥集存』の中には「泰山司空」封泥が一枚収録されている。王国維はここから「故漢初之郡、当因秦故。以此封泥証之、泰山亦秦始皇二十六年後自斉郡析出之郡。所謂高帝改博陽曰泰山、恐実為復其秦名而已。」と指摘している。すでに、ある研究者はこの手がかりによって、泰山郡が秦代に設置されていた可能性に気付いている。[27]

　近年新たに世に出た「岳麓秦簡」の中にもまた「泰山守」という重大な発見があった。整理番号1114簡には「泰山守言、新黔首不更昌等夫妻盗、耐為鬼新（薪）白粲……」[28]とある。これら秦簡の中には他にも「南陽守」・「河間守」・「洞庭守」・「南郡叚（仮）守」な

144 第2編 中 国

どが出現するが、いずれも郡守の別称である。このことから、秦代にはすでに泰山郡が設置されていたことが判明する。従って、剛県は秦の泰山郡所轄の県であり、漢初に至ってそのまま泰山郡の所属となったといえる。

柴県の帰属問題については、これよりもやや複雑である。『漢書』王子侯表によれば、柴には元朔四（前125）年に斉国の王子侯が封じられている。そのため、これによって泰山郡の管轄に改められたのだと考えられる。『漢書』地理志で柴県が泰山郡に属するのもそのためである。王子侯を分封したという歴史的事実によって、この県がもともと漢初の斉国の属県であったことが証明される[29]。よって、柴県を秦の薛郡所轄の県であるとすることはできない。以上のことから、須昌・剛県・柴県は秦の薛郡の属県から除くべきであるといえよう。

無塩・任城・亢父について、『漢書』地理志は東平国の所属とする。本注に「故梁国、景帝中六年別為済東国、武帝元鼎元年為大河郡、宣帝甘露二年為東平国。」とあるように、『漢書』地理志では東平国は景帝六（前144）年に梁国から分置されたとされる。このことからさかのぼって推量すれば、無塩・任城・亢父はもともと梁国に属していたといえるだろう。よって、漢高帝六年に楚王国を分封する以前には、これらの県はすでに梁国に帰属していたと考えられる。

平陸はすなわち『漢書』地理志の東平国の東平陸である。王鳴盛『十七史商榷』巻十七はこのことについて「郡国県邑名同者、則加東西南北上下或新字以別之。東平国有東平陸、西河郡有平陸、故此加東。」と指摘している。景帝元（前156）年には楚元王の子劉礼を封じて平陸侯としているが、この平陸は『漢書』地理志の東平国の東平陸のことである。武帝以前には王子侯国はすべて本王国の領域内に置かれたため、景帝が楚の王子侯国を平陸に置いたということは、平陸の地が遅くとも景帝元年には楚国に属していたということを示す。

方與・平陽については、『漢書』地理志の山陽郡の属県に方與・南平陽が見られる。王鳴盛は「山陽郡有南平陽、河東郡有平陽、故此加南。」[30]と指摘しており、もとは秦の平陽であったことがわかる。最新の研究成果によれば彭越の梁国は「東平地」と泗水以東の地区を含んでいなかった[31]。南平陽は泗水以東に位置しているため、おそらく漢初は薛郡に属する。方與および上述の亢父もまた東平地であるが、どちらも泗水以西に位置しているため梁国に属していた。

寧陽は『漢書』地理志では泰山郡に属する。『漢書』王子侯表には漢武帝元朔三年に寧陽侯恬が封建されたことが記載されている。『漢書』夏侯勝伝には「魯共王分魯西寧郷以封子節侯、別属大河、大河更名東平。」とあり、銭大昕『廿二史考異』巻八は「魯共王子

寧陽侯恬、瑕丘侯政皆謚節侯、此伝所称節侯蓋寧陽侯也。地理志、寧陽属泰山郡、不属於東平、蓋宣帝建東平為王国、復以寧陽属它郡。」と指摘する。これらによれば寧陽は秦の薛郡に所属する。

　瑕丘については、『漢書』地理志によれば「山陽郡」の下に瑕丘が属している。ここには侯国と明記されてはいないが、『漢書』王子侯表によれば瑕丘節侯劉政は魯の王子侯で元朔三年に封建されており、瑕丘が侯国となったことがわかる[32]。漢の制度では王子侯国は必ず分離され漢郡の管理に属するため、瑕丘侯国は山陽郡に編入されたと考えられる。よって、瑕丘はもともと薛郡に属していたと考えられる。

　王良田の「梁王彭越時期梁国疆域図」では上述の各県がいずれも梁国封域図上に見られる[33]。周振鶴の「高帝十一年至呂后八年梁国示意図」の中では無塩、任城もまた梁国に属している。

　承県と東海郡の関係について『漢書』地理志は承郷侯国が東海郡に属すると記述している。『漢書』王子侯表によれば、漢代になってから魯国の王子侯が分封され、承県は移されて東海郡に帰属している。これによれば、承県は漢初の段階では薛郡に属していたといえる。

　滕の問題に関しては、研究者は『漢書』夏侯嬰伝の「嬰賜爵封、転為滕令」という記載によって、滕が秦県であり、漢初もこれを踏襲したと推測している[34]。これまでの研究では漢武帝期に滕は二つに分割され、一つは番県となり、もう一つは公丘となり、公丘は封侯されて沛郡に所属すると考えられてきた。しかし、『秦代政区地理』の研究成果によって、秦代に番県と滕県が同時に存在していたことが明らかになった。したがって、漢武帝元朔三年に滕を二つに分けたという事実は無く、滕を公丘県に改名し魯王子侯に封じ、分離され山陽郡に属し、後に沛郡に属したのだと考えられる[35]。

　胡陵については秦漢交代期の屠城による被害が原因で、漢初に県級の編制としては廃止された。

　以上から、秦代の薛郡の属県のうち漢初の楚国の領域に入る属県が判明する。ここまでの考察で別の郡に所属することや廃止されたことが明らかになった8県を除き、残った14県のみが漢初の薛郡の属県だと考えられる。それらは魯県・薛県・番県・鄒県・汶陽・卞県・承県・陰平・建陽・滕県・寧陽・瑕丘、平陽（東平陽）、平陸（南平陸）である。

　楚王陵出土官印・封泥には「汶陽丞印」・「卞之右尉」・「承令之印」がある。土山封泥には「汶陽丞印」・「承丞之印」・「薛□之印」がある[36]。

汝陽丞印　　　卞之右尉　　　承令之印　　　汝陽丞印

陳介祺『封泥考略』[37]には「魯令之印」・「薛丞之印」・「蕃丞之印」・「承印」がある。

魯令之印　　　薛丞之印　　　蕃丞之印　　　承印

表1　前漢初期薛郡属県統計表

秦代の20県	魯県、無鹽、任城、薛県、番県、平陸、方輿、鄒県、寧陽、汶陽、卞県、承県、陰平、建陽、平陽、滕県、胡陵、瑕丘、亢父
前漢楚国の14のもと秦県	魯県、薛県、番県、鄒県、汶陽、卞県、承県、陰平、建陽、滕県、東平陸、寧陽、瑕丘、南平陽

(二)　東海郡属県考

『秦代政区地理』は秦代の東海郡属県は全部で郯県・堂邑・遊陽・建陵・蘭陵・海陵・新東陽・東陽・下邳・播旌・贅其・繒県・盱眙・淮陰・広陵・淩県・襄賁・朐県の18県だと考えている。

史料には、高帝六年に楚王韓信を廃した後に東海郡を分けて東陽郡を置いたことが記されている[38]、江水と淮水の間の秦代の東海郡属県には堂邑・海陵・新東陽・東陽・播旌・贅其・盱眙・広陵の9県があるが、すべて新郡に編入されている。

そのため、秦代の東海郡のうち以下の9県が漢初の東海郡の属県であるといえる。それらは郯県・遊陽・建陵・蘭陵・下邳・繒県・淩県・襄賁・朐県である。

『漢書』地理志に記載されている東海郡の領県および列侯封邑の中には上記の9県がすべて列挙されている。遊陽は秦封泥から確認できる属県であるが、『史記』、『漢書』には記載がない[39]。

これら9県のうち漢代の印章封泥によって証明できるものには襄賁、淩県、朐県、繒県、

蘭陵、下邳、郯県の合計7県がある。

楚王陵出土の官印・封泥によって証明できるのは5県である。すなわち「襄賁丞印」・「淩之左尉」・「朐之右尉」・「繒之右尉」・「蘭陵之印」である。

繒之右尉　　　淩令左尉　　　朐之右尉　　　襄賁丞印　　　蘭陵之印

土山王陵封泥には「下邳丞印」・「繒丞」・「蘭陵丞印」が確認される。陳介祺『封泥考略』には「郯丞之印」がある。

下邳丞印　　　繒丞　　　蘭陵丞印　　　郯丞之印

表2　前漢期東海郡属県統計表

時期	東海郡属県の統計
秦代の東海郡18県	郯県、堂邑、遊陽、建陵、蘭陵、海陵、新東陽、東陽、下邳、播旌、贅其、繒県、盱眙、淮陰、広陵、淩県、襄賁、朐県
前漢楚国の9つのもと秦県	郯県、遊陽、建陵、蘭陵、下邳、繒県、淮陰、淩県、襄賁、朐県

（三）　四川郡（彭城郡）属県考

『秦代政区地理』は秦代四川郡の属県は25県あると考えている。それらは沛県・相県・傅陽・符離・下相・取慮・䣙猶・銍県・豊県・虹県・平阿・徐県・呂県・彭城・僮県・下蔡・山桑・蘄県・甾丘・梧県・城父・竹邑・蕭県・留県・戚県である。

このうち豊県は本当に秦代に設置されていたのであろうか。従来は『漢書』の「沛豊邑」という記載に依拠して、秦朝では豊は県として設置されておらず、県の下の聚邑でしかなかったが、漢朝になってはじめて県として設置されたと考えられてきた。『秦代政区地理』の新説の根拠は「酆璽」という古印である。[40]しかし、秦朝の規定では皇帝の印章の

148　第2編　中　国

みが璽と称することができ、官印を璽と称する伝統は廃止されていた。よって、当該官印の絶対年代は皇帝制度が出現する前、つまり戦国期であったと考えられる。また、酆の地理的位置について、劉慶柱先生は「西周の豊京のゆかりの地の豊であろう。」と考えている。そのため、この官印一つのみによって豊の地が秦朝で正式に県として設置されていたことを証明することはできないのである。これ以外にも、陳介祺がかつて収蔵していた「豊丞」という封泥一枚がある。これはその書風と字形から見て、前漢の豊県の官印だと考えられる。よって、四川郡の秦県で現在確認できるのは24県のみである。『漢書』地理志では沛郡の属県に豊県があり、漢代になると豊は県として設置されていることがわかる。

　城父は高帝六年六月に侯国として封じられている。これは、劉交が封国された約半年後である。『史記』および『漢書』の表には、城父侯国は高后三年に奪爵され関内侯になっている。しかし、高后二年時の『二年律令』秩律の中央直轄郡の属県リストの中にはすでに城父が確認される。このことは高后二年にはすでに奪爵されていたことを示す。当該県は秦代の碭郡・四川郡・淮陽郡三郡の辺縁に位置し、『秩律』から推測すれば、もともとは淮陽郡に属していたと考えられ、楚国の封域内には無かったようである。城父侯尹恢は「以右丞相備守淮陽功」という理由で封を受けたので、淮陽郡の地に封じられたのであろう。当該侯が奪国された後、城父は中央直轄の淮陽郡の属県に戻った。

　四川郡の領域内の秦県の漢になって後の足跡を文献上に見ると、『漢書』地理志の沛郡領域内の37県のうち旧秦県は「相、竹、蕭、銍、広戚、下蔡、蘄、山桑、符離、沛、城父」の11県が列挙されている。『漢書』地理志の彭城郡の領域内の7県のうち旧秦県は彭城、呂県、傅陽、甾丘、梧県、留県の6県が見られる。

　二基の楚王陵の印章封泥によって験証できるものは全部で7県ある。すなわち、「相令之印」・「虹之左尉」・「呂丞之印」・「彭城丞印」・「山桑丞印」・「僮令之印」・「蕭之左尉」である。

相令之印

虹之左尉

呂丞之印

彭城丞印

漢墓印章封泥と楚国の始封属県　149

山桑丞印

僮令之印

蕭之左尉

土山封泥によって検証できるのは「山桑丞印」・「相令之印」・「符離丞印」・「蕭令之印」・「呂丞之印」・「僮丞之印」・「蘄□之印」・「下蔡丞印」等の8県である。[44]

山桑丞印

相令之印

符離丞印

呂丞之印

蕭令之印

陳介祺『封泥考略』によって検証できるものは9県ある。すなわち「相令之印」・「傅陽丞印」・「符離丞印」・「下相丞印」・「虹丞之印」・「徐令之印」・「呂丞之印」・「彭城丞印」・「僮丞之印」である。また、これ以外に「豊丞」がある。

相令之印

傅陽丞印

符離丞印

下相丞印

虹丞之印

徐令之印

呂丞之印

彭城丞印

僮丞之印

豊丞

表3　前漢初期四川郡（彭城郡）属県統計表

秦代の25県	沛県、相県、傅陽、符離、下相、取慮、𥈭猶、銍県、豊県、虹県、平阿、徐県、呂県、彭城、僮県、下蔡、山桑、蘄県、甾丘、梧県、城父、竹邑、蕭県、留県、戚県
前漢における23のもと秦県	沛県、相県、傅陽、符離、下相、取慮、𥈭猶、銍県、虹県、平阿、徐県、呂県、彭城、僮県、下蔡、山桑、蘄県、甾丘、梧県、竹邑、蕭県、留県、戚県

以上、印章封泥によって実証できる彭城郡（四川郡）の属県は合計13県である。

以上の検討によれば、三郡の秦における属県から楚国三郡体制に編入された総県数は14＋9＋23＝46県となる。このうち留県は張良の侯国であり、新たに設置された豊県を加えて47県となる。

四

建成侯印
陳介祺『封泥考略』

楚国初封時の属県を復原するためには、さらに境域内の侯国も考証の視野に入れる必要がある。

正式に封侯制度が施行されたのは漢高祖六（前201）年十二月である。列侯は功臣侯・外戚恩沢侯・王子侯国の三種に分類できる。漢の制度では列侯は統治権を持っておらず、侯国には統治のために相が置かれ、その地位は県令に相当した。そのため、侯国は郡国属県のリストの中に算入される。侯国に分封された行政区画には二種類ある。一つはすでに存在している漢県を用いる場合であり、もう一つはすでに存在する県の中から若干の郷を分けて侯国を設立する場合である。後者では客観的に楚王国所轄の県数が増加する。

早期に封じられた侯国は、既存の漢県を用いて封建されたので、『史記』・『漢書』の記載する、楚の始封「三十六城」・「四十余城」は、すべてが漢初三郡の漢県に由来するものだと考えられる。『史記』功臣侯年表には楚王劉交が高帝六年正月丙午に封じられ、留侯張良が正月丙午に封じられたことが記載されており、二人は同じ日に封を受けている。張良の侯国は留県に置かれた。建成侯呂沢は正月丙戌に封じられており、劉交の封じられた日よりも早い。その侯国は胡陵県に置かれた。これ以後、朝廷は陸続と楚国の領域内に少なからぬ侯国を封建している。劉交が分封された日よりも後のものには、高祖八年に封建された武原や十二年に封建された穀陽・下相などがある。これらのように後になって封建された侯国は楚国の始封県の統計には含まれない。

よって、建成侯国を加えて、楚の始封属県の数は48県に増える。48県という結論は始封が「四十余城」だという記載と一致する。

ただし、従来は高帝・恵帝・高后・文帝・景帝の時代に封じられた列侯は、すべて既存の漢県に封じられたと理解されてきたので、これに従えば楚国の始封の領域にさらに6県を加える必要がある。しかしそうすると、総数は54県に達してしまい、明らかに『史記』・『漢書』の記載と矛盾が生じる。このことは早期の封侯がすべて既存の漢県の領域に封じられたという説に信憑性が無いことの証となるだろう。おそらくは、侯国の分封は戸

数を基準としており、大部分は数郷の地を割いて県として封じたというのが真相であろう。このように考えれば「始封県」の数が人為的に増大され、歪曲される研究状況が引き起こされることは無いはずである。

注

(1)　32城と40余城という記載は『史記』に見られる。『史記』三王世家には「我先元王、高帝少弟也、封三十二城。」とあり、『史記』呉王濞列伝には、晁錯が景帝に対して「昔高帝初定天下……大封建同姓」、「庶弟元王王楚四十余城」と述べたことが記される。三十六県という記載は班固『漢書』高帝紀に「以碭郡、薛郡、郯郡三十六県立弟文信君交為楚王。」とあり、『漢書』楚元王伝に「漢六年、既廃楚王信分其地為二国、立賈為荊王、交為楚王、王薛郡、東海、彭城三十六県、先有功也。」とある。以上の三通りの説があり、現在に至るまで定説がない。

(2)　考古資料を活用して研究を行った早期の論文としては、王愷「1998年獅子山楚王陵出土印章和封泥対研究前漢楚国建制及封域的意義」(『文物』1998年第8期)、韋正「従出土印章封泥談漢初楚国属県」(『考古』、2000年第3期)等があげられる。

(3)　上掲の韋正「従出土印章封泥談漢初楚国属県」を参照。

(4)　后暁栄『秦代政区地理』(社会科学文献出版社、2009年)によれば、秦代東海郡には18の属県があった。『漢書』地理志では前漢後期の東海郡に38県が記されている。

(5)　文献の考証にも疏漏がある。例えば蘭陵は分封後に増設された県だとされているが、実際には『史記』荀子列伝・『漢書』五行志の中には蘭陵が戦国から漢初に設置された県だという情報が含まれている。

(6)　周暁陸等「秦代封泥的重大発現――夢斎蔵秦封泥的初歩研究」(『考古与文物』、1997年(1))。劉慶柱、李毓芳「西安相家巷遺址秦封泥考略」(『考古学報』、2001年(5))。周暁陸、路東之編『秦封泥集』(三秦出版社、2011年)、李銀徳「徐州出土前漢印章与封泥概述」(『青泥遺珍：戦国秦漢封泥文字国際学術研討会論文集』、西冷印社出版社、2011年)。

(7)　漢墓中に陪葬された官印は明器であるのか実際に使用された印章であるのかが問題となる。韋正等は諸侯王国は自ら官吏を任命できるため、自ずと中央の認可を経ずに自ら印を発行できたと考えている。(韋正、李虎仁、鄒厚本「江蘇徐州市獅子山西漢墓的発掘与収獲」『考古』1998年第8期。)趙平安、耿建軍等は徐州王陵から出土した管轄区域内の諸県の官印はいずれも実際に用いられた官印だと考えている。(趙平安『文物』、1999年第1期。耿建軍「試析徐州西漢楚王墓出土官印及封泥的性質」『考古』2000年第9期)。黄盛璋は銅官印はいずれも楚の属官だと考えられるが、廃官印だと考えてよく、封泥はいずれも当時の官印で封じられたものであると考えられるが、必ずしもすべて隷属関係があると考えなくてもよいと主張している。ただし、この論文は墓葬年代について誤りがある。(「徐州獅子山楚王墓墓主与出土印章問題」『考古』2000年第9期)。これらの見解は官印を用いて封建領域を解明する助けとなる。

(8)　近年発表された成果のうち、主要なものに后暁栄『秦代政区地理』(社会科学文献出版社、

152　第 2 編　中　国

2009 年)、辛徳勇『秦漢政区与辺界地理研究』(中華書局、2009 年)、馬孟竜『前漢侯国地理』
(上海古籍出版社、2013 年) 等がある。

(9)　漢初において基本的に秦末の行政区画構成が継承されたことに鑑みて、ある研究者は以前、
「『秦図』(すなわち『中国歴史地図集』「秦時期図組」)を基礎にして、漢高帝時代の行政区画図
を描く」(上掲の『西漢侯国地理』、116 頁を参照)という方法を提案している。本論文の考証の
アイデアはこのような秦図に基づいて漢図を制作するという考え方に近いといえる。

(10)　『史記』三王世家には「太常臣充言蜀入四月二十八日乙巳、可立諸侯王。臣昧死奏輿地図、
請所立国名。」とある。この記載から漢代諸侯王の分封は、その核心部分はほかでもなく分封の
「輿地図」を制定し、受封する王国の封建領域を規定することであったことがわかる。このこと
から、始封の領域には正確な時間的な始点があったことがわかる。周代冊封制度の伝統に依拠す
れば、「輿地図」を頒賜することは、漢代の分封儀礼の重要な部分であった可能性が高い。陳戌
国『中国礼制史』秦漢巻 (湖南教育出版社、1993 年) を参照。漢初の始点から景帝時期に至る
までの楚国の属県の変動に関して、筆者は別稿で探討する予定である。

(11)　『漢書』張耳陳余列伝「高后崩、大臣誅諸呂、廃魯王及二侯。」

(12)　『史記』漢興諸侯王年表は誤って楚を分けて魯国を復置したのが景帝二年だと記しているが、
従うことはできない。三年に乱を平定した後であると考えられる。

(13)　周振鶴『西漢政区地理』27 頁参照。

(14)　周振鶴『西漢政区地理』27 頁参照。

(15)　周振鶴は当時の楚国の封域に広戚・陰平の二県が別に加えられたと考えている。「西漢諸侯
王国封域変遷考」(『中華文史論叢』1983 年第 3 輯) を参照。

(16)　この他にも、景帝前三年以前に楚王国が自ら彭城郡を分けて沛郡を設置したと推測をする研
究者がいる。(前掲の馬孟竜『西漢侯国地理』を参照)。漢代の諸侯王が封域中から属郡を分置す
る類似の旁証は、呉芮が長沙王に封じられた後に、長沙郡の南部の地を分けて桂陽郡を置いたや
り方である。また、ある研究者は大彭城郡の局面は宣帝地節二 (前 68) 年まで維持され、この
時に初めて沛郡を分置したと推測している。(前掲の韋正「従出土印章封泥談漢初楚国属県」を
参照)。この推測は漢景帝が乱の平定後に封国勢力に打撃を与えたという歴史的事実と食い違う
ため、成立しがたい。

(17)　周振鶴『西漢政区地理』、28 頁参照。

(18)　王先謙『漢書補注』高帝紀下。

(19)　馬非百『秦集史』下 (中華書局、1982 年) 598 頁。

(20)　辛徳勇『秦漢政区与辺界地理研究』、9 頁、84 頁を参照。

(21)　后暁栄『秦代政区地理』第五章を参照。

(22)　后暁栄『秦代政区地理』、238 頁。

(23)　馬非百『秦集史』、614 頁。

(24)　『史記』高祖功臣侯者年表。

漢墓印章封泥と楚国の始封属県　153

(25)　2001 年に公表された張家山漢簡『二年律令』秩律は高后初期における漢の中央管轄の二百
　　余りの県名が記録されており、前漢初期における漢の中央直轄区の範囲が反映されている。ここ
　　に記載された東郡属県には東阿、聊城、観、白馬、東武陽、荏平、甄（鄄）城、揟（頓）丘など
　　がある。

(26)　馬孟竜「西漢梁国封域変遷研究」（『史学月刊』2013 年第 5 期）を参照。この論文で考訂さ
　　れた「高帝六年彭越梁国封域図」の中では、須昌は梁国に属している。

(27)　「泰山司空」封泥の手がかりを根拠として、研究者は泰山郡が秦代に設立された可能性もあ
　　ると考えた。しかし、当時は岳麓秦簡を見ることはできなかった。辛徳勇『秦漢政区与辺界地理
　　研究』、89 頁。

(28)　陳松長「岳麓書院蔵秦簡中的郡名考略」（『湖南大学学報』、2009 年第 2 期）を参照。

(29)　『漢書』中山勝王伝に「令諸侯私恩自裂地分其子弟、而漢為定制名号、輒別属漢郡」とある。

(30)　王鳴盛『十七史商榷』巻十七。

(31)　馬孟竜「西漢梁国封域変遷研究」（『史学月刊』2013 年第 5 期）を参照。朝廷は楚元王子劉
　　礼を封じて平陸侯とした。武帝以前には王子侯国はすべて本王国の境域内に置かれたので、平陸
　　が楚国薛郡に属する証明となる。

(32)　上掲の周振鶴『西漢政区地理』58 頁を参照。『漢書』地理志の文脈から見て、瑕丘の上下の
　　文はいずれも侯国であるため、明らかに「侯国」の二字が抜け落ちているといえる。

(33)　王良田「梁王彭越時期梁国疆域図」（『前漢梁国』、中国広播電視出版社、2003 年）、19 頁。

(34)　周振鶴『西漢政区地理』、28 頁。

(35)　馬孟竜『西漢侯国地理』、438 頁。

(36)　この 3 枚の封泥のうち、現時点で刊行された論文中に図が掲載されているものは 1 枚ある。
　　他の 2 枚については図版がまだ公開されていない。

(37)　呉式芬、陳介祺『封泥考略』（浙江人民美術出版社、2013 年影印本）。

(38)　周振鶴『西漢政区地理』34 頁。

(39)　秦の封泥には「游陽丞印」が確認できるが、『史記』・『漢書』には記載されていない。后暁
　　栄『秦代政区地理』、239 頁を参照。

(40)　后暁栄『秦代政区地理』、247 頁。

(41)　劉慶柱「西安相家巷遺址秦封泥考略」（『考古学報』2001 年第 4 期）。

(42)　呉式芬、陳介祺『封泥考略』。整理番号は第 25 号。

(43)　『史記』高祖功臣侯者年表では故城侯尹恢に作る。『漢書』高恵高后文功臣表では城父侯と記
　　されている。

(44)　この 8 枚の封泥官印のうち、現時点で刊行された論文中に図が掲載されているものは 5 枚あ
　　る。他の 3 枚については図版がまだ公開されていない。

(45)　『史記』功臣侯年表によれば、楚王劉交は高帝六年正月丙午に封建されている。留侯張良も
　　正月丙午に封建されており、侯国は留県に置かれている。建成侯国は高帝六年正月丙戌に封建さ

れており、劉交の封建よりも早く、侯国は沛県胡陵に置かれている。胡陵は秦漢交代期の屠城の被害によって、漢初に県レベルの編制を取り消されているので、ここに至って県レベルの侯国の区画に戻されたといえる。よって、劉交が封建された際の所轄の侯国は建成・留の二国のみであったとみられる。

（46）　一般的には諸侯国の属県を数える際には侯国も算入されていると理解される。周振鶴『西漢政区地理』等はこのような見解である。しかし、韋正は、算入するか否かについてはまだ検討の余地があると考えている。前掲の韋正論文を参照。

（47）　これまでの研究でも、例えば劉賈荊王三郡の 53 城に対する考察のように、導き出された県数が『史記』・『漢書』の述べる 53 県にちょうど一致しているものもある。周振鶴『西漢政区地理』、36 頁を参照。

（48）　この時期には楚国の封域内に全部で 13 の侯国が封じられていた。それらは留、建成、魯、汁防、武原、東茅、槀、寧陽、穀陽、下相、梧、樊、傅陽である。これについては『西漢侯国地理』中編を参照。芒は淮陽郡に位置するため、算入する必要はない。この中には本論文で導き出した 48 県以外に、さらに汁防、武原、東茅、槀、穀陽、樊の 6 県が見られる。

六朝都城考古学の新進展

賀　雲　翔

（訳）新津　健一郎

　南京はかつて六朝の都城であり、ここにおいて創出された六朝都城のプラン・構造は古代都市建設の水準と文化的成果を表す。六朝時代は中国ないし東アジア地区における文化の一大変革期であった。中国では草原の民が初めて中原を支配し、黄河流域の人々は故郷を離れて江南にのがれ、以後200年、長江南岸の建康が華夏文明の中心地となった。実物資料を通じてこのような歴史的変動を明らかにすることは重要な学術課題である。また六朝時代には南アジアに由来する仏教文化が東アジア全域に初めて浸透した。南京は六朝政治・経済・文化の中心であり、東アジア文化と南アジア文化の衝突・融合が進む中心の一つであり、その文化的影響力は東アジア諸国に及んだ。まさしく日本の吉村怜氏が「6世紀における南朝は文化的に見れば、東アジア世界に君臨した太陽の如き存在であって、これを取り巻く北朝や、高句麗や、百済や、新羅や、日本など周辺諸国はいずれも大小の遊星にすぎず、南朝から放射される卓越した文化を、あたかも陽光のように受けとめていた」と述べるごとくである[1]。それゆえ、六朝都城考古学はこの歴史過程を描き出し、各々の文化共同体の比較を進めるという重要な学術事業なのである。

一　六朝都城考古学の簡単な回顧

　六朝都城考古学の研究は1930年代に始まった。初期の主要な成果には朱偰氏（中央大学［現・南京大学］教授）の『金陵古蹟図考』があり、氏の復元による「呉都建業図」・「東晋建康図」や「南朝都建康総図」はとりわけ大きな影響を残した[2]。1963年に南京大学歴史系教授・蔣贊初氏が出版した『南京史話』も六朝都城の城址・配置などの内容に言及する書物であった[3]。1990年代に至ると、六朝都城に関する研究成果はますます増加する。主なものとして張承宗『六朝史』「六朝的都城建康」、郭湖生「六朝建康」、李蔚然『六朝都城建康発展概述』、楊寛『中国古代都城制度史』、馬伯倫氏らの『南京建置志』等があるが、ほとんどは文献史料に依拠する研究であった[4]。けれども郭湖生・馬伯倫両氏の成果は画期的なもので、六朝宮城区を今の東南大学成賢街の西、北京東路の南、進香河の東に比定す

156　第2編　中　国

る朱偰氏らの見解を覆し、大行宮一帯こそ宮城区にあたると指摘したことは、後に考古調査により実証された。他に羅宗真『六朝考古』第2章「城市遺址」も六朝都城の範囲を推測し[5]、前後して郭黎安『六朝建康』・盧海鳴『六朝都城』も出版された[6]。この時期、日本・台湾など海外の研究者も六朝都城研究を展開した。これら六朝都城研究の著作はやはり主に文献史料に依拠するものだったが[7]、もちろんこうした研究成果が六朝都城の考古学にとって重要な促進要因となったことは間違いない。

　三国両晋南北朝期は多政権並立の時代であり、都城の考古学研究は早くから重要視されてきた。曹魏・西晋・北魏洛陽城、曹魏・東魏・北斉鄴城の考古学研究は1960年代に開始され、孫呉初期の武昌城（呉王城）の考古調査も1970年代に成果を挙げたが[8]、六朝の都城たる建業・建康城の調査はこの間重視を受けてこなかった。その主な原因は六朝期都城の遺跡が今日の南京市街の地下にあり、洛陽古城や鄴城遺跡のように大規模考古発掘を行なうことが困難な点にあった。もちろんこの間、考古学界がこの問題を等閑に付してきたことも否定はできない。

　フィールドワークを主とする六朝都城考古学の調査は20世紀末から21世紀初めに始まった。これは、改革開放以後、都市建設とともに展開した新潮流である「都市考古学」に属するものだった[9]。1996年6月、当時整備中だった南京市文物考古研究所のスタッフは鎮江古城考古所を訪れて視察・交流を行う機会を得た[10]。1990年代の南京では、他の都市に比べて法令整備の問題と予算の不足が都市考古学の発展を妨げていたが、筆者は南京市文物研究所の同僚と共に大型建設工事の現場で可能な限り実地調査を行った。1999年4月には鍾山南麓にて六朝都城礼制建築に関連する祭壇の遺構を発見し[11]、六朝都城の重要な構成要素である石頭城について初歩的検討を行い[12]、六朝都城における重要な建築空間たる西州城の位置についても考古資料を用いて基礎的研究を行った[13]。筆者は六朝都城遺構から出土した軒瓦[14]・垂木先瓦[15]についても専門研究を進め、六朝都城瓦当研究の基礎を構築するとともに国内及び韓国・日本の研究者の関心を惹起し、一連の論文をまとめて2005年に『六朝瓦当与六朝都城』と題する書物を出版した。六朝都城考古学のその他の成果は近年上梓した『六朝文化：考古与発現』に収めている[16]。

　六朝都城の大規模発掘が始まったのは2001年5月である。王志高氏をリーダーとして南京老虎橋工事現場にて六朝台城の考古探索が着手され、大行宮地区で六朝宮城区に関連する城壁・道路等の遺構や大量の瓦当などの遺物を発見した[17]。以来、南京市博物館の考古スタッフは市内の多くの工事現場で考古発掘を展開してきた。その主要な成果は、2015年に出版された王志高『六朝建康城発掘与研究』をはじめとして現在陸続と公表されている[18]。

二　六朝都城考古の重要な発見

（一）　都城中心区の発見

　古代都城は一国の政治的中心である。ゆえに、その中心はすなわち宮城区ということになる。1930年代から80年代まで、六朝都城の中心区は概ね今の成賢街、東南大学一帯（珍珠河以西、進香河以東、北京東路以南、珠江路以北）に比定されてきた。1936年の朱偰氏による空間比定・復元図作成以来60年余りこのように理解されてきたのである。だが1990年代に入り、郭湖生氏・馬伯倫氏がそれぞれ六朝台城を現在の大行宮地区に比定する説を公表した。筆者自身、1997年から2000年まで成賢街・四牌楼街道での水道管掘削及び東南大学の講義棟建設の際に地層と出土遺物を実見したが、宮城関連遺構は確認できず、六朝宮城区は東南大学構内と考えるべきではないと認識した。[19]

　2001年から、王志高氏らは東南大学西南側かつ進香河東側、かつての老虎橋監獄区域内で考古発掘を実施したが、これも宮殿遺構とは判断できず、六朝初期の地層も発見されなかった（図1）。この後、従来六朝宮城区内に比定されていた成賢街西43号院、成賢街東側の星漢ビル、成賢街の東南大学成園、北京東路南の東南大学キャンパス北部科技棟、成賢街東南の浮橋、珍珠河東側と珠江路北側の華能城市花園（図2）等の工事現場にて相次いで考古発掘を行ったが、いずれの地点でも六朝建康の宮城ないし都城にあたる建築遺構や遺物は確認されなかった。王志高氏は2002年1月に華能城市花園工事現場の発掘終

図1　老虎橋発掘地点

図2　華能発掘地点

158　第2編　中　国

了に際し、既に「旧説を完全に否定できる」だけの十分な材料があると述べた。こうして[20]
彼と南京市博物館考古部のスタッフは六朝都城宮城区探査の対象を珠江路以南・城東幹道
以西の地区に移した。

　2002年3月から2007年12月まで、南京市博物館のスタッフは大行宮を中心とする区
域内の建設工事現場20箇所余りについて大規模考古発掘を行い、重要な成果を得た。大
行宮路東南、太平南路東側の新世紀広場工事現場（図3）及びその北側の南京図書館新館
建設現場、利済巷西側の長発ビル工事現場（図4）等において、六朝宮城区に関連する重
要な遺構や遺物が出土したのである。具体的には、西に25度傾いて南北に走る大通りと
磚積みの排水溝、これと交差する東西方向の大通り、南京図書館新館建設現場で出土した
東西方向の城壁（幅：［前期］12.4m・［後期］13.15m）、城壁北側角及び城壁外の濠（［前期］
幅9.75m、深さ2m・［後期］幅5.6m、深さ1.1m）、利済巷の西から東箭道の東にかけて幅広の
城壁（幅24.5m）及びその外側の濠（前期の幅17.25m）、大型の板築基壇・木橋建築遺構・
井戸・各種瓦当・銘文磚・鉄絵青磁の残欠などが見つかった。なかでも「出土した磚銘は、
これらの遺物が台城と関連することを証明するだろう」（王志高）。2004年12月、新街口
地区の程閣老巷、洪武南路交差西南側の工事現場にて南北に走る東晋・南朝時期の道路
が、游府西街の小学校建設現場では東西に走る南朝版築基壇（幅南北7.5m、残高0.5m、版
築4層残存。図5）がそれぞれ確認された。鄧府巷では南北方向の城壁が発見され、水門と
濠の遺構も確認された（図6）。2010年9月から翌年5月、楊公井太平南路、淮海路交差[21]
点の南北両側で孫呉・東晋期の版築土壁、孫呉から宋代の濠・南朝期の道路などが発見さ
れた。王志高氏によれば、その地点は建康宮城の東南外側・御道東側に位置する孫呉時代
の遺構であり、あるいは孫皓期の昭明宮遺跡かもしれないという。また2011年5・6月、
白下路・長白街交差点の西北側で南朝期の版築土壁と孫呉・南朝期の水濠遺構が出土し、
この地点について氏は六朝建康都城の南城壁にあたると推測した。確認された城壁・濠の[22]
遺構からは概ね次のように考えられる。六朝宮城区（孫呉昭明宮・東晋南朝宮城。孫呉太初
宮は除く）の中心的範囲はおおよそ、東は現在確認されている利済巷西の城壁まで（この
城壁が宮城東壁であるどうかは措くが、筆者は肯定的な考えを強めている）、南は游府西街小学
校内発見の城壁まで、西は鄧府巷で出土した城壁まで（ただし、さらに西で宮城城壁が見つ
かる可能性は排除しない）、北は珠江路以南の区域である（図7）。けれども、これまで確認
された城壁・濠・道路遺構は相互に規模の差が大きく、宮城区北壁遺構も未発見であるか
ら、これらが一連のものとして空間を形成していたとは考えにくい。今後この範囲で考古
調査が進めば、六朝都城の中核区域について、より詳細な情報を得ることができるだろ
う。

図3 新世紀広場の道路・排水溝遺構

図4 利済巷西側にて発見された城壁遺構

図5 游府西街にて出土した排水溝

図6 鄧府巷発掘地点にて発見された城壁（左）、水門遺構（右）

図7 考古資料から推定される六朝宮城区

図8　石頭城にて出土した六朝期遺物

他に、中華路（かつての「南唐御道」）東側の中華広場では南北に走る六朝期の道路遺構が発見され、王志高氏によって六朝都城の宣陽門・朱雀門間の御道遺構と推定された。[23] これは都城の南北中軸線、さらには南面の正門たる宣陽門、秦淮河のほとりに位置した朱雀門の位置を確認するうえで重要な手掛かりとなり、また六朝都城と南唐都城の南北中軸線（今日の中華路）が空間的に相当近接していたことを示すものである。[24]

（二）　石頭城の発見

石頭城は孫呉建国以前の建安17（212）年に、孫権が南京に築いた最初の城塞である。以後六朝都城の重要な構成要素であり、隋代には蔣州の治所となった。その位置については従来、①清涼山の北・四望山の南、②草場門一帯、③清涼山と漢中門の間、④漢中門石城橋の西など諸説があった。1998年から1999年、南京市文物研究所は考古調査等によって六朝石頭城の四方の城壁を探り当て、[25] 2010年から2013年には数次の発掘によって城壁の配置・構造・修築技術・年代変化などを確認した[26]（図8）。石頭城遺跡の発見は、六朝都城における川沿いの防衛配置、「通江達海」と言われる交通及び秦淮河の長江流入口との関係、都城中心区と浜江軍事城塞との交通路、六朝都城の巨視的構造といった問題に対し大きな意義をもつ。

（三）　西州城の位置確認

西州城は六朝都城における揚州の治所で、歴史文献にもしばしば言及があるものの、その具体的位置については大いに議論がある。筆者はかつて諸説を考察・整理したが、まとめるとおよそ6説に分岐する。1997年から1998年、筆者は建鄴路以北、長府園一帯の建設工事現場で出土した古運河遺構・木造建築遺構・瓦当と陶器、銘文磚等の実地調査を行い、六朝西州城の範囲は今の建鄴路以北、豊富路一帯以西、三元巷・秣陵路以南、省委党校以東一帯であることを確認した。[27]

（四）　仏教寺院遺構の発見

六朝を含む三国両晋南北朝時代は、インドから伝来した仏教が急速に中国文化に浸透し、また東アジア文化に対しても大きな影響を及ぼしていった時期であり、ゆえにこの時期の

図9　栖霞山石窟　　　　　　　図10　南朝上定林寺遺跡出土蓮華紋瓦当

　仏教考古学は都城考古学の重要な内容の一つとなる。とりわけ六朝都城は「南朝四百八十寺、多少の楼台煙雨の中」（杜牧「江南の春」）とは言われながら、仏寺遺構等の発掘は長く手付かずであった。かつて筆者は1989年から1991年に中国・日本の共同で進められた「仏教初伝南方ルート」プロジェクトに参加して六朝仏教考古学に関心を抱き、1999年から2000年には栖霞山南朝・唐代石窟寺院の発掘の責任者として六朝都城を中心とする仏教文化の様相に初めて触れた（図9）。1999年の秋・冬には鐘山南朝北郊壇建築遺構の発掘期間中に鐘山南麓にて南朝寺院遺構を発見して試掘を行い、さらに二次試掘によって南朝期の寺院建築基壇・道路・井戸・貯水池・排水溝等の遺構及び建築瓦当・華紋磚・塑像仏残欠・陶磁器残欠・鉄五銖銭等の遺物を発見した（図10）。これらに検討を加え、南朝仏教史上に重要な地位を占める上定林寺の遺跡であることを明らかにした。同時に、その付近を調査して南朝時期の下定林寺遺跡・開善寺遺跡等も確認した。ここで出土した遺構・遺物は南朝仏寺建築及び仏教文化ないし東アジア地区における「定林寺」の文化系譜の研究に対して大きな意義がある。

　2002年3月、南京市升州路北、鼎新路西側の紅土橋建鄴区国税ビル建設工事現場にて南朝期の灰穴から塑像仏の残欠が出土した。総数は80余り、形を判別できるのは30余りで、仏像の頭部と身体部分の二種に大別できる（図11）。王志高氏はこれらについて次のことを指摘する。まず、像は部品を組み合わせて作られていること、アシの茎を束ねて心木とし、外側に粘土を盛って衣紋など細部のデザインを施し、そして乾燥して焼成するまでに施釉・絵付けを行っていたことである。この技法は韓国百済の土製仏像と同一であり、ここに、当時の南朝と百済の仏教文化交流を研究する上で重要な価値がある。氏はまた土製仏像の出土地点は南朝時代の「延興寺」所在地であったとも述べる。[28]

　さらに、南京市新街口・徳基広場工事現場では南朝金銅仏（残欠含む）が見つかった。南朝金銅仏としてはじめての重要な発見である（図12）。残念ながらここで出土した大量

162　第2編　中　国

図11　南京市升州路北・鼎新路西側工事現場出土塑像仏

図12　南京市新街口・徳基広場出土金銅仏残欠　　図13　鍾山開善寺遺跡出土石塔

の遺物は民間に流れ、僅かに一部の遺物が現在南京六朝都城博物館・南京市博物館・南京博物院等の施設で展示されるに過ぎない。(29)だが、これらの資料は当時の南朝と東アジア地区の百済・高句麗ないし倭国等との密接な仏教芸術交流関係を証明するに足るものであろう。

　加えて注目すべきは、1997年から1998年の明孝陵考古調査において、明孝陵宝頂の東側（開善寺遺跡）で筆者が発見した南朝期石塔である(30)（図13）。側面には木造建築を模したレリーフが彫られており、当時の東アジアにおける木塔造形・構造の研究に大きな意義を持つ。

（五）　六朝都城の礼制建築に関する遺物の発見

　中国古代の都城は礼制の上で高い地位にあり、都城考古学にあっても礼制建築の探査は重要な作業の一つである。1999年4月、明孝陵考古調査の際に、筆者は中山陵園管理局の担当者から紫金山南麓の山中に土台があることを耳にしたため、現地調査の実施を決定した。以後2年間考古発掘を行い、これが南朝劉宋の大明年間に造営された北郊壇遺構であることを確認した(31)（図14）。今のところその基本的性格には議論の残る点もあるが、発

蓮花紋器座頂部　　　　蓮花紋器座側面　　　　蓮花紋瓦当　　　　　蓮花紋瓦当

   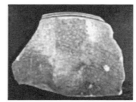
筒瓦　　　　　　"西"銘文磚　"東"銘文磚　　　罐系　　　　　　碗沿

図14　鍾山南朝北郊壇遺跡出土物

見者・発掘責任者たる筆者としては考古調査の結果に依拠すべきと考える。すなわちこれは六朝都城の考古調査においてで初めて発見された国家的儀礼建築の遺構といえる。だからこそ「中国2000年重大考古発見」に選ばれ、国家重点文物保護単位に指定されたのである。南朝北郊壇遺構の発見は六朝都城のプラン、中国都城郊壇制度の変化及び初期北郊壇の建築様式、南朝瓦当の様式等に関する諸問題の研究に手掛かりを与えるものであろう。

　2006年5月、南京大学文化・自然遺産研究所の路侃氏らは中華路東三山街の上府園建設工事現場にて劉宋大明五（461）年「明堂」磚を発見した。筆者の研究により、その出土地点は以前に『六朝瓦当与六朝都城』にて推定した南朝明堂の位置にほど近く、六朝都城御道の東・宮城及び都城軸線の東南・秦淮河以北の地（丙巳の地）と判明した。[32]

　この他、近年、初歩的な考古成果に依拠して六朝都城の空間における現在の夫子廟地区劉宋銭署所在地[33]、東八府塘等の地区の梁代鋳銭作坊地区[34]、東府城[35]、東治[36]、建康宮城中心の南北主要道路[37]、六朝都城の四方の境界や外郭について考証を行うむきもあるが、多くはいまだ考古資料によって確実に証明されていない。とはいえ、こうした成果も今後の六朝都城考古調査推進に向け重要な参考となる。

三　六朝都城考古中の重要遺物の発見と研究

　都城考古学は都市空間の配置・構造及びプランに関する発掘・研究の他、出土遺物やそれが反映する文化のありようにも関心を払う。六朝都城考古研究にあっては文化の構成要素を示す貴重な遺物が既に多く確認されており、主な成果として次のようなものがある。

（一） 瓦当（軒丸瓦）及び造瓦技術

六朝瓦当は今日六朝及び東アジア各国の都城考古学の主要テーマの一つとなっている。筆者が1994年に初めて関心を持ったとき、当時の考古学界でこの課題はほとんど認識されていなかった。1998年に筆者は六朝瓦当の文字に関する初めての文章を公表し、南京市文物局の報告会を通じて六朝瓦当研究について市の文博・考古界の関心を得た。以後十数年のうちに国内外で六朝瓦当・垂木先瓦に関連する学術論文を相次いで発表し、2001年には瓦当出土地点を通じて六朝都城街区と重要建築との関係を考証する『六朝瓦当与六朝都城』を上梓し、相前後して韓国・日本でそれぞれ行われた六朝瓦当と中国北朝・百済・新羅・高句麗・日本飛鳥時代などの瓦との比較研究会議にも参加した(38)。六朝都城出土瓦当については他に王志高・賈維勇・馬濤ら各氏も研究を進め(39)、韓国・日本の多くの学者の注目を受けている。両国には古代瓦当の研究に関する専門の学術組織があり、毎年学術活動を行い、出版物を公表している。

これまで、六朝都城や六朝域内の瓦には雲紋・人面紋・獣面紋・蓮花紋・無紋といった各種類型があり（図15）、それぞれ系統的及び時間・空間的変化をみせることが確認されている。軒丸瓦と垂木先瓦とは文化の標識としての意義を持ち、各々の国家・民族間の文化交流を示す指標となる。六朝都城は東アジアにおける大陸文明の中心であり、その瓦当様式は文化伝播の源として各国考古学者の注目を集めている。だが、各紋様の起源・意味・時期区分といった問題は多くが未解決である。また関連する議論は共伴出土物の性格や文化伝播関係の認識にも及び、議論の更なる深化及び考古資料の新発見が待たれる。

軒丸瓦の他、六朝都城で出土した平瓦・丸瓦・軒平瓦・磚等の研究も近年高まりをみせ、日中の学者による共同研究が進められている。筆者も王志高氏と共に論文発表や国際会議への参加を通じ研究を進めてきた(40)。この方面では日本の研究者が最も精緻な仕事を行っており、最近では佐川正敏氏が鍾山南朝北郊壇建築遺構出土の瓦の中に粘土板巻き作りの痕跡を見出している（図16）。この技術は百済・飛鳥時代の日本で共に用いられたもので、佐川氏はこの資料に基づき、「粘土板巻き作り南朝主流」仮説を唱える(41)。

また王志高氏は、六朝都城の出土遺物中に後漢後期から孫呉時期に至るとみられる粘土板巻き作り瓦の資料を見出し、この造瓦技術の使用開始年代を大きく遡らせた。また六朝都城の平瓦・丸瓦の変化を整理し、二期・三段階に区分した(42)。その内容は次の通り。

前期前半段階：後漢末期～孫呉の建業遷都（黄龍元[229]年）以前

瓦の凸面には縄叩きやロクロ回転による凹線紋様がある。丸瓦部は比較的薄く、凹面は平滑でないことが多く、布紋・大型の菱形方格紋や密集した小型乳釘紋のあるものも少数

六朝都城考古学の新進展　165

図15　南京出土六朝瓦当（上段左：雲紋、右：人面紋、下段左：獣面紋、右：蓮花紋）

図16　南京出土南朝瓦（左：粘土板巻き作りの丸瓦、右：軒平瓦［滴水瓦］）

ある。丸瓦の瓦身と玉縁とを接着した痕跡はなく、同時に成型されたとみられる。瓦は製作段階では円筒状に成形されるが、半乾燥ののち分割のため切り込み。丸瓦ではその切り込みは外から内に、平瓦では内から外に向く。

前期後半段階：孫呉建業遷都（黄龍元年）～西晋

瓦身はより重厚になり、凸面に縄叩き。丸瓦の凸面装飾も複雑化し、縄紋・鳥紋・銭紋・方格紋・三角型銭文・葉脈紋・弦紋・文字等を組み合わせたものになる。平瓦・丸瓦の凹面はみな布目痕があり、布袋を被せた成形用筒の使用を示す。みな内から外への切り

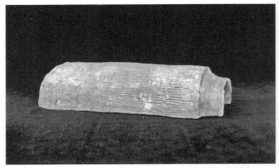

図17　南京出土六朝丸瓦（左：前期後半段階、右：後期）

込みを示し、丸瓦の瓦身と玉縁は接着の痕跡がある。一部（B型）平瓦は端面に縄叩きがあり、後の「花辺瓦」（押圧による波状紋を持つ軒平瓦）の原型をなす。B型丸瓦は玉縁がやや長く、時期は東晋初年に及ぶ可能性がある（図17左）。

後期：東晋南朝

瓦の凸面はみな無紋で、縦向きに竹木片によるケズリ跡がある。凹面には布紋があり、みな内から外への切り込みを呈する。一部（G型）平瓦は凸面辺縁に指おさえの凹痕があり、前期B型平瓦の延長といえる。新たに花辺平瓦が出現。粘土板巻き作りが盛行（図17右）。

以上のような瓦の形式・造瓦技術の変容の背景には、工人集団の出自・構成、思想観念の変化、建築形式や効果に関する要求、造瓦管理体制、文化交流・伝播等の変化が想定され、今後の研究が待たれる。

（二）　土器・陶磁器

土器・陶磁器は六朝都城で最も多く出土する遺物で、当時の都市住民の生活、輸送・交易や生産、美意識、文化の形態といった問題の研究に大きな価値をもつ。近年は都城考古調査の中で発見された資料を墓葬や窯跡から出土した関連資料と結び付けることにより、孫呉期の鉄絵青磁（釉下に鉄釉により紋様を施した青磁）[43]（図18）、南朝「太官」銘陶器と官窯制度[44]、銭文陶磁器（図19）の生産と用途及び百済との交流[45]、六朝期陶磁器の輸出といった諸課題の考察が進められている。王志高氏は南京顔料坊工事現場で出土した六朝墨書陶器（図20）について、墨書を姓名・器名・用途・吉語・符号・記事の六種に分類し、一部は磁器貿易や徴税に関連する可能性、出土地点が秦淮河二十四航（渡し場）の一つである竹格航の所在地であった可能性を指摘する[46]。

図18　南京黄冊家園出土孫呉期鉄絵青磁

図19　銭文陶磁器（左から南京出土［2点］、韓国出土、ベトナム出土の資料）

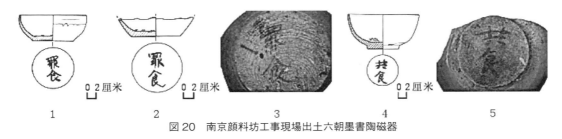

図20　南京顔料坊工事現場出土六朝墨書陶磁器

（三）　都城考古学において発見されたその他の出土文物の研究

　以上の他、六朝都城の発掘によって南朝期「四銖」「公式女銭」等の鋳銭鋳型、東晋南朝の下駄、孫呉木牘・ガラス・冶鉄遺跡等も出土している。邵磊・王志高・楊明生氏らはこれらについて、六朝期の銭貨鋳造制度・貨幣流通や鋳金技術から都城における手工業施設の配置・都市生活の仕組みやその東アジア諸国への影響等について検討を行い、成果を上げている。

　むろん、広義の都城考古学は郊外の墓葬にも及ぶ。なぜならば、墓主の多くは都市生活者であって、その副葬品類は都市生活の一面を示すからである。だが本稿では六朝都城内での発見に重点を置いたため、墓葬研究の成果は割愛する。

168　第2編　中　国

　以上、1990年代後半以来20余年にわたる六朝都城の考古調査によって得られた成果を
まとめると次の通り。

①東晋南朝建康城の宮城区とその東・南・西面城壁、濠、道路、建築遺構等を発見。

②六朝都城の南・東面城壁及び濠の遺構、都城の中軸線（御道遺跡）、中軸線東側の明堂等
　の建築遺構を発見。

③石頭城遺跡、南朝北郊壇遺構、西州城・東府城、東冶、劉宋銭署等を発見。

④六朝時代の仏教に関わって鍾山二号寺（上定林寺）、延興寺、開善寺（石塔）等の遺構を
　発見。

⑤六朝都城の高級建築物とその外観や特性及び東アジアの建築文化に深く関わる瓦当の種
　類・系統、平瓦・丸瓦の製作技術等を解明。

⑥都市生活に関わる遺物、例えば鉄絵青磁、墨書陶磁器、下駄、銭文陶磁器、官窯産陶磁
　器、銭貨や鋳銭関連遺物・遺構等を発見。

　これらの発見は、今後六朝都城考古研究の深化や東アジア地区の文化交流をめぐる諸問
題の研究を進める上で重要な基礎となるだろう。

　以上、遺漏は少なくないと思われるが、諒とされたい。

　　　注

（1）　吉村怜『天人誕生図の研究：東アジア仏教美術史論集』東方書店、1999年、272頁（中文
　　　版：卞立強・趙瓊訳、中国文連出版社、2002年、175頁）。

（2）　『金陵古蹟図考』（商務印書館、1934年）第四章「六朝城郭宮闕遺址」・第六章「南朝四百八
　　　十寺」参照。朱氏は該書凡例にて「本書の研究方法は実地調査を主とする。筆者は民国22
　　　（1933）年から24年（1935）まで3年間金陵に滞在し、ドイツの哲学博士Metzner・オースト
　　　リアの音楽博士Strasslと共に金陵の史跡について実見調査を加え、写真撮影・測量を行」っ
　　　たと述べており、フィールド調査を方法とする六朝都城研究の開拓者といえる。

（3）　第4-7章を割いて孫呉の首都建業・東晋南朝の首都建康の内容を述べ、「南京歴代都城相互関
　　　係図」を付す。本書は1963年中華書局から初版、1979年重版、1980年に江蘇人民出版社から
　　　再版。本稿は江蘇人民出版社版による。

（4）　張承宗『六朝史』江蘇古籍出版社、1991年。郭湖生「六朝建康」『建築史』54、1993年。他
　　　に同「台城弁」『文物』1999年5期。李蔚然「六朝都城建康発展概述」『東南文化』1998年増
　　　刊号。楊寛『中国古代都城制度史研究』上海古籍出版社、1993年（上編第12章「東呉都城建
　　　業和東晋南朝都城建康」）。南京市地方史編纂委員会『南京建置志』海天出版社、1994年（第3
　　　章「六朝京都」は孫呉・東晋南朝の都城構造について緻密な考察を行う）。

（5）　羅宗真『六朝考古』南京大学出版社、1994年。

（6）　郭黎安『六朝建康』香港天馬図書有限公司、2002年。盧海鳴『六朝都城』南京出版社、2002年。

（7）　この方面では日本の研究者による成果が豊富である。張学鋒「六朝都城的発掘与復原新思路」（『南京暁荘学院学報』2006年2期）は岡崎文夫・中村圭爾・外村中・秋山日出雄各氏の説を取り上げている。また盧海鳴前掲書第3章第2節「都城」及び拙著『六朝瓦当与六朝都城』（文物出版社、2005年）図50–55も参照。

（8）　蔣贊初等「六朝武昌城初探」中国考古学会編『中国考古学会第五次年会論文集』文物出版社、1985年。

（9）　拙稿「在名城建設中崛起：鎮江城市考古側記」及び「'95鎮江『城市考古学述座談会』紀要」（『南方文物』1995年4期）参照。

（10）　1996年6月、南京市文物研究所の整備計画を担当していた筆者は、当時の南京市文物局局長・譚躍氏と共に鎮江古城考古所に赴いた（劉建国主編『名城地下的名城：鎮江城市考古紀実』江蘇人民出版社、2006年、157頁参照）。また1996年下半期・97年上半期には、南京市文物研究所の邵磊・路侃・王碧順ら各氏と共に市内の多数の建設工事現場で考古学調査・資料採集を行い、南京市文物局の呉栄発・董長勝・蔣耘・沈光栄ら各氏の支持・参加を得た。こうした中で、筆者は六朝都城考古学研究に関して深く啓発を受けた。

（11）　賀雲翱他「南京鍾山南朝壇類建築遺存一号壇発掘簡報」『文物』2003年7期。拙稿「発現最早的地壇遺存：南京鍾山六朝壇類建築遺存」『2000年中国年度十大考古新発現』三聯書店、2015年。

（12）　賀雲翱・邵磊「南京石頭城遺址1998–1999年勘探試掘簡報」『東南文化』2012年2期。

（13）　拙稿「六朝"西州城"史迹考」『南京史志』1999年3期。

（14）　筆者は1994年以来南京六朝瓦当に関心を持ち、1998年に六朝瓦当の系統に関する認識を発表して以後（「六朝瓦唐初探」『六朝文化国際学術検討会論文摘要（東南文化増刊号）』）、六朝瓦当をめぐる一連の問題を考察してきた。「南京出土六朝瓦当初探」（『東南文化』2003年1期）、「南京出土的六朝人面紋与獣面紋瓦当」（『文物』2003年7期）、「南朝時代建康地域蓮華紋瓦当의（の）変遷과정（過程）및（と）관련문제의（関連諸問題の）研究」（韓国韓神大学主編『漢城期百済의（の）물류시스템（物流システム）과（と）対外交渉』学研文化社、2004年）、「南京出土六朝獣面紋瓦当再探」（『考古与文物』2004年4期）、『六朝瓦当与六朝都城』（文物出版社、2005年）、「南京鍾山二号遺址出土南朝瓦当及南朝上定林寺関係研究」（『考古与文物』2007年1期）、「南朝瓦総論」（奈良文化財研究所『古代東アジアの造瓦技術』2010年）、「六朝瓦当研究回顧与若干問題的探討」（『東南文化』2011年2期）等参照。また拙著『六朝文化：考古与発現』（生活・読書・新知三聯書店、2013年）、同『談瓦説陶』（南京出版社、2014年）等も参照。

（15）　賀雲翱・邵磊「南京出土六朝椽頭装飾瓦件」『文物』2001年8期。拙稿「南京出土六朝椽当

170　第 2 編　中　　国

初研」『文物』2009 年 5 期。

(16)　拙著『六朝瓦当与六朝都城』文物出版社、2005 年。同前掲『六朝文化：考古与発現』。

(17)　王志高・賈維勇「六朝古都掀起蓋頭」『中国文物報』2004 年 3 月 10 日。王志高「南京大行
　　　宮地区六朝建康都城考古」国家文物局主編『2003 年中国重要考古発現』文物出版社、2004 年。
　　　王志高・賈維勇「探秘：六朝建康城」『中国文物報』2008 年 6 月 6 日。

(18)　王志高『六朝建康城発掘与研究』江蘇人民出版社、2015 年。

(19)　拙著前掲『六朝瓦当与六朝都城』4-6 頁・107-119 頁等参照。

(20)　王志高「思路与方法：六朝建康城遺址考古発掘的回顧与展望」『南京暁荘学院学報』2008 年
　　　1 期。

(21)　前注参照。六朝建康城中核区域に関する考古資料としてこれまで正式に公表されているのは
　　　羅宗真・王志高編『六朝文物』（南京出版社、2004 年）22-26 頁、楊国慶・王志高主編『南京
　　　城墻志』（鳳凰出版社、2008 年）54・55・69 頁などに限られる。また拙稿「三国両晋南北朝城
　　　市考古的主要収穫和初歩認識」（『南京博物院集刊』11、2010 年）も一部の資料は南京市考古
　　　研究所の報告による。

(22)　王志高前掲『六朝建康城発掘与研究』70-71 頁。

(23)　王志高・賈維勇前掲「六朝古都掀起蓋頭」・「探秘：六朝建康城」。

(24)　拙稿前掲「三国両晋南北朝城市考古的主要収穫和初歩認識」。

(25)　賀雲翱・邵磊前掲「南京石頭城遺址 1998-1999 年勘探試掘簡報」。また、鄒厚本主編『江蘇
　　　考古五十年』（南京出版社、2000 年）306 頁、拙著前掲『六朝瓦当与六朝都城』173-186 頁
　　　「石頭城」の箇所も参照。

(26)　資料は南京大学文化・自然遺産研究所に保管されている。

(27)　拙稿前掲「六朝"西州城"史迹考」。

(28)　王志高・王光明「南京紅土橋出土的南朝泥塑像及相関問題研討」『東南文化』2010 年 3 期。

(29)　拙稿「六朝都城仏寺和仏塔的初歩研究」（『東南文化』2010 年 3 期）図 3 参照。

(30)　拙稿「南京独龍阜寺出土南朝石塔構件的初歩研究」『華夏考古』2010 年 4 期。

(31)　賀雲翱・邵磊・王前華「南京首次発現六朝大型壇類建築遺存」『中国文物報』1999 年 9 月 8
　　　日。「南京鍾山六朝祭壇又獲重大発現」『中国文物報』2001 年 5 月 30 日。本稿注（11）も参照。

(32)　賀雲翱・路侃「南京発現南朝"明堂"磚及其学術意義初探」『東南文化』2006 年 4 期。［訳
　　　注］本論文は「大明五年明堂壁」「大明五年六月二十日」磚の拓本を収録する。

(33)　邵磊「元嘉四銖銭范探究」『中国銭幣』2002 年 2 期。

(34)　邵磊「梁鋳公式女銭考述：兼論南京出土的公式女銭范」『南方文物』1998 年 4 期。同「対南
　　　京通済門草場圩蕭梁鋳銭遺存的整理」『中国銭幣』2003 年 1 期。

(35)　拙著前掲『六朝瓦当与六朝都城』「東府城」195-198 頁参照。

(36)　拙著前掲『六朝瓦当与六朝都城』199-201 頁、また楊明生「六朝都城建康冶煉鋳造遺址的分
　　　布及六朝鋳銭工芸解析」（中国銭幣学会古代銭幣委員会・江蘇省銭幣学会『六朝貨幣与鋳銭工

芸研究』鳳凰出版社、2005 年）参照。

(37)　張学鋒前掲論文参照。

(38)　本文注（14）参照。

(39)　王志高・賈維勇「六朝瓦当的発現及初歩研究」『東南文化』2004 年 4 期。王志高・馬濤「論
　　　南朝大行宮出土的孫呉雲紋瓦当和人面紋瓦当」『文物』2007 年 1 期。

(40)　拙稿「南朝瓦製作技術的初歩探討」拙著前掲『六朝文化：考古与発現』。王志高「六朝建康
　　　城遺址出土陶瓦的観察与研究」同前掲『六朝建康城発掘与研究』。

(41)　佐川正敏「中国における造瓦技術の変遷：『粘土紐巻き作り』から『粘土板巻き作り』への
　　　転換を中心に」奈良文化財研究所前掲『古代東アジアの造瓦技術』。［訳注］粘土板巻作りとは、
　　　粘土塊から糸等によって切り出した一枚板を桶などに巻きつけて成形する造瓦技術である。

(42)　王志高前掲「六朝建康城遺址出土陶瓦的観察与研究」。

(43)　王志高・賈維勇「南京発現的孫呉釉下彩絵瓷器及相関問題」『文物』2005 年 5 期。

(44)　拙稿「南朝貢瓷器考：兼論早期“官窯”問題」『東南文化』2012 年 1 期。

(45)　馮慧・賀雲翺・路侃「南京新出土六朝銭文陶瓷器標本研究」『東亜考古』［韓国忠清文化財研
　　　究院］1、2005 年。また賀雲翺他「東亜地区出土早期銭文陶瓷器的研究」（『考古与文物』2008
　　　年 2 期）参照。

(46)　王志高「南朝顔料坊出土六朝墨書瓷器分析」『中国国家博物館刊』2014 年 1 期。

(47)　本稿注（33）・（34）邵磊氏論文参照。

(48)　王志高「南京顔料坊出土東晋・南朝木履考：兼論中国古代早期木履的階段性特点」『文物』
　　　2012 年 3 期。

(49)　楊明生前掲論文参照。

［訳者付記］本稿は賀雲翺「六朝都城考古的新進展」の全訳である。ただし、紙幅の都合により原
　　著の図版を全て収めることができなかったため、やむを得ず、著者の承諾の下で訳者の判断によ
　　り一部を省略した。また造瓦技術をはじめとする術語の翻訳については高橋照彦先生のご教示を
　　得た。

南京新出土の南朝大型組合画像磚墓の考察

祁　海　寧
（訳）吉田　愛

　組合画像磚とは、南朝の地域的特色と時代的特徴を持った墓葬装飾である。1960 年代から南京とその周辺で組合画像磚を用いた東晋南朝墓が次々に出土し、「竹林の七賢と栄啓期」をはじめとする大型組合画像磚は、地上に残った辟邪・天禄などの神獣の石刻と共に南朝文化のシンボルとして広く知られ、国内外から大きな反響を得た。

　2010 年以降、都市建設と連動して、南京市南郊の雨花台区石子崗・鉄心橋小村と東郊の棲霞区獅子沖から、組合画像磚との関わりが深い南朝墓 4 基が発見・発掘され、多くの新情報がもたらされた。これは南朝組合画像磚の淵源・時代への理解を深め、南朝の皇帝陵との関係を探る上で重要な意義を持つ。

一　南朝組合画像磚の概要

　画像磚は、秦漢時代に関中・河南・山東・四川などで一挙に出現した。初めはみな単磚で、1 個の磚に 1 つ、あるいは複数の絵を描き、題材は人物・動植物・家居宴飲・出行遊猟・天人神獣・歴史的故事など多岐にわたる。さらに、浮彫・押印・型押し・彩色などの技法もうまく活用し、組合画像磚の誕生へと確かな基礎を築いた。そして、六朝の各時代でも単体画像磚の製作・活用という伝統は継承され、発掘作業中にしばしば発見されている。例えば、南京市江寧区将軍山の西晋「太康七年（286 年）」紀年墓からは、青龍・白虎・朱雀・玄武と麒麟の図像を持つ「五霊」画像磚が大量に[1]、鎮江南郊の東晋「隆安二年（398 年）」紀年墓からは、「四神」・「千秋万歳」・獣首人身・虎首戴蛇・獣首噬蛇など、様々な神仙や妖怪の図像を持つ画像磚が 54 個出土した[2]。また、南京市江寧区東善橋磚瓦一廠の南朝墓では、男性侍者を描いた画像磚が墓壁に 8 個嵌め込まれていた[3]。

　単体画像磚の独壇場という状態は東晋時代には終止符が打たれ、複数の磚を組み合わせて 1 幅の画面を構成する組合画像磚が誕生した。1957 年、南京市城東の邁皐橋付近の万寿村で、東晋「永和四年（348 年）」紀年墓 1 基が発掘された。この墓内には、単体の龍文・獣面文の画像磚があったほか、組み合わせて作られた猛虎の図像 1 幅も発見された。

174　第2編　中　国

虎の姿は3個の磚の小口面に刻まれ、四周には「虎嘯山丘」と隷書4文字の銘文があった。[4]

　もし、この図像を構成する3個の磚が分かれていたら、そのうちの1個に施された文様を見ただけでは何が描かれているのかわからない。磚を組み合わせて初めて、その正しく、完全な意図を知ることができる。これは、今までに発見された中では中国最古の組合画像磚である。大多数の単体画像磚と同様に、この壁画は型に嵌めて作成された。いわゆる型押しとは、使用する磚の寸法で型（おそらく木型）が作られたことに基づき、磚の胴面（平面）か小口面や長手面といった装飾が必要な箇所に、陰線でその内容を前もって型に彫り込むというのが一般的である。その後、型を使って磚の素地を作ると、装飾は逆に陽線で磚上に表れ、最後に窯に入れて焼成する。型押しは画像磚や組合画像磚を作る最も基本的な方法なのである。この技法から見ると、組合画像磚はまさに「型押し壁画」、「磚印壁画」とも言える。しかし、型押しであることは同じでも、組合画像磚の製作工程は単体画像磚のそれと比べてより複雑とわかるはずだ。1幅の完成図の内容を合理的にそれぞれの磚に割り当てる必要があり、描かれる線も磚ごとに異なる。絵（画稿）の選択とレイアウト、型のデザインと製作、各磚の素地の製作と焼成、そして最終的に寄せ集めて組み立てるなどの各段階で、高い完成度が求められるのである。

　組合画像磚は東晋になって現れるが、これまでのところ東晋では南京万寿村の一例が発見されただけで、その他はみな南朝期に属す。組合画像磚は東晋ではまだ初期の段階で、南朝に至ってようやく発展成熟の時期を迎えたと言える。これは組合画像磚が南朝皇室に評価され、重視されたことと密接な関係があった。組合画像磚は、単体画像磚から長い醸成期間を経て出現したというだけでなく、技巧面での重要な革新の一つであると共に、南朝の政治・経済・文化が結実したものでもあった。

二　これまでの南朝組合画像磚の主要な発見と知見

　2010年以前、中国で発見された組合画像磚を伴う南朝墓は全12基あり、そのうち長さが10メートルを超える特大型墓は4基、残りはみな5.8〜10メートルの間で大・中型に属す（発掘調査事例一覧表を参照。なお、12基とも墓葬の形態は「凸」字型で甬道を伴う単室磚墓）。これらは全て南朝政権の統括区域内に分布し、特に南京とその周辺地区にやや集中する。

①河南省鄧県学荘墓

　墓葬内部は、彩色壁画・単体画像磚・組合画像磚・組合造形磚など、多様な形式を一堂に集めて装飾されている。[5]組合画像磚は甬道と墓室内部の各磚柱の下部にあり、いずれも

南京新出土の南朝大型組合画像磚墓の考察　175

発掘調査事例一覧表

No.	名　称	発掘年	全長	幅	高さ	墓頂	備　考
①	河南省鄧県学荘墓	1958 年	9.8	3.09	約 3.2	券頂	主に封門墻・甬道・墓室から成る。組合造形磚は墓室奥壁の上部にあり、壁面から突出した磚を組み合わせて双塔を形作っている。馬を牽く兵士の単体画像磚の長手面に、「以三月□体、以九月童陣、大衆十万……以四月辞天子、用此廿五□城、部曲在路……家在呉郡」などの墨書あり。被葬者は南朝の将軍か。
②	南京市雨花台区西善橋宮山墓	1960 年	8.95	3.1	3.3	券頂	甬道内に石門 1 基。墓室は近長方形。両側壁はやや外反。奥壁は明確に外反。
③	南京市西善橋油坊村罐子山墓	1961～1962 年	10	6.7	6.7	穹窿頂	甬道内に石門 2 基。墓室平面は近楕円形。頂部は四辺券進式穹窿頂。
④	鎮江市丹陽県胡橋公社鶴仙坳墓	1965 年	15	6.2	4.35	穹窿頂	甬道入口に磚で築いた封門墻 2 基。甬道内に石門 2 基。墓室の四壁はいずれも外反。平面は近楕円形。墓室と墓壙の間に墓室を放射状に取り囲む 23 基の擁壁あり。
⑤	丹陽県胡橋公社呉家村墓	1968 年	13.5	5.19	(残) 5.1	穹窿頂	墓門に封門墻 3 基。甬道内に石門 2 基。墓室平面は隅丸長方形。墓室と墓壙の間に放射状の擁壁あり。
⑥	丹陽県建山公社金家村墓	1968 年	13.6	5.17	(残) 5.3	穹窿頂	甬道内に石門 2 基。墓室平面は近楕円形。墓室と墓壙の間に放射状の擁壁あり。
⑦	福建省閩侯県南嶼公社宮山墓	1975 年	5.8	2.3	3.5	券頂	文様と画像磚とで複雑な装飾が施されている。大部分は単体画像磚だが、2 個の磚からなる宝瓶挿花・蓮華型香炉などの図像の組合画像磚もある。
⑧	常州市南郊茶山公社戚家村墓	1976 年	6.8	3.06	(残) 1.5	穹窿頂	甬道内に石門 1 基。単体画像磚と組合画像磚とを使用。後者には、7 個の磚からなる龍文・虎文、4 個の磚からなる飛天・獅子、3 個の磚からなる鳳凰・「千秋万歳」などのほか、多数の磚からなる神獣などがある。
⑨	揚州市邗江県酒甸公社南朝墓 M1	1978 年末	6.46	1.98	(残) 2	券頂	単体画像磚と組合画像磚とを使用。後者では、2 個の磚からなる「千秋万歳」・獣首蛙身鳥翼の怪獣という 2 種類の図像が発見されている。
⑨	揚州市邗江県酒甸公社南朝墓 M2		(残) 6.2	2.02	(残) 0.6	券頂	
⑩	常州市武進県田舎村墓	1984 年	6.6	2.96	(残) 0.8	穹窿頂	甬道内部に木門 2 基(推定)。侍女の図像の単体画像磚の他に、7 個の磚からなる「騎馬出行」・「車馬出行」、4 個の磚からなる「仙女騎麟」・飛天・獅子・鳳凰、3 個の磚からなる鳳凰などの組合画像磚が発見されている。
⑪	杭州市余杭県閑林埠鎮廟山墓	1987 年 3 月	7.6	2.18	2.57	券頂	墓室の両側壁と奥壁の上部から組合画像磚が発見されている。両側壁の組合画像磚は左右対象で、上下 2 段に分かれている。下段は 4 組から構成され、手前から第 1 組は刀を地面につく兵士 1 人、第 2・4 組は差し向かいで語り合う文士 2 人、第 3 組は僧侶 4 人と、いずれも人物を表す。上段には 8 組の朱雀が、また奥壁にも 6 組の朱雀が配される。
⑫	南京市雨花台区石子崗墓 M5	2010 年	8.4	2.64	(残) 1.26	—	封門墻・甬道・墓室などから成る。墓室は近長方形。両側壁はやや外反。
⑬	南京市雨花台区鉄心橋小村墓 M1	2012 年	(残) 7.2 推定約 9	2.4	(残) 2.1	—	封門墻・甬道・墓室などから成る。甬道内に石門 1 基。墓室の奥壁は外反。
⑭	南京市棲霞区獅子沖墓 M1	2012 年 11 月～2013 年 6 月	14.2	6.4	—	穹窿頂？	封門墻・甬道・墓室から成る。封門墻 3 基(推定)、厚さ 1.8～2 メートル。甬道内に石門 2 基。墓室平面は楕円形。墓頂は破損が著しいが、穹窿頂か。墓室と墓壙の間に放射状の擁壁あり。
⑭	南京市棲霞区獅子沖墓 M2		15.2	6.48	—	穹窿頂？	

※「全長」・「幅」・「高さ」の単位はメートル。(残)を付したものは、残存長あるいは残存高。

176　第2編　中　　国

上下に磚の胴面各1個を、その中間に磚の長手面3個を配し、刀を地面につく兵士の姿を紡ぎ出している。[6]

②南京市雨花台区西善橋宮山墓

　墓室内部の左右両壁に大型の組合画像磚が嵌め込まれている。各磚は幅2.4メートル、高さ0.8メートル、墓底から0.5メートル、内容は「竹林の七賢と栄啓期」である。題記によれば、外側から順に西壁は嵆康・阮籍・山濤・王戎の4人、東壁は向秀・劉伶・阮咸・栄啓期の4人で、各人物の間は樹木で仕切られている。このうち、春秋時代の高士である栄啓期以外の7人は魏晋の「竹林の七賢」である。また、壁画磚の胴面からは「向上行第卅一」などの刻字が見付かった。[7]被葬者については議論があり、南朝の王侯級の貴族墓と見る説[8]や、陳の廃帝、陳伯宗の陵墓という説がある。[9]

③南京市西善橋油坊村罐子山墓

　組合画像磚は、最初の石門の外側にある甬道両壁の中程に嵌め込まれ、東壁の図像は既に破壊されてそのほとんどが失われたが、西壁の獅子の図像は幅1.05メートル、高さ0.65メートル、磚の胴面には「右師子下行第五」「右獅子下行十六」などの刻字がある。[10]文献の記述との照合により、被葬者は陳の宣帝、陳頊と比定され、学界の見解もほぼ一致している。

④鎮江市丹陽県（現在の丹陽市）胡橋公社鶴仙坳墓

　甬道と墓室内部に組合画像磚がある。甬道は破壊が著しいものの「獅子」の題記を持つ磚の破片が発見され、元は獅子の図像の組合画像磚があったとわかる。墓室東壁の大部分は既に壊れ、奥部下方に「騎馬鼓吹」（磚側に「左家傖？……」などの陰刻）の組合画像磚しか見付からなかった。その上方には「竹林の七賢と栄啓期」壁画（残存幅0.75メートル、高さ0.3メートル、磚側に「嵆下行……」などの陰刻）のごく一部が残るのみである。一方、墓室西壁は保存状態が比較的良く、手前中程には大型の白虎の図像（磚側に「大虎……」などの陰刻）が、下方にはこれとは別に3幅の小型の組合画像磚があった。外側から順に、馬に乗る兵士（磚側に「右具張……」などの陰刻）、戟を持つ侍衛（磚側に「右立戟……」などの陰刻）、傘蓋を持つ儀仗（磚側に「右散迅……」などの陰刻）である。西壁奥部は破損しているが、もとは「竹林の七賢と栄啓期」壁画の半幅があったと考えられる。「朱鳥」や「玄武」の文字を伴う墓磚の破片が発見されたことから、朱雀と玄武の組合画像磚の存在も推測されている。[11]文献の記述との照合により、南斉の景帝、蕭道生の修安陵と比定され、学界の見解もほぼ一致している。

⑤丹陽県胡橋公社呉家村墓

　墓葬の形態と装飾は④と基本的に同じだが、保存状態はさらに良い。甬道入口から最初

の石門までの両壁はうずくまる獅子（磚側に「獅子」の刻文）、2番目の石門までの両壁は長刀を地面につく鎧をまとった兵士である。墓室両壁の磚画は上下2段に分かれ、左側上段手前に青龍、右側に白虎、磚文はそれぞれ「大龍」・「大虎」、龍・虎の前には仙人が1人ずつ先導に付き、龍・虎の上方には飛翔する「天人」が3人ずつ手に仙果か丹鼎を持って相従う。これらを「羽人戯龍」・「羽人戯虎」と総称する研究者もいる。上段奥は「竹林の七賢と栄啓期」で、左右の壁に4人ずつ描かれる。両壁の下段は4幅の儀衛鹵簿の図で、外側から順に、馬に乗る兵士（磚文は「具張」）、戟を持つ侍衛（磚文は「垣戟」）、傘蓋を持つ儀仗（磚文は「護迅」）、騎馬鼓吹である。[12] 文献の記述との照合により、学界では南斉の和帝、蕭宝融の恭安陵と比定している。

⑥丹陽県建山公社金家村墓

　全体の形態と組合画像磚が内部に設けられている点は、④・⑤と似ている。甬道頂部の保存が比較的良かったため、新たに太陽と月の組合画像磚が発見され、太陽の中に三足烏、月の中に桂と兎、磚側には「小日」・「小月」の刻文が見付かった。[13] 文献の記述との照合により、学界では南斉の廃帝、蕭宝巻のものと推定されている。

⑦福建省閩侯県南嶼公社官山墓 [14]
⑧常州市南郊茶山公社戚家村墓 [15]
⑨揚州市邗江県酒甸公社南朝墓2基 [16]
⑩常州市武進県田舎村墓 [17]
⑪杭州市余杭県閑林埠鎮廟山墓 [18]

　2010年以前に発見された南朝墓の数は、正確な統計を出すのは難しいが、300基余になるだろう。しかしながら、組合画像磚を使用した墓葬の発見がわずか12基に留まるのは、当時この装飾形式を享受できた者がごく少数であったことを意味している。また、墓葬の規模から見ると、⑦以外はみな全長6.5メートル以上と比較的大型である。これらの墓葬を被葬者の身分が明らかな他の南朝墓と比較してみた。例えば、1987年に南京雨花台区鉄心橋で発見された劉宋の謝琳（謝安の子孫、官職は海陵太守・散騎常侍）墓は、全長6.28メートル、幅2.25メートルで、規模は⑦・⑧・⑨・⑩と近い。[19] 1988年に南京棲霞区劉家塘で発見された梁の宗室、桂陽王、蕭象墓は、全長9.8メートル、幅2.96メートルで、①の規模とほぼ同じである。[20] 2010年に同じく南京西善橋で発見された劉宋の鍾済之（官職は豫章永修令・駙馬都尉）墓は、全長7.5メートル、幅3.6メートルで、⑪の規模と近い。[21] 比較してみると、上述の組合画像磚を伴う南朝墓からはまだ墓誌が見付かってはいないが、その被葬者はいずれも政治的・経済的地位が比較的高い、当時の貴族階層であったことは疑いない。

178　第2編　中　　国

　12 基の南朝墓のうち、丹陽に位置する④・⑤・⑥と南京西善橋に位置する②・③は、それぞれ南斉と陳の皇帝陵と考証され、かねてから注目を集めてきた。丹陽の3基は、いずれも長さ13メートル、幅も5メートル以上あり、2基の石門・楕円形墓室・大きな穹窿頂を持ち、墓室と墓壙の間には放射状の擁壁が築かれている。形態は一般の南朝墓とは全く異なり、これまで発見された中で最上級の南朝墓の代表格である。3基は内部の装飾も非常によく似通っており、いずれも組合画像磚を主要な建材としている。深刻な破壊を被ってはいるものの、総合的に見て同じ方式に則って造られたことは明らかである。丹陽の3基が影響を受けた南斉皇帝陵の形態の規格と装飾方式は、南京西善橋の陳の皇帝陵と推測される2基の大墓にも幾らか反映されている。おそらく国力が衰えたために、陳代の大墓2基の規格は丹陽の3基より小さく、墓室と墓壙の間の放射状の擁壁も省略されたと考えられるが、③は10メートルの長さがあり、2基の石門・楕円形墓室・大きな穹窿頂という丹陽の3基の形態と同様の特徴を持っていた。内部の装飾は、南斉の壁画の一部を留めるのみではあるが、両代の壁画は全体的な風格も、具体的な内容も、墓葬内部に配された位置までもが完全に一致し、これらの間に継承関係があったことは明白である。したがって、現在確認できる南朝の皇帝陵の数はあまり多くなく、未だ資料の空白部分は多いものの、少なからぬ学者がこの5基の大墓は南斉から陳代までの皇帝陵の制度に則り造営されたものと考える傾向にある。

　2010 年以降、杭州と南京では重要な考古学的成果を立て続けに得た。2011〜2012 年に杭州の余杭区小横山で発見されたのは、多くの墓葬が1ヶ所に秩序だって並ぶ、東晋晩期から南朝にかけての余杭の地元豪族の一族墓地で、発掘担当者は武康沈氏のものと推測したが、臨平范氏の墓地とする説もある。墓葬は全部で112基あり、うち南朝墓20基中の[22]9基から組合画像磚が出土した。[23]特に重要なのは、M1 から発見された羽人戯龍・羽人戯虎の組合画像磚で、この題材は皇帝陵からしか出土しないという従来の概念を覆した。南朝の中央と地方、皇族と地方豪族の関係の検討に裨益するところがあろう。

三　南京における南朝組合画像磚の近年の重要な発見とその価値

　南京では、2010〜2013 年に組合画像磚と関連する南朝墓4基が連続して発見され、重要な新情報が大量にもたらされた（**発掘調査事例一覧表**を参照。なお、4基とも墓葬の形態は「凸」字型で甬道を伴う単室磚墓）。

⑫南京市雨花台区石子崗墓 M5

　雨花軟件園 A1 区画で発掘された。建造には大量の組合画像磚用の磚が使用され、内容

は「龍」・「虎」・「獅子」・「天人」・「竹林の七賢」など多岐にわたる。ところが、組合画像磚用の磚を使いはするものの、組み合わせて壁画としたものは墓葬内部に1幅もなく、全て一般の磚と同様に使用されていた。この現象は南京、ひいては中国の南朝墓発掘史上初の発見となった（図1、2）。

⑬南京市雨花台区鉄心橋小村墓M1

　2基の大型南朝墓が発見された烏亀山は西善橋に隣接し、有名な③とも約2キロメートルという距離である。そのうちM1の封門墙から、「竹林の七賢」壁画のものが2個、「龍」・「虎」・「天人」の壁画のものが各1個と、組合画像磚用の磚が見付かった。

⑭南京市棲霞区獅子沖墓M1・M2

　『南京南朝陵墓石刻保護計画』の立案に協力するため入念に探査を行ったところ、北象山の南麓で南朝の大墓2基を新たに発見し、国家文物局の許可を経て発掘を進めた（図3）。形態は丹陽の南斉皇帝陵3基と基本的に同じで、発掘が半ばを過ぎた頃には、各方面のメディアがこぞって「この2基は皇帝陵級の大墓である」と報じた。皇帝陵を保護する必要から、国家文物局の許可を経て発掘作業を一時休止し、埋め戻した。そのため2基とも底部は未発掘である。探査によると、墓底までM1は残り約0.8メートル、M2は残り約1.5メートルあったが、内部から組合画像磚が発見されている。M1の墓室東壁は破壊が著しいものの、樹木の枝と幹・服と帯・龍文の線の一部が残存し、墓室西壁では比較的完全な状態の羽人戯虎と半幅の竹林の七賢の組合画像磚を出土した。竹林の七賢の磚印壁画は、墓室西壁の奥部に位置し、画面は長さ2.46メートル、高さ0.72メートルで、彩色の痕跡を一部留める。阮咸・阮籍・山濤・嵆康の順に4人描かれ、各人の間を樹木で仕切り、各々が独立した画面を構成している（図4）。また、M2の墓室の左右両壁からも磚印壁画が発見された。東壁の保存は比較的良く、仙人が節を持つ図像で、下方には髭・角などの一部が見え、羽人戯龍の磚印壁画と推測される。西壁にはわずかながら符節・祥雲・博帯などの図像が残っているので、西壁にももとは仙人が節を持つ図像があり、東壁と一対になっていたと窺われる。その下には髭・尾などの一部がぼやけて見え、羽人戯虎の磚印壁画と見受けられる。2基とも建造の過程で大量の壁画磚を一般の墓磚と同様に使用しており、そのうえ深刻な破壊に遭い、頂部と墓室の上半分が墓室内部に崩落したため、墓室に堆積したものを整理する過程で大量の壁画磚が出土した。磚の胴面には、「大龍」・「大虎」・「朱鳥」・「玄武」・「嵆」・「向」・「師子」・「天人」・「具張」・「笠戟」・「大日」・「小日」・「大月」・「家脩」・「迅幰」・「直閣」・「立閣」などの刻文がある。幸運なことに、2基から梁の武帝の妃である丁貴嬪の没年にあたる「普通七年（526年）」と、昭明太子、蕭統の死去前年にあたる「中大通弐年（530年）」の刻文を持つ紀年磚がそれぞれ出土した。今

図1　石子崗南朝墓南壁

図2　石子崗南朝墓奥壁

図3　獅子沖南朝大墓発掘現場

図4　獅子沖墓M1西壁「竹林の七賢」

回の発掘で知り得た墓葬形態・紀年情報を関連文献の記述と照合した結果、この南朝の大墓2基の被葬者は梁の昭明太子、蕭統とその母の丁貴嬪とほぼ確定できた[26]。これが、中国で初めて科学的な発掘を経て被葬者を比定できた梁代の皇帝陵級の大墓である[27]。

　上述の4基のうち、⑭の2基こそが真の意味での組合画像磚墓と言える。墓底までは発掘できなかったが、出土した組合画像磚を見ると、表現内容も、墓葬での配置も、丹陽の3基とほぼ同じである。この発掘は、南朝組合画像磚の研究に重要な意義を持つ。第一に、梁の皇帝陵の組合画像磚という資料の空白部分を埋め、さらに、南斉から陳代まで皇帝陵

182　第2編　中　国

図5 「大日」銘磚

図6 「大月」銘磚

図7 「直閣」銘磚

図8 「立閣」銘磚

図9 「家脩」銘磚　　　　　　図10 「朱鳥」楔形磚

内部の装飾には規定が設けられていたことが証明された。第二に、この2基がもたらした多くの新情報により、従来の南朝皇帝陵の組合画像磚に対する知見を充実かつ修正することができた。例えば、⑭から同時に「小日」・「大日」・「大月」の刻文を伴う壁画磚が出土した。「小日」・「小月」は⑥からも発見され、甬道頂部に用いられていたので、⑭の「大日」・「大月」は、おそらく墓室の頂部に用いられたものであろうと推測した（図5・6）。別の例では、「直閤」・「立閤」の刻文を伴う壁画磚も初の発見であったが、「直」は「値」に通じ、「立」とは直立する意、「閤」は『説文』によれば「門旁戸也。」、『爾雅』によれば「宮中之門謂之闈、其小者謂之閨、小閨謂之閤。」である。したがって、「直閤」と「立閤」には宮中の門衛の意味があり、⑤・⑥の2基の石門の間の左右両壁に描かれた刀を地面につく兵士が「直閤」あるいは「立閤」であろうと推測した（図7・8）。さらに他の例では、⑤の「騎馬鼓吹」壁画磚の刻文は乱雑な字で、発掘報告ではそれを「家脩？」とどうにか釈読したが、今回2基から同種の磚が多数出土したことで字形もさらに明瞭となり、自信を持って「家脩」とした（図9）。「脩」は「脩」と字形が似ており、「脩」はもともと音楽と舞踊を指す。南朝ではこの2字が通用されたか否か、更なる研究を重ねる意義がある。それから、④の「朱鳥」・「玄武」の刻文を伴う磚（破片）の配置は丹陽の3基では

不明だったが、⑭から同じ刻文磚が発見されたことで、この2種類の組合画像磚が確かに存在したことが証明できた。さらに重要なのは、M1から出土した「朱鳥」磚のうち3個は楔形で、墓頂を造るのに用いられたことから、「朱鳥」の組合画像磚は墓室頂部に位置していたと実証できた点である（図10）。以上の理由から、南斉・梁の皇帝陵には、東の青龍、西の白虎が墓室左右の両壁に、南の朱雀、北の玄武が墓室頂部の手前と奥に、当初は「四神」が全て揃っていたと推測できる。

　今回発見された⑫・⑬は、どちらも狭義の組合画像磚墓ではなく、壁画磚を使用した「非組合画像磚」墓である。両墓葬の形態・規模はいずれも②に最も近い。出土した器物も②・③と類似し、南朝中晩期の特徴を持つ。さらに、⑫から出土した「竹林の七賢」壁画磚は、詳細に比較した結果、②の壁画の装飾や文様と完全に一致し、両者は同じ所で生産されたものと推測される。⑬は西善橋に隣接し、③ともとは同じ埋葬区に属していた。ゆえに、この2基は陳代のものである可能性が高い。②・③の陳代の大墓2基が示す状況から見ると、「竹林の七賢と栄啓期」を中心に「龍」・「虎」・「獅子」・「天人」など多岐にわたる内容を持つ皇帝陵の装飾規定は、南斉・梁代には最も厳格に適用されたが、陳代には既に緩み始めていたようである。②では「竹林の七賢と栄啓期」のみが組合画像磚で、③も獅子の壁画を留めるのみである。今回の⑫・⑬でもその磚を用いたに過ぎず、各磚の絵を組み合わせてはいない。現れ方はそれぞれ異なるものの、いずれも規定が再び厳格に適用されることはなかったという本質を示している。⑫・⑬の長さはどちらも9メートル近くあるので、被葬者の身分は貴族階層に属する宗室の一員であった可能性が高い。また、彼らの墓葬に用いられた壁画磚は各自で焼成したのではなく、政府か皇室から賜与されたものと考えられる。こうした皇室の御用品の流出や下賜も、規定が緩んだことの表れである。それでは、⑫・⑬はなぜ磚を組み合わせて壁画として装飾しなかったのであろうか。例えば、急いで埋葬したために組み合わせて飾る時間がなかった、被葬者の身分が足りず、壁画磚の供給元を押さえてはいたが、恐れ多くて正式に使用するのは憚られたなど、推測可能なことは多いものの、現時点では憶測の域を出ない。しかし、正式な組合画像磚墓ではないものの、この2基が内包する特別な情報は、歴史学者も考古学者も看過できまい。

　以上に述べてきたことを総括すると、新出墓葬4基と得た情報を過去に発掘した南朝組合画像磚墓の資料とを併せて考察した結果、注目に値する2つの新知見を得ることができた。（1）南斉・梁代に組合画像磚墓は最高潮に達し、皇帝陵級の最高レベルの墓葬で組合画像磚を使用するという規定が作られ、墓葬の大きさ・形態・組合画像磚の使用については南斉から梁代まで基本的に変わらなかった。（2）陳代でも組合画像磚の製作・活用という伝統はある程度踏襲されたが、皇帝陵の組合画像磚は前代と比べると完全とは言えず、

一方でその他の貴族階層にも組合画像磚用の磚が浸透した。これは規定が南朝末期には崩壊を迎えたことを示している。

　　注

(1)　南京市博物館・南京市江寧区博物館「南京将軍山西晋墓発掘簡報」『文物』2008 年第 3 期。

(2)　鎮江市博物館「鎮江東晋画像磚墓」『文物』1973 年第 4 期。

(3)　南京市博物館「江寧東善橋磚瓦一廠南朝墓発掘簡報」『東南文化』1987 年第 3 期。

(4)　南京市文物保管委員会「南京六朝墓清理簡報」『考古』1959 年第 5 期。

(5)　学荘墓の奥壁上部の装飾には、組合画像磚と明確な関連性もあれば、違いもある。関連性は機能面では墓壁を装飾する点、技術面では組合画像磚の方式を採用する点にある。違いは組合画像磚が磚に型押ししてできた文様の線から画面を構成していることで、磚の集合体が二次元的な平面造形だったのに対し、学荘墓奥壁の装飾は磚がみな墓葬の壁面から突き出て、集合体が三次元的な立体造形となっている点である。そのため、型押しの組合画像磚と区別をするために、暫定的にそれを「組合造形磚」と呼ぶことにした。学荘墓奥壁の組合造形磚は南朝墓の中で最初に発見された実例だが、唯一の例というわけではない。1991 年の南京市雨花台区西善橋第二磚瓦廠南朝墓と 2006 年の南京市江寧区胡村南朝墓の奥壁からも、奥壁から突き出た双塔の組合造形磚が発見されている（それぞれ、南京博物院「南京西善橋南朝墓」『東南文化』1997 年第 1 期および南京市博物館「南京市江寧区胡村南朝墓」『考古』2008 年第 6 期を参照）。思うに、組合造形磚とは南朝墓葬装飾において組合画像磚の後継となる重要な新形式で、掘り下げて研究すべきものである。しかし、それは本論文の焦点ではないため、ここでは簡単に説明するに留め、今後更なる研究を行いたい。

(6)　河南省文化局文物工作隊『河南鄧県彩色画像磚墓』文物出版社、1958 年。

(7)　南京博物院・南京市文物保管委員会「南京西善橋南朝墓及其磚刻壁画」『文物』1960 年第 8・9 期合刊。

(8)　馮普仁「南朝墓葬的類型与分期」『考古』1985 年第 3 期。

(9)　羅宗真・王志高「独樹一幟的帝王陵墓与神道石刻」『六朝文物』第 3 章、79 頁、南京出版社、2004 年。

(10)　羅宗真「南京西善橋油坊村南朝大墓的発掘」『考古』1963 年第 6 期。

(11)　南京博物院「江蘇丹陽胡橋南朝大墓及磚刻壁画」『文物』1974 年第 2 期。

(12)　南京博物院「江蘇丹陽県胡橋・建山両座南朝墓葬」『文物』1980 年第 2 期。

(13)　同上。

(14)　福建省博物館「福建閩侯南嶼南朝墓」『考古』1980 年第 1 期。

(15)　常州市博物館「常州南郊戚家村画像磚墓」『文物』1979 年第 3 期。

(16)　揚州博物館「江蘇邗江発現両座南朝画像磚墓」『考古』1984 年第 3 期。

(17)　常州市博物館・武進県博物館「江蘇常州南郊画像・花紋磚墓」『考古』1994 年第 12 期。

186　第 2 編　中　　国

(18)　杭州市文物考古所「浙江省余杭南朝画像磚墓清理簡報」『東南文化』1992 年第 3 期。

(19)　南京市博物館・雨花区文化局「南京南郊六朝謝琰墓」『文物』1998 年第 5 期。

(20)　南京博物院「梁朝桂陽王蕭象墓」『文物』1990 年第 8 期。

(21)　南京市博物館・雨花台区文化広播電視局「南京市雨花台区西善橋南朝劉宋墓」『考古』2013 年第 4 期。

(22)　張学鋒「読『余杭小横山東晋南朝墓』札記」『東南文化』2014 年第 3 期。

(23)　杭州市文物考古研究所・余杭博物館『余杭小横山東晋南朝墓』文物出版社、2013 年。

(24)　本墓葬の発掘資料は既に公開している。南京市博物館・南京市雨花台区文化局「南京雨花台石子崗南朝磚印壁画墓（M5）発掘簡報」『文物』2014 年第 5 期参照。

(25)　本墓葬の発掘資料は既に公開している。南京市博物館「南京市雨花台区鉄心橋小村南朝墓発掘簡報」『東南文化』2015 年第 2 期参照。

(26)　王志高「梁代昭明太子陵墓考」『東南文化』2006 年第 4 期参照。

(27)　獅子沖南朝大墓 2 基の発掘資料は既に整理が終わり、2016 年中に『東南文化』に発表する予定である。

［訳者付記］本稿は、祁海寧「南京新発現的南朝大型磚拼壁画墓之考察」の抄訳である。紙幅の都合により各墓葬に関する詳細は省略せざるを得なかったが、基礎情報については発掘調査事例一覧表にまとめて掲載した。また、注（27）で言及されている獅子沖南朝大墓 2 基の発掘資料は、著者の原稿執筆時には未刊であったが、その後、南京市考古研究所「南京棲霞獅子沖南朝大墓発掘簡報」『東南文化』2015 年第 4 期に公開されている。

第3編　日　　本

今西龍が収集した楽浪塼とその歴史的意義

吉井　秀夫

は　じ　め　に

　朝鮮半島に置かれた楽浪郡に関連する遺跡および遺物は、ベトナムにおかれた交趾郡に関連する遺跡および遺物を評価する上で、重要な比較材料となりうる資料である。中でも、戦前の朝鮮総督府古蹟調査事業において発掘調査された楽浪漢墓とその出土遺物は、人々の注目を浴びた。しかしその結果、多くの墳墓が盗掘され、出土遺物の多くは、骨董品として流通することとなった。それらの多くは、現在さまざまな機関あるいは個人の収蔵品として存在しており、それらの出自を明らかにすると共に、現在の研究水準による再検討がおこなわれねばならない。

　本稿では、今西龍が生前に収集した考古資料のうち、楽浪郡・帯方郡内で築造された、塼室を埋葬施設とする墳墓（塼室墓）に用いられた塼（以下、「楽浪塼」と呼ぶ）を取り上げたい。本資料（以下、「今西コレクション楽浪塼」と呼ぶ）は、今西龍が自身の研究を進めるために収集したものであり、現在、正式な報告をおこなうために整理中である。本稿では、現在までの知見をもとに、(1) 今西コレクション楽浪塼、特に紀年銘塼の収集経緯および学史的意味、(2) 今西コレクション楽浪塼にみられる製作技術上の特徴、の 2 点について基礎的な検討をおこないたい。

一　今西コレクション楽浪塼の概要と、その収集経緯

　今西コレクション楽浪塼は、43 点を数える。そのうち 4 点がいわゆる楔形塼、2 点が柄付塼で、残り 37 点が普通塼である。本コレクションの最大の特徴は、文字塼、中でも紀年銘をもつ塼が、12 種 16 点も含まれていることである。これまでの紀年銘塼集成（梅原 1933、榧本・野守 1937、李銀真他 2007）をもとに、今西コレクション楽浪塼に含まれる紀年銘塼を年代順に示すと、以下の通りである。
  ・「嘉平二（250）年二月五日起造」銘塼
  ・「景元元（260）季七月廿三日」銘塼

190　第3編　日　　本

・「泰始七（271）年四月」銘塼
・「泰始十（274）年杜奴村」銘塼（2点）
・「咸寧元（275）年三月造」銘塼（2点）
・「太康七（286）年三月癸丑作」銘塼（2点）
・「元康三（293）年三月十六日韓氏」銘塼（2点）
・「〔元康五（295）年八〕月十八日乙酉造」銘塼
・「建興四（316）年會景作造」銘塼
・「建元三（345）年大〔歳在巳八月孫造〕」銘塼
・「永和八（352）年二月四日韓氏造塼」銘塼
・「元興三（404）年三月四日王君造」銘塼

　これらの紀年銘は、「泰始七年」銘塼の銘文が小口部に位置する以外は、いずれも長側面に紀年銘を含む銘文が刻まれている。出土地が記された塼はないが、同文の銘文をもつ塼の中で、出土地が伝えられている例を参照すると、その出土地は、以下の通りいずれも黄海道に位置する郡に属することがわかる。

・黄海道鳳山郡：「泰始七年」銘塼、「泰始十年」銘塼、「元康三年」銘塼
・黄海道信川郡：「嘉平二年」銘塼、「景元元年」銘塼、「咸寧元年」銘塼、「太康七年」
　　　　　　　　銘塼、「建興四年」銘塼、「建元三年」銘塼、「永和八年」銘塼、「元興
　　　　　　　　三年」銘塼
・黄海道安岳郡：「元康五年」銘塼

　紀年銘塼以外にも、今西コレクション楽浪塼の中には、黄海道鳳山郡に位置する張撫夷墓に用いられた銘文塼が3種5点ある。また後述するように、長側面・小口面に刻まれた文様の特徴により、黄海道の塼室墓で用いられた蓋然性が高い塼もある。紀年銘の年代が250年から404年にわたることから、これら黄海道で出土した塼は、楽浪郡の南側を割いて設置された帯方郡の領域内で製作がはじまり、帯方郡滅亡後にも製作され続けたものであることがわかる。

　黄海道に帯方郡と関連する塼室墓が存在することが認識される契機となったのは、1911年に関野貞らによる張撫夷墓の調査であった。しかし、この地域に紀年銘塼をもつ塼室墓が多く存在することが知られるようになったのは、1920年代後半からの盗掘によって、新出資料が知られるようになってからである。そして、そうした紀年銘塼が出土する実態を確認するため、今西龍は現地で調査をおこなっている。昭和3年度の古蹟調査概要（筆者不明1929）と、最近、国立中央博物館のホームページ上で公開された、今西が提出した復命書によれば、その間の経緯はおおむね以下の通りである。

まず 1927 年頃から、信川郡で、帯方郡と関係する紀年銘をもつ塼が出土したとのうわさが流れはじめ、1928 年になると、「建元三年」銘塼の破片が、今西の手元にも届けられたという。[1]さらに、黄海道警務部より学務局に、塼の出土に関する報告が提出された。そこで、紀年銘塼出土の実情を明らかにするため、平壌からの帰途、今西が現地を訪れることとなった。7 月 9 日に平壌を出発した今西は、沙里院駅を経由して信川温泉駅に着き、その夜に信川郡の郡属官と調査の打ち合わせをおこなった。7 月 10 日には、公立普通学校訓導であり、信川郡周辺の墳墓を踏査していた小島健二（小島 1937）から聞き取り調査をおこない、「建元三年」・「元興三年」・「太康四年」などの紀年銘塼の存在を確認したという。

　今西による調査の後も、同様の紀年銘塼の類例は増加し、研究者の関心を集めていった。藤田亮策は、京城帝国大学における朝鮮金石学の講義資料として紀年銘塼集録を作成しており、それをみた梅原末治も、手許の資料を整理して、京都帝国大学文学部の東洋考古学の講義に用いるために同様の資料を作成し、それを公表した（梅原 1933）。また榧本亀次郎と野守健は、永和九年銘塼出土古墳の調査報告書に、「楽浪・帯方郡時代紀年銘塼集録」を掲載した（榧本亀次郎・野守健 1937）。この集録には、資料の所蔵者として、今西龍の息子である今西春秋の名前がみえる。1932 年に今西龍は亡くなっているので、息子を通して今西コレクション楽浪塼を参照したものと思われる。最近の集成作業の成果（李銀真他 2007）によれば、楽浪郡・帯方郡に関連する紀年銘塼は、少なくとも 40 種類以上はあるようである。そのうち 12 種類を有する今西コレクション楽浪塼は、個人としてはかなり多くの紀年銘塼を収集したものと評価できよう。

　このほか、今西コレクション楽浪塼には、「韓」・「大吉」銘塼、菱形文・斜格子文を中心とする幾何学紋様、白虎図・狩猟図・仙兎搗薬図・銭文などが刻まれた塼が含まれる。これらの中には、楽浪土城周辺の塼室墓から出土したことが確認できるものもあり、それらの収集経緯についても今後検討する必要がある。

二　今西コレクション楽浪塼の製作技術

　従来、楽浪塼に対する関心は、主に、塼の長側面や小口面に刻まれた文様・文字の集成と分類にあった。しかし、日本国内の所蔵品の報告が進む中で、製作技術に関わる属性に注目した検討がなされてきた（高正龍 1997、美濃口 1997、竹谷 2008、李銀真 2009）。こうした先行研究を参考にしつつ、現在、筆者は今西コレクション楽浪塼の製作技術についての検討を進めている。

192　第3編　日　　本

　その中でまず注目しているのが、長側面に同じ内容の銘文をもつ2点の塼の間で、小口面の文様や位置関係が異なる例がある点である。なぜこのような塼が存在するのかを検討することによって、塼を作成するための成形型の構造、および塼の製作過程の一端がうかがえると考える。

　もう一つ注目したいのは、文様が刻まれた長側面（Ⅰ面）[2]の反対側の長側面（Ⅳ面）に、塼の文様の一部が、長側面と斜交するように凹凸が逆転して押捺されている例が少なくない点である。Ⅳ面で観察されるこうした痕跡は、成形された塼を乾燥時に井桁状にくみ上げた結果、生じたものと考えられる（李銀真2009、20–24頁）。この痕跡を検討してみると、Ⅳ面に押捺された文様は、Ⅰ面に刻まれた文様と同じである場合が少なくない一方で、両者が異なる場合があることを確認した。特に後者の場合は、長側面の文様が異なる塼が、乾燥時に同じ場所に存在したことを示していると考えられる。こうした情報を総合することにより、塼が製作された工房の状況を、より具体的に復元することができそうである。

　ここではその一例として、2点の「咸寧元年三月造」銘塼を取り上げたい。以下、片方の小口面に菱形文と斜格子文が複合した文様（以下、「菱形・斜格子複合文」と呼ぶ）を配するものを塼a（図1）、小口面の片方に菱形・斜格子複合文、もう片方に、「五官彦作」銘文を配するものを塼b（図2）として説明する。

　まず塼aと塼bのⅠ面には、同内容・同字体の紀年銘文が刻まれている。「寧」・「元」・「月」などの字の表現が微妙に異なるようにもみえるものの、現状としては「同范」であると考えられる。

　Ⅰ面以外の各面に残る文様・銘文・縄目タタキなどの位置関係については、以下の通りである。まず、縄目タタキが施された面（製作時の上面）の位置をみると、Ⅰ面を基準とした時、塼aではⅡ面（向かって左側）、塼bではⅢ面（向かって右側）にある。次に、菱形・斜格子複合文は、塼a・塼b共、銘文帯があるⅠ面側に菱形文が向くようにしてⅤ面（上側）に配置されている。そして、塼bのⅥ面（下側）には、Ⅳ面側を上にして「五官彦作」銘文が配置される。一方、塼aのⅣ面には、菱形文の圧痕が残っている。

　以上の観察から、塼の製作方法に関して以下のような事実を指摘することができる。

①塼aと塼bを製作する成形型は、長側面分2枚の枠板と、小口面分2枚の枠板を組み合わせてつくられていた。

②小口面を構成する枠板には、菱形・斜格子複合文が刻まれたものと、「五官彦作」銘が刻まれたものがあった。長側板を構成する枠板には、「咸寧元年三月」銘が刻まれたものがある。

③成形型は、銘文や文様が刻まれた枠板を、その種類・方向・位置関係を自由に組み合わ

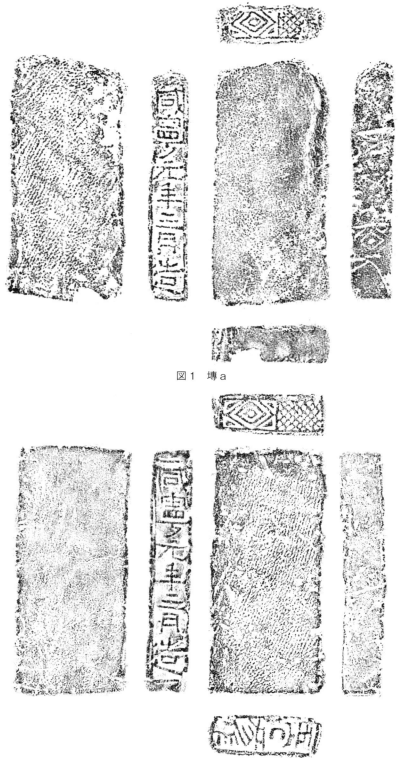

図1 塼 a

図2 塼 b

194　第3編　日　　本

図3　塼c

せて、組み立てることができた。

④塼aのⅣ面に押捺された文様からみて、「咸寧元年三月」銘塼とは別に、長側面に菱形文を主たる文様として刻まれた塼が同じ場所で製作され、一緒に井桁状に組み上げて乾燥された。

こうした事実をもとに、今西コレクション楽浪塼に含まれる他の資料を検討した結果、同じ工房で製作された可能性が考えられる文様塼（塼c）を見いだすことができた（図3）。塼cの長側面には、菱形文を四単位並列した文様が、小口面には「五官彦作」銘文が刻まれている。塼cの菱形文と塼aのⅣ面に押捺された菱形文、塼bと塼cの「五官彦作」銘が、同笵なのかどうかは、容易に判断しかねる。しかし、これらが同笵関係にあると認めてよいならば、複数種類の文様・銘文をもつ枠板を比較的自由に組み合わせた成形型を用いることにより、紀年銘をもつ塼と菱形文が刻まれた塼が、同じ工房内で同時に生産された状況を復元することができよう。

おわりに

　本稿では、今西龍によって収集された楽浪塼の中に多く含まれている紀年銘塼が、1920年代後半に、黄海道の各地で塼室墓が盗掘されたことによって知られるようになった資料の一部であり、今西がその実態を把握する調査をおこなったことを示した。そして、塼の製作技術を検討する中で、長側面・小口面に銘文・文様を刻むための複数の枠板が同じ工房内に存在し、それらを組み合わせた成形型を用いることにより、さまざまな形態の塼が同時に製作された可能性を指摘した。

　本例のように、複数の文様を刻んだ枠板が同一工房内に存在し、それらを組み合わせた成形型で塼が製作された状況は、京都大学総合博物館所蔵の高句麗・千秋塚出土「千秋万歳永固」銘塼でも確認されることを、筆者は指摘したことがある（吉井2001）。この塼に刻まれた銘文には、上下に配された文様や、文字の形態が異なる複数の枠板が存在することが知られている（濱田1987）。そして、千秋塚出土塼の中に、2つの異なる枠板を用いて板組み立てられた成形型で塼を製作した後、片方の銘文をスリ消した例が存在することを指摘したのである。同様の塼があることは、その後に中国で刊行された調査報告書（吉林省文物考古研究所他編著2004）でも確認できる。

　千秋塚で出土した塼は、片方の小口側角を面取りする、という独特な形状をもつ。また、その用途については定説がないものの、少なくとも楽浪塼のように埋葬施設を構築するために用いられたものではない。このように、製作時期・製作集団・用途が異なっているにも関わらず、塼を製作する工房の状況が共通していることに、筆者は興味を覚える。こうした状況が、塼の製作において一般的なものなのか、あるいは、高句麗塼の製作技術的な系統が漢代の塼にさかのぼることによるものなのかについては、今後の課題としたい。

　今回のベトナム・ルイロウ遺跡の調査においても、漢代以降のさまざまな塼が出土している。それらの資料についても、本稿でおこなったような方法で製作技術を分析し、工房の状況を復元することにより、古代東アジア世界で用いられた多様な塼の、製作技術的な特徴における共通性と地域性が検討できるようになることを期待したい。

　注

（1）　今西コレクション楽浪塼に含まれる「建元三年」銘塼は、全体の2分の1ほどが残る「破片」であり、これが1928年に今西が入手したという塼そのものである可能性が十分にある。

（2）　以下、本稿において塼の各面は、竹谷俊夫が用いたように、銘文のある長側面をI面、I面

の向かって左側をII面、右側をIII面、I面の裏側の長側面をIV面、I面の上の小口面をV面、V面の裏側の小口面をVI面、と表現する（竹谷 2008、480 頁）。

参考文献

李銀真 2009「楽浪・帯方塼の製作技法——高浜市やきものの里かわら美術館収蔵資料から——」『東アジア瓦研究』第 1 号

李銀真・高正龍・朴辰一 2007「楽浪・帯方塼の集成と法量的検討」『朝鮮古代研究』第 8 号

梅原末治 1933「朝鮮北部出土紀年塼集録」『支那学』第 7 巻第 1 号

椎本亀次郎・野守健 1937「楽浪・帯方郡時代紀年銘塼集録」『永和九年在銘塼出土古墳調査報告』

吉林省文物考古研究所・集安市博物館編著 2004『集安高句麗王陵——1990〜2003 年集安高句麗王陵調査報告——』、文物出版社

高正龍 1997「京都に将来された楽浪塼について」『京都市埋蔵文化財研究所　研究紀要』第 4 号

小島健二 1937「道内支那領時代の遺跡」『黄海道郷土誌』

竹谷俊夫 2008「張撫夷墓塼の観察所見」『王権と武器と信仰』

濱田耕策 1987「高句麗の故都集安出土の有銘塼」『日本古代中世史論考』

筆者不明 1929「昭和三年度古蹟調査事務概要」『朝鮮』第 171 号

美濃口紀子 1997「熊本博物館所蔵の楽浪・高句麗の瓦塼について——山崎正菫・平野流香コレクション——」『熊本博物館館報』No. 9

吉井秀夫 2001「日本西日本地域の博物館所蔵高句麗遺物」『高句麗研究』12 輯

東夷印の中の「漢委奴國王」金印

石川　日出志

はじめに——真贋論争から四夷印論へ——

　江戸時代の 1784（天明 4）年に、現在の福岡県志賀島で発見された「漢委奴國王」金印は、発見直後に亀井南冥によって、『後漢書』に見える、倭奴国の 57（建武中元二）年の奉貢朝賀に対して光武帝が与えた印と理解された。奇妙な蛇形の鈕をもち、印面に「漢委奴國王」の 5 字を 3 行に彫り窪めた白文・封泥用の印である。南冥の判断は現在まで定説として引き継がれているが、江戸時代以来真贋論議が繰り返されており（大谷 1974）、近年も、鈴木勉（鈴木 2004・2010）・三浦佑之（三浦 2006）両氏が、江戸時代に製作された可能性が高いと強く主張している。これに対して、高倉洋彰（高倉 1995・2008）・大塚紀宜（2008・2009・2015）が反論しているが、平行線のままである。[1]

　筆者は、この金印に関する議論を前進させるためには複眼的研究こそが必要だと考え、2010 年以来これに取り組んでいる。三浦氏は江戸時代の儒学をめぐる学問状況、鈴木氏は金工・篆刻技術史、高倉氏は蛇鈕印の形態変遷や印字構成、大塚氏は蛇鈕印と駝鈕印の比較、それぞれの観点から検討されている。しかし、それ以外にも尺度や金属組成、印面の字形自体など、いくつもの検討項目があり、それぞれがどの程度の信頼性があるのかを検討し、それらを総合する必要があると考える。

　考古学界では、岡崎敬氏が 1967 年に通産省工業技術院計量研究所の協力によって詳細な計測を行い、印面の四辺が 2.341〜2.354 cm、平均 2.347 cm であり、後漢建初銅尺（慮俿銅尺：一尺 23.5 cm）や戦後の漢代出土尺（23.0〜23.81 cm）と整合することから、後漢代の製品と断定した（岡崎 1968a）のを真印とみる有力な根拠とする。しかし、三浦氏が指摘するように江戸時代に漢代尺の値は知られていたし（三浦 2006）、岡崎が基準とした後漢建初銅尺の複製品が江戸時代に流通している（岩田 1979）。一方、戦後の発掘調査で出土した尺をみると後漢代の実例は 23.5 cm 前後に集中する事実もあって、尺度論から真贋論争に迫るのは難しい（石川 2015a）。金：銀：銅＝95.1：4.5：0.5 という「漢委奴國王」金印の金属組成は、後漢代の実例として問題がない一方、江戸時代に後漢代の金製品の金属組成を知る手立てはないので、著しく真印説に有利である（石川 2015a）。そして、もっとも精

度の高い議論が可能なのは印面の字形である。前漢前期から後漢後期までの「氵」・「國」・「王」及び「委」・「奴」中の「女」の4字の字形変遷から判断して、金印の「漢委奴國王」の字形は後漢初期の特徴を備えており、しかもそのことを江戸時代には知ることができないのである。[2]

　しかし、この間の議論の中でもっとも興味深く重要なのが、大塚氏の駝鈕印再加工説である（大塚2008・2009・2015）。この金印には、当初駝鈕として製作された諸特徴が認められることから、再加工されて蛇鈕に改められたという見解である。そして、当初の駝鈕の形態的特徴は後漢代の駝鈕印に酷似することから真印と判断する。

　筆者は大塚説を強く支持するが、それではなぜ当初駝鈕印として製作されたのかについて、誰もが疑問に思うに違いない。そのためには中国歴代王朝が東夷、そして四夷の諸族に与えた印を広く検討する必要がある。これにより、「漢委奴國王」金印研究を、真贋論争から解き放し、歴史資料として積極的に取り上げる方向へと転換する一助としたい。

一　駝鈕再加工説

　大塚氏は、福岡市博物館が所蔵する中国古代印の整理を進める中で、魏晋代四夷印中の駝鈕・馬鈕を詳細に観察して、その形態的特徴からⅠ〜Ⅵ類に分類し、Ⅰ・Ⅱ類を後漢代、Ⅲ・Ⅳ類を魏晋代、Ⅴ類を晋代、Ⅵ類を趙代とする。四夷諸族に与えた印は、印文の冒頭に王朝名が記されるので、年代観に大きな問題は生じない。そのうち後漢代のⅡ類が「漢委奴國王」金印と特徴が酷似するとみなす（大塚2008）。大塚氏は、Ⅱ類の実例のうち福岡市博物館に所蔵される「漢廬水佰長」銅印を取り上げて、「漢委奴國王」金印とともに実測図を作成して比較する。大塚氏の指摘事項を参考にしながら、再加工説の根拠を確認しよう（第1図）。

　まず、「漢委奴國王」金印の鈕は蛇形としてきわめて特異な形態をとっている。蛇体は、鈕孔の前後に頭部と尾部をおき、頭部は前端部から頸を反転させて後方に向ける形である。そして尾部は蛇体側から右回りで先端に至るので、この蛇体は頭部から尾部まで右巻きの螺旋形を描いていることになる。ところが、前面からみると、頸は垂直に立ち上がり、下方は左右のいずれの側にも繋がらない。そして鈕孔上部の蛇体は螺旋形をなさず、左右対称形となっている。つまり、尾部から蛇体が螺旋形を呈するはずであるにもかかわらず、頸から胴部は螺旋形とはなっていない。上面観が尾部を含めて左右対称形となっていることも、蛇形としては特異である。

　それ以上に「漢委奴國王」金印は、蛇形としては特異どころか、理解し得ない形態的特

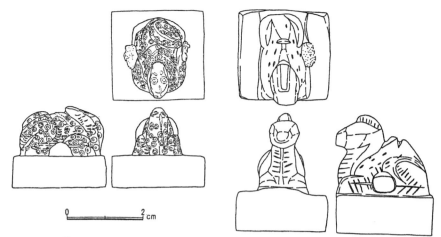

第 1 図　大塚紀宜氏の「漢委奴國王」金印＝駝鈕改作説（大塚 2003）

徴を備えている。まず鈕孔両面の前後（左右）に凹線が水平に走り、その周囲が高まりをなす。蛇体右側の鈕孔後方の高まりはZ字形を呈し、鈕孔前後の凹線周囲の高まりとともに、動物が四肢を折り曲げた形であることが明瞭である。蛇体左側も、尾部の螺旋形で大きな改変を受けているものの、同様に前・後肢の形を留めている。したがって、前面から見て頸部が垂直に立ち上がり、その左右下方に瘤状部があるのも、折り曲げた前肢の膝関節部であると理解できる。「漢廬水佰長」銅印の鈕の駱駝形と比較すると、それら蛇形として理解できない諸特徴が駝鈕に由来することが明らかである。さらに、鈕の表面には蛇の体表をあらわす魚子文（円文）が満たされるが、その間の各所に、緩く弧を描く短い刻線が散見され、それらは駱駝の体毛の表現に由来するものである。駱駝形を削って変形させた部位である頭部上面・鈕孔部蛇体上面・螺旋形尾部には体毛の表現が失われていることも、駝鈕の再加工だと見ることを保証する。「漢委奴國王」金印の実測図と詳細写真を見れば、一目瞭然と言ってよいほどである。

　では、倭奴国に与える印の鈕形が、当初、駱駝形につくられたのは何故なのであろうか。この問題を考えるには、朝鮮半島から中国東北部で出土したか、与えられた東夷印を点検するところから始めるのが適切であろう。なお、こうした検討を行うために四夷の印をこれまで約 700 例を集計して基礎データとしている。

二　楽浪郡と東夷の印

　まず、楽浪漢墓から発掘調査によって出土したことが明らかな印の鈕形を確認する。筆者の集計では 16 例の実例がある（第 1 表）。材質は、玉・銀・銅・木製の 4 種があり、印

200　第3編　日　本

第1表　主な楽浪漢墓出土印

	印　名	出土古墳	鈕式	時期*
1	「永寿康寧」玉印	石巌里第9号墳	亀鈕	Ⅲ期
2	（無字印？）銅？印	石巌里第9号墳	（欠？）	Ⅲ期
3	「王雲」銅印	石巌里第52号墳	亀鈕	Ⅱ期
4	「五官掾王旰印」・「王旰信印」木印	石巌里第205号墳（王旰）墓	両面印	Ⅳ期
5	「王光私印」木印	貞柏里第217号墳	鼻鈕	Ⅲ期
6	「楽浪太守掾王光之印」・「臣光」木印	貞柏里第217号墳	両面印	Ⅲ期
7	不明文字木印	石巌里第212号墳	鼻鈕	Ⅲ期
8	「王□信印」銅印	石巌里第212号墳	亀鈕	Ⅲ期
9	「王根信印」銀印	石巌里第219号墳	亀鈕	Ⅱ期
10	「王根」木印	石巌里第219号墳	両面印？	Ⅱ期
11	「国野」銅印	石巌里第219号墳	半環鈕	Ⅱ期
12	「夫租薉君」銀印	貞柏洞第1号墓	駝鈕	Ⅱ期
13	「周古」銅印	貞柏洞第3号墓	瓦鈕	Ⅲ期
14	「高常賢」銀印	貞柏洞第2号墓		Ⅱ期
15	「夫租長」銀印	貞柏洞第2号墓		Ⅱ期

（＊時期は高久健二1995『楽浪古墳文化研究』による。Ⅰ
期：BC2C末～1C前半、Ⅱ期：BC1C後半、Ⅲ：AD1C、
Ⅳ期：AD2C）

第2表　東夷諸族印

	印　名	出土地／所蔵	鈕式	時期
1	「夫租薉君」銀印	貞柏洞第1号墓	駝鈕	前漢
2	「魏率善韓佰長」銅印	伝慶北道尚州	駝鈕	魏
3	「晋率善穢佰長」銅印	伝慶北道迎日郡	駝鈕	晋
4	「晋率善韓佰長」銅印	（『范氏集古印譜』）	駝鈕	晋
5	「晋率善穢佰長」銅印	（故宮博物院蔵）	駝鈕	晋
6	「晋率善□佰長」銅印	（上海博物院蔵）	駝鈕	晋
7	「晋夫餘率善佰長」銅印	（故宮博物院蔵）	馬鈕	晋
8	「晋高句麗率善邑長」銅印	（故宮博物院蔵）	馬鈕	晋
9	「晋高句麗率善邑長」銅印	（『顧氏印藪』）	駝鈕	晋
10	「晋高句麗率善仟長」銅印	（『范氏集古印譜』）	駝鈕	晋
11	「晋高句麗率善仟長」銅印	（天津藝術博物館蔵）	駝鈕	晋
12	「晋高句麗率善佰長」銅印	（中国歴史博物館蔵）	馬鈕	晋

　文からみて、貞柏里第217号墳出土の「楽浪太守掾王光之印」と貞柏洞第1号墓出土「夫租薉君」[3]銀印を除くと、いずれも私印とみなしてよい。その鈕形は、亀鈕5例、鼻鈕・両面印各2例、瓦鈕・半環鈕・駝鈕各1例であり、駝鈕1例を除くといずれも漢帝国内の官吏の官印・私印と鈕形が合致している。当然のことではあるが、むしろ重要なのは唯一駝鈕なのが東夷の「夫租薉君」であり、厳然と区別されていることである。第1表では、各事例を出土した墓葬の編年について高久健二氏の見解（高久1995）を引用したが、Ⅱ期はBC1世紀後半、Ⅲ期はAD1世紀である。四夷への印綬給賜が、文献上は『漢書』宣帝紀の甘露3年（BC51）、匈奴の来朝に対して「賜以璽綬」したことに始まるが、実物資料からこれを確認するのは難しい現状にある。このことからみると、Ⅱ期の「夫租薉君」銀印は、駝鈕印の実例としては共伴遺物から年代を絞れる最古級の実例ということになる。

　次に、「夫租薉君」銀印を含む漢魏晋代に東夷諸族に与えられた印を集成してその鈕形を確認する（第2表・第2図）。印譜に収録されながら実物の所在が確認できない事例3例を含めて12例を数えることができる。その鈕形をみると、各報文に準拠すれば駝鈕9例・馬鈕3例となっている。背にふたこぶを明瞭に造り出さない資料を、駝鈕と馬鈕のいずれと判断するかは微妙な問題があり、その明解な峻別は今後の課題とするとしても、駝鈕や馬鈕は、漢魏晋代には匈奴・烏桓・鮮卑・胡・羌など北方および西方の諸族に与えた

第2図　東夷出印（1：梶本1975、2：朝鮮遺跡遺物図鑑1989、3：湖巖美術館1997、4：荘・茅1999、5：羅2005：縮尺不同）

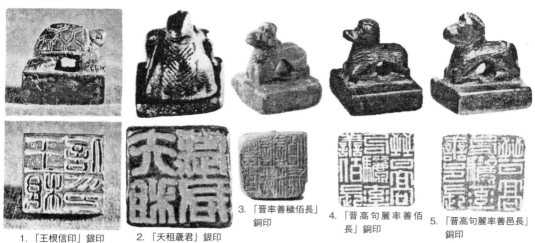

1：梶本杜人・中村春寿1975『楽浪漢墓第2冊　石巌里第219号墓発掘調査報告』楽浪漢墓刊行会；PL.24
2：朝鮮遺跡遺物図鑑編集委員会1989『朝鮮遺跡遺物図鑑』2巻；p. 109
3：湖巖美術館1997『湖巖美術館所蔵金東鉉翁蒐集文化財』三星文化財団；p. 56
4：荘新興・茅子良1999『中國璽印篆刻全集1　璽印・上』上海書画出版社；856
5：羅福頤1982『故宮博物院蔵古璽印選』文物出版社；396

印の鈕形であり、東夷諸族の場合もこれに倣ったとみることができる。東夷印12例中に前漢・魏代の事例が各1例にすぎない点に統計的信頼性の問題があるものの、後漢代の四夷諸族に与えた印で、鈕形が分かる実例92例中、駝鈕81例（再加工2例を含む）、蛇鈕3例、鼻鈕・羊鈕・獣鈕各2例、瓦鈕・亀鈕各1例となっており、駝鈕を基本とする制度が確立しているとみられる。したがって、北方および西方の諸族に与えたのと同じ鈕形の官印を東夷諸族に与えたものと理解してよい。

以上の検討結果に基づけば、倭奴国に与える官印の鈕形は、東夷の一員であるからには駝鈕として製作されるのはむしろ当然だったとみるべきである。

三　蛇鈕への再加工

それでは、なぜ蛇鈕に再加工されたのであろうか。その際にまず注目したいのは、四夷印を集成してみると、駝鈕を再加工して本来の形状を変更している事例が各地の所蔵資料中に散見されることである。このことについては、すでに加藤慈雨楼氏が気づいており、後漢代の事例である藤井有鄰館蔵「漢匈奴帰義親漢君」銅印を獣形としつつも、本来駝鈕であったことを付記している（加藤1986a：資料13）。この駝鈕印の再加工については、再度論じる予定であるが、駱駝の特徴を著しく減じた事例がほとんどであるのに対して、「漢

委奴國王」金印は蛇鈕という新たな形態への改変を行っていることに注目したい。つまり、蛇鈕への改変は積極的な意図があった可能性が高い。それは、『後漢書』の倭奴国の記事の後に「倭国之極南界也」とある点が重要である。「倭国」という表記がのちの編纂時の認識であるとしても、倭奴国が「倭国」の南端にあり、東夷諸国の中でも著しく南方に偏るという認識から発したものだと考えるべきであろう。

　顧従徳は『集古印譜』の中で「晋蛮夷率善仟長」銅印を取り上げ、それが「虺鈕」すなわちマムシ形の鈕であるのは、蛮夷・南蛮の地は蛇や虺が多いことによる、と述べる。それでは、蛮夷印における蛇鈕はどの程度の比率なのであろうか。集計してみると、蛮夷印は41例あり、内訳は後漢6例（駝鈕4・蛇鈕2）、魏・蜀13例（駝鈕9・蛇鈕4）、晋22例（駝鈕10・蛇鈕9・瓦鈕1・不明2）となっている。「蛮夷」も時代ごとに対象地が変化することに十分な注意が必要だが、基本的に「南蛮」を指すにもかかわらず、蛇鈕ではなく駝鈕が多数を占めるのは意外ではなかろうか。ところが、ここに駝鈕と蛇鈕の分類という大きな問題がある。出典から形態が判別できるのは全て蛇鈕であり、「駝鈕」とされた資料は、本来蛇鈕とすべき疑いがある。前漢代の蛇鈕としては、前漢中期の雲南省石寨山6号墓出土「滇王之印」金印、前漢後期とみられる広西壮族自治区合浦県堂排1号漢墓出土「労邑執刲」琥珀印が著名だが、近年ではいずれも南方地域で製作された可能性が説かれている。前漢代以来南方地域で蛇鈕を自ら好む認識が後漢代に中原にも継承されていれば、倭奴国印の蛇鈕への再加工もあり得ることになる。ただし、この問題を解くには、後漢代の「蛇鈕」印の諸例が、果して当初から蛇形として製作されたのか、それとも駝鈕の再加工品であるのかを明らかにする必要がある。

お わ り に

　以上、本稿では、大塚紀宜氏の「漢委奴國王」金印が、当初駝鈕として製作されたものが蛇鈕に再加工されたという見解を支持した上で、なぜ駝鈕なのか、そしてなぜ蛇鈕に改変されたのかを考えてみた。東夷諸族に賜授する印は、北方や西方諸族と同様の鈕形としたために、駝鈕として製作されるのはむしろ当然なのであり、倭奴国が「倭国之極南界」であるとの認識から蛇鈕に再加工されて賜授された、と考えた。しかし、このことをより具体的に論じるためには、四夷印の多角的かつ詳細な検討を行い、その中で蛇鈕印を考えることが必要であり、今後の課題としたい。

注

(1) 真贋双方の見解を相互に公開で交わす場が必要と考え、2012 年 12 月 15 日に、筆者による問題提起ののち、鈴木・高倉・大塚 3 氏が所見を発表し、相互に議論し合い、三浦氏にもコメントを頂く機会を設けた（『古代学研究所紀要』第 23 号、2015）。

(2) 石川 2016 などに概要を紹介したが、詳報は今後順次公表する予定である。

(3) 「夭租薉君」銀印は、これまで「夫租薉君」と読まれてきた（岡崎 2002）が、林澐氏によって「夭租薉君」と読むべきことが論証され（林 2008）、籾山明氏も林説に従っている（籾山 2011）。

参考文献

（邦文）

秋山進午 2010「魏晋周辺民族官印制度の復原と『魏志倭人伝』印」『史林』第 93 号第 4 号、pp. 69–99

石川日出志 2014a「金印真贋論争の考古学的再検証」『第 34 回考古学研究会東京例会』pp. 7–27

石川日出志 2014b「「漢委奴國王」金印と漢～魏晋代の東夷古印」『第 5 回高麗大学校・明治大学国際学術会議　文学と歴史を通してみた東アジア』高麗大学校 BK21・明治大学大学院文学研究科、pp. 36–42

石川日出志 2015a「「漢委奴國王」金印と漢代尺・金属組成の問題」『考古学集刊』第 11 号、pp. 93–103

石川日出志 2015b「金印と弥生時代研究――問題提起にかえて――」『古代学研究所紀要』第 23 号、pp. 99–109、明治大学日本古代学研究所

石川日出志 2016「新説！　私はこう考える 1　金印真贋論争は「真印」で決着した！」『歴史REAL 新説・新発見の日本史』pp. 12–17、洋泉社

岩田重雄 1979「中国における尺度の変化」『計量史研究』1–2、pp. 1–37

岩手県立博物館 1990『太田孝太郎コレクション　中国古印』

大谷光男 1974『研究史　金印』吉川弘文館

大塚紀宜 2008「中国古代印章に見られる駝鈕・馬鈕の形態について――中国古代印章 2・付編――」『福岡市博物館研究紀要』第 18 号、pp. 84（1）–71（14）

大塚紀宜 2009「マイクロスコープによる金印の表面観察とその検討」『福岡市博物館研究紀要』第 19 号、pp. 84（1）–63（22）

大塚紀宜 2012「金印の詳細観察と中国古代印章との比較」『「漢委奴國王」金印研究の現在』明治大学古代学研究所（大塚資料 9 頁）

大塚紀宜 2015「金印の詳細観察と中国古代印章との比較――特に駝鈕印について――」『古代学研究所紀要』第 23 号、pp. 135–143、明治大学日本古代学研究所

岡崎　敬 1968a「『漢委奴國王』金印の測定」『史淵』第 100 輯（九州大学文学部考古学研究室 1975

204　第3編　日　本

　　『志賀島』pp. 84-92）

岡崎　敬 1968b「『夫租薉君』銀印をめぐる諸問題」『朝鮮学報』46（春成秀爾（編）2002『シルク
　　ロードと朝鮮半島の考古学』第一書房、pp. 167-188）

加藤慈雨楼 1986a『漢魏晋蕃夷印彙例』丹波屋

加藤慈雨楼 1986b『漢魏六朝蕃夷印譜』丹波屋

梶本杜人・中村春寿 1975『楽浪漢墓第2冊　石巌里第219号墓発掘調査報告』楽浪漢墓刊行会

高倉洋彰 1995『金印国家群の時代』青木書店

高倉洋彰 2008「漢の印制からみた『漢委奴國王』蛇鈕金印」『國華』第 1341 号、pp. 5-15・巻頭図版

高倉洋彰 2015「型式学と漢の印制からみた金印」『古代学研究所紀要』第 23 号、pp. 123-133、明
　　治大学日本古代学研究所

鈴木　勉 2004『ものづくりと日本文化』橿原考古学研究所附属博物館選書（1）

鈴木　勉 2010『金印・誕生時空論』雄山閣出版

鈴木　勉 2015「「漢委奴國王」金印・誕生時空論」『古代学研究所紀要』第 23 号、pp. 111-121、明
　　治大学日本古代学研究所

鈴木勉・高倉洋彰・大塚紀宜・石川日出志 2015「公開研究会〈「漢委奴國王」金印研究の現在〉：
　　質疑応答」『古代学研究所紀要』第 23 号、pp. 145-153、明治大学日本古代学研究所

三浦佑之 2006『金印偽造事件』幻冬舎新書 015

籾山　明 2011「金印と冊封体制──漢代史の視点から──」『弥生時代の考古学』3、pp. 238-252、
　　雄山閣出版

　　（中文）

顧従徳 1575（初版 1572）『集古印譜』

羅福頤 1982『故宮博物院蔵古璽印選』文物出版社

王人聰・葉其峯 1990『秦漢魏晋南北朝官印研究』香港中文大学文物館

孫慰祖 1993『両漢官印匯考』上海書画出版社・大業公司

天津市藝術博物館 1997『天津市藝術博物館蔵古璽印選』文物出版社

荘新興・茅子良 1999『中國璽印篆刻全集1　璽印・上』上海書画出版社；856

林　澐 20008「"夬租丞印"封泥与"夬租薉君"銀印考」『林澐学術文集』（2）、pp. 182-185、科学出
　　版社

陳松長 2004『湖南古代璽印』上海辞書出版社

故宮博物院（編）2008『故宮収蔵　你應概知道的 200 件　官印』紫禁城出版社

浙江省博物館 2009『浙江省博物館典蔵大系　方寸乾坤』浙江省古籍出版社

　　（ハングル）

高久健二 1995『楽浪古墳文化研究』学研文化社

湖巌美術館 1997『湖巌美術館所蔵金東鉉翁蒐集文化財』三星文化財団

朝鮮遺跡遺物図鑑編集委員会 1989『朝鮮遺跡遺物図鑑』2巻

六朝建康城と日本藤原京

佐川　英治

一　藤原京のプラン

　日本の平城京や平安京が唐の長安城の設計を模して作られたことは今日では常識に属するが、学問的にそのような認識を獲得したのは近代になってからのことである。関野貞が1907年に発表した「平城京及大内裏考」には「西京は東京に比して規画すこぶる整備し、大いにわが平城京の制度に近きところあれば、わが平城京はおそらくは当時の首都たりし、この西京の規模を参酌せしものならん」[1] とあり、岸俊男はこの関野の研究をもって平城京と唐長安城を比較した最初の研究としている[2]。

　今日では、平城京の全体としての設計に関して、従来考えられている以上に長安城の設計を研究したものであることが井上和人によって明らかにされている[3]。従来、長安城が横長であるのに対して平城京が縦長であることは、設計上の大きな違いの一つとして注目されてきた。しかし、井上によれば、平城京は唐の長安城の各辺を2分の1にして、平面的には正しく4分の1サイズにしたものを90度回転させて設計した都城であり、回転させることにより、面積的には4分の1ながら、唐の長安城の朱雀大街の七割程度の長さの朱雀大路を確保したのである。つまりは唐長安城の特色を十分に知悉したうえでの効率的な設計であったといえよう。さらに唐の長安城東南隅の曲江池に当たる場所には越田池が、宮城の北の西内苑に当たる場所には松林苑が築かれるなど、平城京では長安城の複製ともいえる設計が採用された[4]。

　では、そうした唐の長安城の都城設計はいつ日本に入り定着したのであろうか。日本において条坊制をともなう本格的な都城が出現したのは、7世紀末の藤原京であるとされている。すなわち平城京は、日本で最初の都城である藤原京からの遷都をへて誕生した都城であった。問題は藤原京と平城京の関係である。持統天皇八年（694）が藤原京に遷都してから和銅三年（710）に平城京に遷都するまで16年ほどしか経っていない。従来、藤原京は規模では平城京より小さいものの、平城京に先行して長安城の設計を取りいれた都城であるとされてきた[5]。そして藤原京で取り入られた長安の規画を拡大したのが平城京であると考えられてきたのである[6]。

しかし、藤原京については、1987年以降の考古学的な調査を通じて、都城の設計に対する研究者の認識は大きく変わることになった。従来京外と考えられていた地域から次々と条坊の跡が発見され、京域の推定区域はしだいに拡大していった。そして今日では藤原京は平城京や平安京をもしのぐ日本古代史上最大規模の都城であり、しかも約5.3キロ四方（10里四方）と推定される正方形の都城のほぼ中央に外濠を備えた宮殿区が位置する中央宮城型の都城とするいわゆる大藤原京説が有力となっている[7]（図1）。

ここにおいて、従来長安城型と考えられていた設計は大きく見直されることになり、次の三つの問題が生じることになった。第一は、宮を中央に置く藤原京の設計は何に由来するのかという問題であり、第二は、なぜ平城京で長安型の設計が取りいれられることになったのかという問題であり、そして第三は、藤原京から平城京への遷都はなぜおこなわれたのかという問題である。第三の問題については、藤原京から平城京への設計の変更が明らかになったことで、遷都についても設計の変更が主たる目的と考えられるようになった。今日これらの問題についてはなお議論が進行中であるが、ひとまずは議論の中心となっている説についてみておこう[8]。

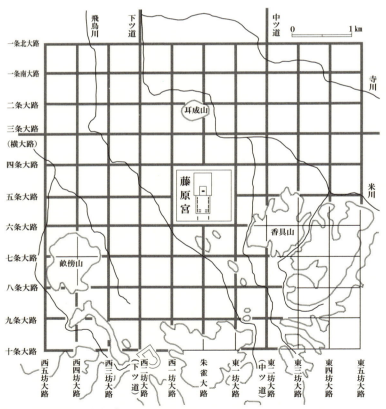

図1　大藤原京の基本プラン（小澤毅『日本古代宮都構造の研究』青木書店、2003年、221頁「藤原京の復元」をもとに作成）

六朝建康城と日本藤原京　207

　第一の問題については、中村太一と小澤毅によって『周礼』考工記のプランによるとする説が出されている。確かに中村らによる復元案をみると、『周礼』考工記の「方九里、旁三門、国中九経九緯、経涂九軌、左祖右社、面朝後市」と相似する部分がある。しかし、『周礼』の忠実な再現とはいえず、しかも上記の一文は考工記に示されたプランのごく一部に過ぎない。したがって、『周礼』を模したかどうかについてはすでに多くの疑問が出されており、一部の研究者はなお南北朝時代の都城の影響を考えるべきだとしている。

　第二と第三の問題は不可分であるが、一つに大宝元年（701）に大宝律令を制定したのち、大宝二年（702）に33年ぶりの遣唐使を派遣し、二年後の帰国によって最新の長安城の情報がもたらされた結果、律令国家に相応しい都城の姿として長安城のプランを認識するにいたり、それにならった都城を築くために和銅元年（708）に平城京への遷都を決め、和銅三年（710）に遷都したとする説がある。また藤原京の朱雀大路は地形にも制約されて短く、唐の長安でおこなうような天皇の権威を高める儀礼を遂行しえなかったため、遷都して長安城型の平城京を造ったという説も論じられている。しかし、これらの説もまた十分と思えないのは、宮城を北に置く都城のプランは、すでに隋代から長安の大興城にも洛陽城にもおこなわれていたものであって、慶雲元年（704）の遣唐使の帰国まで日本の為政者がそれを知らなかったとは思えない。もし多くの論者がいうようにこの時の遣唐使の情報によって平城京が設計されたとするならば、あらかじめ彼我の違いを知った上で現地に赴き、情報を収集してもち帰ったのでなければ、井上が言うような巧みな設計はできないのではないだろうか。

　朱雀大路を境に都城を左京職と右京職に分掌させる制度や朱雀大路を夾んで左右対称に東西市を置く制度もまた唐の長安を踏襲したものと考えられる。この左右京職や東西市の制度は701年の大宝令で定められたとされるが、そうであるとすれば、702年に遣唐使を派遣する前にすでに唐の長安城の模倣を企画していたのである。しかも、のちに述べるように、左右分治の制度や東西市の制度は、突出した規模をもつ中軸線道路が都城を左右に二分する設計と深く結びついているわけであるから、平城京が宮を北詰めに置き、他の道路とは隔絶した幅をもつ朱雀大路を作ったことは、大宝令の制度を十全なかたちで具現化したものに他ならない。すなわち、唐の長安城の設計は、701年の大宝令でまず制度的に導入され、702年に派遣された粟田真人らの実地調査をへて、708年に始まる平城京の造営で実践されたと見るべきであろう。

　翻って藤原京が宮を中央に置き、朱雀大路にも突出した規模の道幅をつけなかったことは、単に設計として未熟であったということではなく、すでに北村優季が論じているように藤原京と平城京は「性格がまったく異質」であったことを示唆している。『周礼』考工

208　第3編　日　本

記にいう「九経九緯」とは、唐の賈公彦の疏によれば、南北と東西にそれぞれ9本の道路を通すのではなく、男子・女子・車が通る三道を備えた道路を南北と東西に3本ずつ通すことを意味しており、大藤原京の想定とは読み方が異なるのであるが、東西南北の道路に明らかな優劣がなく、突出した規模の中軸線道路をもたないという点では一致しており、[16]それゆえに都城が左右に二分されていないという点でも中国都城制の伝統的な観念に合致する。一方、唐長安城の設計が中国の都城制のなかでも異質であることは、すでに那波利貞が指摘している。[17]

　以上のように、藤原京から平城京への変化は、同じ設計の延長線上での発展ではなく、あるタイプの都城からあるタイプの都城への転換であった可能性がある。そしてそのような都城制の転換はすでに中国でも起こっていたのである。そこで以下では、藤原京と平城京の設計および前者から後者への転換を、広く東アジアの都城制の展開のなかに位置づけて考えていくことにしたい。

二　北朝系都城と南朝系都城

　かりに中央宮闕型の藤原京が、中国の都城に対する認識不足のために『周礼』考工記から発想して作られた都城であるとすれば、藤原京のプランは中国における都城の発展とは無関係に登場したプランであるということになる。確かに藤原京の中央宮闕型プランは隋唐長安城のプランとは全く異なるものであり、当時の中国における都城観念とはかけ離れているように見える。しかし、このような見方は、北朝隋唐における都城の発展にのみ言えるものであって、中国都城の発展、とりわけ南朝の建康城に対して十分な注意が払われたものではない。[18]

　そもそも宮城が都城の北部にあって直接禁苑に接続する都城のプランは北魏の平城に始まる。[19]平城の宮城は北側に広大な鹿苑と接続していた。宮崎はその理由を征服者たる鮮卑の皇帝が漢族住民に囲まれることを嫌ったためであると解釈したが、平城の歴史的な展開から見るならば、元来平城に遷都して鹿苑を築いた道武帝の時代にあっては、皇帝の社会経済生活の中心は鹿苑にあり、宮城はむしろ鹿苑の附属物に過ぎなかった。北魏にとって鹿苑は単なる宴遊の場ではなく、内部に多くの宮殿や重要な祭祀施設を擁する広大な放牧場であって、北魏の遊牧経済にとってきわめて重要な役割を果たしていたのである。[20]平城の里坊が宮城の南側にしか広がらなかったのは、実にこのような鹿苑の重要性のためであった。

　このため孝文帝が漢化政策を実施する際に、平城にも新たに中国的な礼制施設を築いた

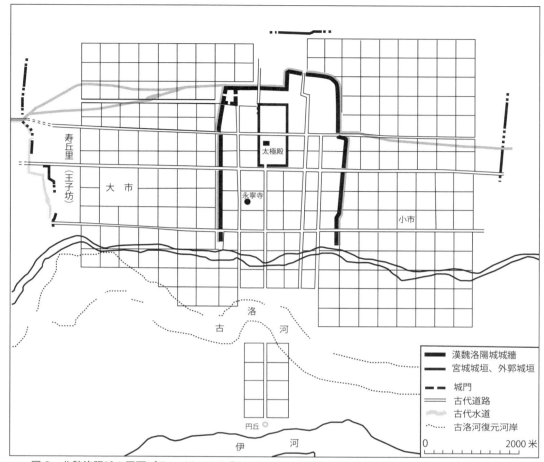

図2　北魏洛陽城の平面プラン（佐川英治『中国古代都城の設計と思想』勉誠出版、2016年、270頁を一部変更）

が、それらはもっぱら南郊に設置された。孝文帝はそれまで西郊や東郊にあった遊牧的な祭祀の場を廃止し、宮城から南に延びる御道に沿って太廟や明堂、辟雍や円丘壇を築くことで中国的都城制度導入の証としたのである。まさに都城における遊牧文化と中国文化の融合のなかで、宮城と南郊を結ぶ御道は中国化の象徴として特殊な意味をもつようになるのであって、北魏が洛陽に遷都して外郭城を築くにあたっては、この御道を中軸線として設計がおこなわれることになる（図2）。隋唐長安城のプランはこの北魏洛陽城のプランを踏襲したものである。

　勿論、中国の伝統的な都城制度においても、南郊が重視されたことは変わりない。ただし、中国の伝統的な都城制度においては、南郊はまた五郊の一つであり、南郊と同様に他の東郊、西郊、北郊、中郊も重視されるべき祭祀であった。五郊の制度は後漢明帝の永平年間に定められたが、諸々の史料を総合すれば、東郊は洛陽城外8里の甲寅の地、南郊は城外7里の丙巳の地、西郊は城外9里の庚申の地、北郊は城外6里の壬亥の地、中郊は城

210　第3編　日　　本

外5里の丁未の地である。これらの距離と方位はみな陰陽五行の理論にもとづいたものである。

　ここで五郊設置の意義を考えるために前漢の長安のことに遡ると、『漢書』巻28上地理志によれば、元始二年（後2）の戸口統計で、京兆尹の長安県の戸数は80,800、口数は246,200であった。一方、左馮翊の長陵の戸数は50,057、口数は179,469であり、右扶風の茂陵の戸数は61,087、口数は277,277であった。すなわち、長安は戸数こそ多かったが、口数では茂陵が上まわっていた。皇帝に仕える官僚の場合でも家族は陵邑に暮らす場合があり、陵邑は長安の衛星都市のごとくなっていた。佐藤武敏は長安城内の人口を16万人程度と推計したうえで、それでもなお首都にもかかわらず人口が少ないのは、長安城と諸陵邑が一体となって「大長安」と呼ぶべき首都圏を構成していたからであるとしている。このように長安城は主として宮殿と官署を中心にそれと直接かかわる皇族、官僚、軍隊などが暮らす里を囲んだ都城であって、その家族など二次的なかかわりをもつ都市民は陵邑に暮らしていて城外には暮らしていなかった。

　城外が都市設計に含まれてくるきっかけは、前漢成帝の時代に丞相の匡衡の建議によって長安城外に南北二郊が築かれ、さらに平帝の時代に王莽によって霊台、明堂、辟雍などの礼制建築が長安城の南郊に築かれたことにある。『漢書』巻99上王莽伝に引く王太后の詔に、王莽に協力した孔光らの功績を称えて、「霊台・明堂・辟雍・四郊をつかさどり、制度を定めた」とあり、王莽によって四郊の制度も定められたことがわかる。すでに元帝以来、陵墓に県邑を置くことは廃止され、渭水北岸では新たな衛星都市が建設されなくなっていた。その一方で元帝は、京城に比較的近い場所にあったと考えられる禁苑を貧民に開放している。これらのことからすると、このとき長安城外は新たな二次的都市民の居住地となった可能性がある。匡衡の南北二郊の設置や王莽の四郊の制定は、こうした新たな都市空間の出現に対応するものであった。

　したがって、中国の伝統的な都市空間の観念には、そもそも宮城の北側をすべて皇帝の禁苑としてしまうような発想はなかった。例えば、魏晋時代の洛陽城においては北側にも都市民の生活空間が存在していた。『水経注』巻16・穀水条に「場の西は故の賈充の宅なり」とあり、大夏門の外にある宣武場の西には賈充の邸宅があった。また『世説新語』汰侈篇に「王武子（王済）、責を被り、第を北邙の下に移す。時に人多く地貴く、済は馬射を好み、地を買い埒を作り、銭を編んで地を匝らせ埒を竟す。時人号して金溝と曰う」とあり、王済の贅沢な邸宅が邙山の麓にあったことが記されている。これに対して北魏の北郊には、ほとんど住宅の存在が見えなくなる。洛陽城の北壁には西に大夏門、東に広莫門があったが、『洛陽伽藍記』の序文には「広莫門以西より、大夏門に至るまで、宮観相連

六朝建康城と日本藤原京　211

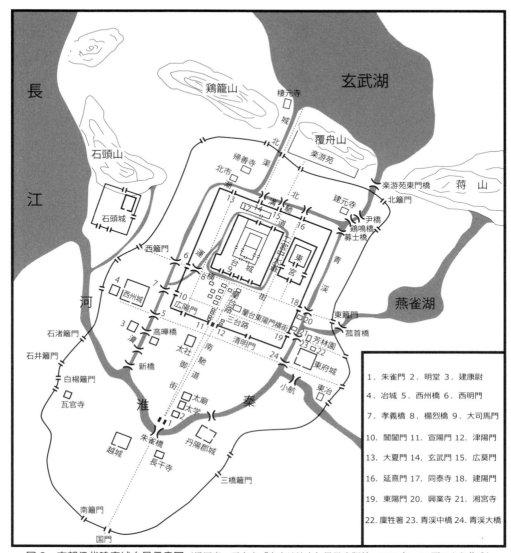

図３　南朝梁代建康城布局示意図（楊国慶・王志高『南京城墻志』鳳凰出版社、2008 年、37 頁により作成）

なり、諸を城上に被らすなり」とあることから、宮崎市定は城の北は宮室に附属した後苑とも言うべき土地であったとしている。
(30)

　後漢の五郊制度は魏晋の洛陽に受けつがれ、北魏も五郊の制度を継承した。ただし、北魏は五郊を重視せず、鄭玄の学説を利用して円丘を祀った。円丘は太極殿と南北に正対する伊水の北岸に築かれ、両者は一本の直線道路で結ばれ、洛陽の外郭城はこの中軸線に対して左右対称に設計された。北魏は中国的な礼制を導入しているが、礼の伝統や理論には
(31)
束縛されておらず、彼ら自身の習慣に合うよう大胆に作り替えている。

　これに対して東晋の建康では、五郊の建設は留め置かれ、南北二郊のみおこなわれたが、

南郊は後漢以来の伝統を守って東南巳の地に置かれた。宋の孝武帝は宮城の正午に当たる牛頭山の西に南郊を移し、新たに馳道を作って両者を結ぶなどしたが、孝武帝の死後南郊はもとの東南巳の地に戻された。因みに、藤原京の朱雀大路の延長線上には天武・持統天皇陵があるが、宋の一部の皇帝の陵墓は牛首山の南郊壇の近くに築かれた。北朝系の都城では皇帝の陵墓はみな都城より北の位置に置かれるが、南朝では特に北に限られることはなかったのである。[34]

　建康は孫権によって基礎が築かれた都城で、玄武湖と鶏鳴山を背にして宮城を置き、南の秦淮河との間に御道を築いて都市の中心街としていた。このため南朝の建康城もまた全体として見れば北部に宮城があり南部に都市空間が広がる配置になっていた。東晋時代に築かれたと考えられる籬門（外郭）の範囲は、『太平御覧』巻197・藩籬に引く『南朝宮苑記』に記されているが、これを反映して北に狭く、南に広い都城域となっている（図3）。ただし、建康では都城の北にも潮溝に沿って大官貴人の邸宅が立ち並び、宋のときには北市が設置されて梁に到るまで大市・南市と並ぶ三市の一つに数えられていた。『資治通鑑』巻162・武帝・太清3年5月條の胡注に引く『金陵記』に「梁都の時、戸は二十八万あり。西は石頭城、東は倪塘にいたり、南は石子岡にいたり、北は蒋山（鍾山）をすぎ、南北おのおの四十里」とあるのによれば、梁ではもっぱら東と北に都城域が大きく広がったことがわかる。このほか、梁代における南北郊と籍田の位置などを考えれば、南朝における建康の都城空間は、都城を中心として南・北・東それぞれ15里ほどの距離で取り囲むように発展したことがわかる。梁陳では五郊の制度も復活したらしく、建康は呉の都城の影響や地形の制約を受けながらも、方向性としては都城の四方に比較的均等な価値を置く五郊の理念に沿った環状型の都市へと発展したのであった。[39]

三　東アジアのなかの藤原京

　以上のように、遊牧文化の影響を受けながら発展してきた隋唐長安城と後漢以来の五郊制度の伝統のうえに発展してきた六朝建康城では、都城の構造が異なるのは当然である。こうした隋唐長安城と六朝建康城の違いにいち早く目を向けたのは外村中である。[40]外村は六朝建康城の詳細な検討を通じて、隋唐長安城との差異として次の7点があった可能性を示唆している。①長安は比較的堅固な外郭壁を持っていたが、建康はそうでなかった。②長安の外郭内は整然と区画されていたが、建康ではそうではなかった。③長安には南北の軸と見なせる1本の道路があったが、建康には1本の主軸のほか、それに平行して、さらにもう1本主要な道路が走っていた。④長安では、外郭内に南北の軸を対象にして東西に

市があったが、建康では外郭内に市は散在していた。⑤長安では都城北壁の外北は禁苑で、外郭居住地を置かなかったが、建康では都城北壁の外北にも外郭居住地があった。⑥長安の都城内は、官庁街で居住区を置かなかったが、建康の都城内には居住区も置かれていた。⑦長安の宮城は、都城の内北にあり、都城北壁は宮城北壁に接していたが、建康の宮城は、都城の中ほどにあり、都城北壁と宮城北壁は接していなかった。

ただし、外村は以上の差異を指摘しつつも、北朝の都城については「六朝の建康に、北魏の洛陽や北斉の鄴城などに通じ隋唐の長安には見られない特徴が、以上の相違点の中において見出せそうな気がする」と述べるに止まり、北朝の都城と建康との差異を考察する方向には向かわなかった。しかし、これらの差異の多くは、すでに北魏洛陽城と六朝建康城との間にみられるものである。ここではこれらの差異の幾つかが、藤原京と平城京の間の差異とも共通する可能性について指摘しておこう。

藤原京の朱雀門大路がその長さにおいても幅においても貧弱であることは、つとに指摘されてきた。藤原京の南には丘陵が迫っており、羅城門は築かれなかった可能性が高い。さらに平城京の朱雀大路は側溝心心間で210大尺（約74.5m）であるのに対して、藤原京のそれは70大尺（約24.8m）しかない。これは京内の他の道路と比較してみたときに、藤原京の朱雀大路が後の平城京や平安京の朱雀大路のような隔絶した地位になかったことを示している。こうした藤原京の朱雀大路の貧弱さは、一見中国的都城との明らかな差異をなしているようであるが、実はこのように一本の南北道路だけに特別な地位を与えるのは、北魏洛陽城以来の北朝系統の都城の特徴であり、外村が③で指摘しているように、建康城にはあてはまらない。考古学的な調査によれば、現在発見されている建康の主軸道路の幅は、孫呉の路面の幅で14.5mしかなく、南朝にいたっても23.3mしかない。宋の孝武帝は南郊を宮城の正面に当たる牛頭山の西に移した際に、新たに馳道を建設しているが、これはもとの御道の道幅が狭かったためでもある。その南郊も孝武帝の死後はもとの東南巳の地にもどされた。建康城では御道は官署や富室が多く集まる場所であり、宗廟や太社、太学、明堂もこれに沿って置かれたが、郊祀に向かうための南郊路はまた別にあった。さらにこれを遡れば魏晋の洛陽城もまた同じであって、宮城正門の閶闔門から南に延びる銅駝街は都城の宣陽門には通ぜず、かえって司馬門から南に延びる馳道が宣陽門に達していたのである（図4）。

これに対して、宮城の正面に円丘を置き、両者を結ぶ道路に諸機能を集中させたのが北魏の洛陽城である。この道路は都城全体を中分するように設計されており、景明二年（501）にこの道路と郭城が建設され、正始二年（505）には洛陽県から河陰県が独立する。『洛陽伽藍記』には洛陽県が郭城東部の綏民里に置かれ、河陽県は郭城西部の大市の東南、

214　第3編　日　本

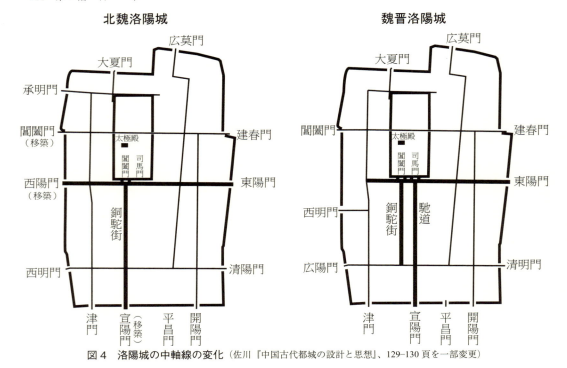

図4　洛陽城の中軸線の変化（佐川『中国古代都城の設計と思想』、129-130頁を一部変更）

皇女台の西にあったとするが、河陽県は角山典幸のいうとおり河陰県とするのが正しく、都城周辺の人口の増加によって郭城内外の東部は洛陽県が、西部は河陰県が治めるようになったものであろう。前漢の長安城が長安県の治であり、後漢の洛陽城が洛陽県の治であるように、元来都城は一県の治であったが、北魏の時代にはじめて左右に分割される。そして中軸線道路を夾んで西に大市が、東に小市が対置されるようになるのである。

このように行政区画を左右で二分することは北魏洛陽城の設計を受け継いだ東魏北斉鄴城でも同じであり、鄴県が城内の右部（西側）と城外の南部・右部・西部を、臨漳県が左部・東部・北部を管轄した。北周においては『太平寰宇記』巻25・関西道1・雍州1に『周地図記』を引いて「後周明帝二年（558）、長安、覇城及び姚興の置く所の山北の三県の地を分け、始めて長安城中に万年県を置き、八角街已東を理めて、京兆尹に属せしむ」とあり、八角街（未詳）を境に東を万年県、西を長安県が治めたことがわかる。これが隋の大興城、唐の長安城にも受け継がれて、朱雀大街の西を長安県、東を万年県（隋は大興県）が管轄したのである。一方、建康城は『宋書』巻15・礼志2に引く宋文帝・元嘉十三年（436）七月の有司の奏上に「揚州刺史・丹陽尹・建康令、並びにこれ京輦の土地の主」とあるように、建康令の管轄下にあったが、元嘉末以降、建康と秣陵が並び称され、京邑二県と称されるようになった。ただし、これは建康の都城空間が秦淮河を超えて南の秣陵県にまで及ぶようになったためであり、建康では御道を境に左右に都城が二分される

ことはなかった。

すでに述べたように日本で京が東西に分かたれたのは701年の大宝令においてである。こののち藤原京は左右の京職によって分治されるようになったが、それまで左右の区別はなかった。そして他と隔絶した道幅の朱雀大路によって明確に左右に分かたれた最初の都城が平城京であった。上述のようにこの差異は、設計上、宮城を都城の北部中央に置くかどうか、宮城正門から南に延びる一本の御道に他と隔絶した地位を与えるかどうかという選択と密接にかかわっている。すなわち、藤原京と平城京に見られる設計の根本的な差異は、六朝建康城にみられる南朝系統の設計と北魏洛陽城から唐長安城にいたる北朝系統の設計との差異に相応しているのである。

藤原京への遷都がおこなわれたのは持統天皇八年（694）であるが、条坊制の造営はすでに天武天皇五年（676）から始まっていたとされる。これまでは7世紀初めの遣隋使以来、日本は隋唐の制度を取りいれてきたと考えるのが通説であった。しかし、榎本淳一は7世紀初めの推古天皇の時代にはまだ日本の儀礼制度は隋の制度ではなく、南朝の制度によって整備されていたとしている。また榎本は推古天皇の時代に築かれた小墾田宮も建康の影響を受けて作られたであろうと推測している。隋の煬帝に当てた「日出所天子致書日没所天子」の国書で知られるように、7世紀初めの日本は、隋を大国と認めながらもなお隋を相対化していた。こうした姿勢は貞観五年（631）に第一次遣唐使に対する返礼に使わされた高表仁と礼を争った時期まで続いていたと考えられる。貞観十九年（645）以降、唐の高句麗遠征によって東アジアは再び動乱の時代へと入る。これ以降何度か遣唐使が派遣されているが、文化受容よりも政治的な目的が主であった。総章元年（668）唐が高句麗を滅ぼすと、直ちに翌年日本は第六次の遣唐使を送るが、以後702年に第七次の遣唐使を送るまで実に33年間にわたって唐との国交を断つ。藤原京が造られたのはまさにこの間のことである。やはりこの時代に発行された富本銭は、唐の武徳四年（621）以来通行していた開元通宝よりも、むしろ漢代以来の基準通貨であった五銖銭の伝統を受け継いでいるとされる。こうしたことから寺崎保広は、「天武朝が目指した国家というのは、全体として、最新の唐の制度というよりは、それまでの伝統的な中国の制度をもとにして作りあげようとした傾向がうかがえるのではないだろうか」としている。

もっとも、唐の都城の制度もそれはそれで中国の伝統を継承しつつ造られたものであって、それだけを見て伝統的であるかどうかを判断することは不可能である。開元通宝がその形状において五銖銭を継承しているように、唐の長安城も三朝制の導入などの面では『周礼』の伝統を受け継いでいる。唐の長安城が伝統的ではないという認識を得るには、外村が六朝建康城との比較においてそのことを発見したように、唐の制度と対照すべき別

216 第3編 日　本

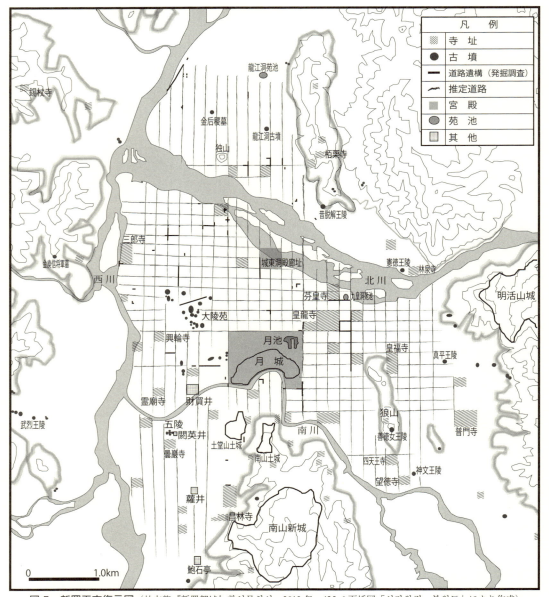

図5　新羅王京復元図（朴方龍『新羅都城』학연문화사、2013年、425-6頁挿図「신라왕경　복원도」により作成）

の伝統文化が伝わっていなくてはならない。日本は5世紀の倭の五王の時代には宋に使者を派遣していたのであるから、南朝文化を中国文化として受け取ってきたことは間違いない。ただし、6世紀には中国と直接の交流をもっていなかったのだから、7世紀に隋唐文化を相対的に見ることができたとすれば、当時の日本の中国観の基盤をなす文化には朝鮮を介して伝わったものが多かったはずである。

　いま建康と朝鮮の都城との関係を全面的に論ずるだけの準備はないが、7世紀末の神文

王（在位 681–692）の時代に全面的な坊制が敷かれたと考えられる慶州の新羅王京を見ると、月城を中心として四面に条坊が広がる設計であり、宮城の正面から南北に延びる道路にもさほどの道幅がなく、行政区画が左右に二分されてもいなかった（図5）。李成市は両者の規模やプランが似ていることから、新羅王京の設計をさらに理念的に高めたのが藤原京ではなかったかとしている。日本は当時新羅を朝貢国と見なしていたので、新羅の都城制を模倣するはずはないとする考え方もあるが、中国では滅びた伝統を新羅の都城制に見いだしたとすれば、それを踏襲することは不思議ではない。

なお、新羅の王京には中央北寄りの場所にもう一つの重要な宮殿遺址である城東洞殿廊址があり、これは 717 年ごろに建設された北宮（新宮）であるとする説がある。もしこれが正しいとすると、これは日本における藤原京から平城京へのプランの変更と極めて似た変化となり、日本のような遷都ではなかったために不徹底に終わったとはいえ、新羅でも 8 世紀の初めに全面的な唐制への転換を試みた可能性が考えられる。

このように 7 世紀の東アジアでは必ずしも隋唐文化一辺倒で中国文化の導入が進められたわけではない。藤原京の基礎となったのが東アジアに受けつがれたもう一つの中国文化、すなわち南朝の建康文化であった可能性は考えてもよいであろう。

注

（1）　関野貞『日本の建築と芸術』下巻、岩波書店、1999 年、147 頁。

（2）　岸俊男「日本の宮都と中国の都城」『日本古代宮都の研究』岩波書店、1988 年、309 頁。

（3）　井上和人「古代都城建設の実像――藤原京と平城京の史的意義を問う――」『日本古代都城制の研究――藤原京・平城京の史的意義――』吉川弘文館、2008 年。

（4）　王維坤『中日の古代都城と文物交流の研究』朋友書店、1997 年、86–89 頁。松林苑については、佐藤信『日本古代の宮都と木簡』吉川弘文館、1997 年、111–114 頁参照。

（5）　滝川政次郎「都城制と其の思想」『法制史論叢』第 2 冊（京制並に都城制の研究）、角川書店、1967 年、316 頁。

（6）　岸俊男「飛鳥から平城へ」『日本古代宮都の研究』、54 頁。

（7）　小澤毅「古代都市「藤原京」の成立」（初出 1997 年）『日本古代宮都構造の研究』青木書店、2003 年。

（8）　現在通説となっている大藤原京説に対しては、西本昌弘「大藤原京説批判」（同著『飛鳥・藤原と古代王権』同成社、2014 年）があり、旧来の養老令条文にもとづく十二条八坊説への回帰を唱えている。西本の説は養老令条文を大宝令、さらには飛鳥浄御原令にまで遡らせることでかつての岸俊男による藤原京復元の合理性を主張するものであるが、今日の発掘の成果と合致しないところがあることは、木下正史の書評（『日本歴史』802、2015 年）や積山洋の「回顧と展望」

218　第3編　日　　本

（『史学雑誌』124-5、2015年、52頁）に指摘されている。

(9)　中村太一「藤原京と『周礼』王城プラン」『日本歴史』582、1996年。前掲小澤「古代都市
　　　「藤原京」の成立」。

(10)　林部均『飛鳥の宮と藤原京――よみがえる古代王宮――』（吉川弘文館、2008年）、224-225
　　　頁、吉田歓『古代の都はどうつくられたか――中国・日本・朝鮮・渤海――』（吉川弘文館、
　　　2011年）、96頁など。

(11)　寺崎保広『藤原京の形成』（山川出版社、2002年）、89頁。

(12)　小澤毅「古代都市「藤原京」の成立」、前掲小澤『日本古代宮都構造の研究』。

(13)　市大樹「平城遷都直前の元日朝賀と賜宴」、吉村武彦編『日本古代の国家と王権・社会』塙
　　　書房、2014年。

(14)　喜田貞吉「藤原京再考」（初出1936年）『喜田貞吉著作集　第5巻　都城の研究』平凡社、
　　　1979年、仁藤敦史「倭京から藤原京へ――律令国家と都城制――」（初出1992年）『古代王権と
　　　都城』吉川弘文館、1998年。なお、東西市が設置されたのは大宝三年（703）である。仁藤は左
　　　右京の実質的な分化も慶雲元年（704）以後であろうとしている。

(15)　北村優季「藤原京と平城京」（初出1992年）『平城京成立史論』吉川弘文館、2013年、72頁。

(16)　外村中「賈公彦『周礼疏』と藤原京について」『古代学研究』181、2009年。

(17)　那波利貞「支那首都計画史上より考察したる唐の長安城」『桑原博士還暦記念東洋史論叢』
　　　弘文堂、1931年。

(18)　建康城と日本都城の関係に注目したものとしては、秋山日出雄「南朝都城「建康」の復原序
　　　説」（『橿原考古学研究所論集』7、1984年）、「南朝の古都「建康」」（岸俊男編『中国江南の都城
　　　遺跡――日本都城制の源流を探る――』同朋舎、1985年）があり、北朝都城や百済泗沘城への
　　　影響を論じているが、藤原京に対しては同「日本古代都城制の源流」（『歴史研究』19、1981年）
　　　において北斉鄴城の直接的な影響を指摘している。

(19)　宮崎市定「六朝時代華北の都市」（初出1961年）、『宮崎市定全集7　六朝』岩波書店、1992
　　　年。

(20)　佐川英治「北魏平城の鹿苑の機能とその変遷」『中国古代都城の設計と思想――円丘祭祀の
　　　歴史的展開――』勉誠出版、2016年。

(21)　康楽『従西郊到南郊――国家祭典与北魏政治――』稲禾出版社、1995年。

(22)　佐川英治「北魏洛陽城の形成と空間配置――外郭と中軸線を中心に――」前掲『中国古代都
　　　城の設計と思想』。

(23)　張鶴泉「東漢五郊迎気祭祀考」『人文雑誌』2011年第3期。

(24)　ただし、北郊は邙山が迫っているため、1里もしくは4里の場所に置かれた。

(25)　佐藤武敏『長安』講談社、2004年、72-77頁。初版は近藤出版社、1971年。

(26)　佐川英治「漢代の郊祀と都城の空間」前掲『中国古代都城の設計と思想』。

(27)　楊守敬・熊会貞『水経注疏』江蘇古籍出版社、1989年、1398頁。

(28)　余嘉錫『世説新語箋疏』華正書局、1989 年、883 頁。『晋書』巻 42・王渾附子済伝にも「済遂被斥外、於是乃移第北芒山下」とある。

(29)　角山典幸「北魏洛陽城——住民はいかに統治され、居住したか——」窪添慶文編『魏晋南北朝史のいま』勉誠出版、2017 年。

(30)　宮崎市定「六朝時代華北の都市」（初出 1961 年）『宮崎市定全集　第 7 巻　六朝』岩波書店、1992 年。

(31)　前掲佐川「北魏洛陽城の形成と空間配置」。

(32)　下倉渉「南北朝の帝都と寺院」『東北学院大学論集　歴史と文化』40、2006 年。

(33)　『宋書』巻 7 前廃帝紀によれば前廃帝は丹陽郡秣陵県の南郊壇の西に葬られた。『元和郡県図志』巻 25 江南道 1 潤州に「孝武帝駿景寧陵、在県西南四十里巖山」とあるのもほぼ同じ位置と考えられる。

(34)　潘偉斌『魏晋南北朝隋陵史』中国青年出版社、2004 年、村元健一『漢魏晋南北朝時代の都城と陵墓の研究』汲古書院、2016 年。

(35)　佐川英治「中国都城史上における六朝建康城の位置づけについて」前掲『中国古代都城の設計と思想』。

(36)　『資治通鑑』胡注には「南北各四十里」としかないが、『太平寰宇記』巻 90 江南東道昇州条に引く『金陵記』により「東西南北各四十里」に改める。

(37)　前掲秋山「南朝都城「建康」の復原序説」、盧海鳴『六朝都城』、南京：南京出版社、2002 年、第 3 章第 3 節「外郭」。

(38)　『隋書』巻 7・礼儀志 2「五時迎気」条。

(39)　小尾孝夫「建康とその都市空間」、前掲窪添『魏晋南北朝史のいま』。

(40)　外村中「六朝建康都城宮城攷」、田中淡篇『中国技術史の研究』京都大学人文科学研究所、1998 年。

(41)　前掲外村「六朝建康都城宮城攷」、292 頁。

(42)　前掲北村「藤原京と平城京」、64 頁。

(43)　張学鋒（小尾孝夫訳）「六朝建康城の研究——発掘と復原——」（初出 2009 年）『山形大学歴史・地理・人類学論集』13、2012 年。一方、北朝の都城では、北魏洛陽城で 40〜42m、鄴南城で 38.5m、唐長安城で 150m に達する。今井晃樹「魏晋南北朝隋唐時代都城の軸線の変遷」『中国考古学』11、2011 年参照。

(44)　前掲『宋書』巻 14 礼志 1 に「又南出道狭、未議開闢」とある。さらに『景定建康志』巻 16・疆域志 2・朱雀街考証によれば、御道は真っ直ぐでもなかった。前掲張「六朝建康城の研究」がいうように L 地点と M 地点が直線で結ばれていたかどうかは、なお文献的に見て疑問が残る。

(45)　梁の南郊路は都城東南の三橋籬門を越えて延びていた。前掲佐川「中国都城史上における六朝建康城の位置づけについて」。

220 第3編 日 本

(46) 佐川英治「曹魏太極殿の所在について」前掲『中国古代都城の設計と思想』。

(47) 角山典幸「北魏洛陽城研究の一視角——河陰県治の位置を中心として——」(『中央大学アジア史研究』32、2008年)、前掲同「北魏洛陽城」。

(48) 『魏書』巻106上・地形志上・司州・魏尹条。上田早苗「後漢末期的鄴治与魏郡」谷川道雄編『地域社会在六朝政治文化上所起的作用』玄文社、1989年。佐川英治「鄴城に見る都城制の転換」前掲窪添編『魏晋南北朝史のいま』。なお、のちに鄴には成安県が置かれ、城内の後部と城外の北部を管轄した。

(49) 武伯綸「唐万年、長安県郷里考」『考古学報』1963年第2期、宿白「隋唐長安城和洛陽城」『考古』1978年第6期。

(50) 足立康「藤原京の左右両京」『大和志』2巻3号、1935年。

(51) 林部均「藤原京の条坊施工年代」『古代宮都形成過程の研究』青木書店、2001年。

(52) 榎本淳一「比較儀礼論——推古朝の迎賓儀礼の再検討——」、荒野泰典・石井正敏・村井章介『律令国家と東アジア』吉川弘文館、2011年。

(53) 『隋書』巻81倭国伝。

(54) 『唐会要』巻99倭国に「貞観十五年十一月、使至。太宗矜其路遠、遣高表仁持節撫之、表仁浮海、数月方至。表仁撫綏遠之才、与王争礼、不宣朝命而還、由是復絶。」とある。

(55) 榎本淳一「遣唐使の役割と変質」『岩波講座日本歴史』第3巻、岩波書店、2014年。

(56) 松村恵司「富本七曜銭の再検討」(『出土銭貨』11、1999年)および今村啓爾『日本古代貨幣の創出——無文銀銭・富本銭・和銅銭——』(講談社、2015年)、45-48頁参照。松本は「富本」の由来は、後漢・建武16年(40)の馬援の上書の「富国之本、在於食貨、宜如旧鋳五銖銭。」(『晋書』巻26食貨志)にあるとしており、「藤原京の建設と富本銭の発行は、同時代の唐の直接的な模倣ではなく、史籍を通して知り得た理念や故事に基づいて案出された可能性が高いだろう」(12頁)としている。

(57) 前掲寺崎『藤原京の形成』、92頁。

(58) 内田昌功「隋唐長安城の形成過程——北周長安城との関係を中心に——」『史朋』46、2013年、同「魏晋南北朝の長安」、前掲窪添『魏晋南北朝史のいま』。

(59) 1998年に仁王洞善徳女商高校の増築敷地で発見調査された南北道路は、わずかに幅10m内外であった。このことから新羅王京には長安の朱雀大街に相当するものはなかったと考えられている。全徳在『新羅王京の歴史』(전덕재『신라 왕경의 역사』새문사、2009)、240頁参照。なお、『三国史記』雑志第七によれば、東市典が智証王(在位500-514)の時代に置かれていたのに対して、西市典が置かれたのは孝昭王四年(695年)であった。なお同年には南市典も置かれている。

(60) 李成市「新羅文武・神文王代の集権政策と骨品制」『日本史研究』500、2004年。『三国史記』に書かれた新羅王京の規模と大藤原京のそれがほぼ等しいことがその根拠の一つである。

(61) 前掲小澤「藤原京の成立」。

（62）　東潮・田中俊明『韓国の古代遺跡1　新羅篇（慶州）』中央公論社、1988 年、246-248 頁。
　　　ただし、前掲全『新羅王京の歴史』は「北宮」説を否定して「永昌宮」説を提唱し、一種の離宮
　　　ではなかったかとする。

［付記］　本稿は拙著『中国古代都城の設計と思想』終章及び「六朝建康城与日本藤原京」（『南京暁
　　　荘学院学報』2015 年第 4 期、22-29 頁。再録、王国聘主編『回望如夢的六朝』六朝文史論集
　　　（三）、江蘇人民出版社、2017 年、55-71 頁）を大幅に加筆補訂したものである。

後　記

　本書は、科研費基盤研究（A）「東アジア文化圏の形成に果たした漢代郡県都市に関する学際的研究」による学術的調査・研究活動の一部をまとめて編集・記録したものである。それは2015年9月26-27日東京大学文学部にて企画・開催した国際学術シンポジウム『東アジア古代都市のネットワークを探る——日・越・中の考古学最前線——』の各課題発表を中心に、ベトナム・中国遺跡フィールド調査、交趾郡治・ルイロウ城址の発掘調査に関する新発見・新成果をも反映している。また、南京大学賀雲翺教授、南京市考古研究院祁海寧副院長にも御寄稿いただいた。

　本研究プロジェクトの推進・展開にあたっては、ベトナム国家歴史博物館阮文強館長、阮文団副館長および同館考古部研究員各位、中国南越王墓博物館全洪館長、南京大学・自然文化遺産研究所賀雲翺所長、成都博物院・成都市文物考古研究所王毅所長から甚大なる御支援と御協力を賜った。また本書の出版・刊行にあたっては2017年度学習院大学研究成果刊行助成金をいただき、本論文集の出版にこぎ着けることができた。ご高配と御支援に感謝を申し上げます。

　最後に、本書を上梓するにあたって、汲古書院の三井久人社長ならびに編集部の柴田聡子氏に大変お世話になったことを深謝いたします。

2018年1月

黄　暁　芬・鶴間　和幸

執筆者紹介

編 者

黄暁芬 （コウ・ギョウフェン）

1957 年生まれ。東亜大学人間科学部教授。博士（文学）。
『中国古代葬制の伝統と変革』（勉誠出版、2000）；『漢墓的考古学研究』（岳麓書院、2003）；「漢長安城建設における南北の中軸ラインとその象徴性」（『史学雑誌』115-11、2006）；編著『漢魏帝国の空間構造——都城・直道・群県都市——』（東亜大学、2013）；編著『交趾郡治・ルイロウ遺跡Ⅱ——2014-15 年度発掘からみた紅河デルタの古代都市像——』（フジデンシ出版、2017）など。

鶴間和幸 （つるま・かずゆき）

1950 年生まれ。学習院大学文学部教授。博士（文学）。『秦帝国の形成と地域』（汲古書院、2013）『人間・始皇帝』（岩波書店、2015）『ファーストエンペラーの遺産　秦漢帝国』（講談社、2004）『始皇帝陵と兵馬俑』（講談社、2004）『秦の始皇帝　伝説と史実のはざま』（吉川弘文館、2001）など。

執筆者（掲載順）

阮文団 （Nguyen Van Doan）

1971 年生まれ。ベトナム国家歴史博物館副館長、考古学博士。『越南古玉』（ベトナム国家歴史博物館出版、2011）；『報恩寺—タンロン城　ハノイ郊外の仏教センター』「ベトナム考古学の展望」（国際研討会、2015）；『清化省藍京遺跡』（ベトナム国家歴史博物館出版、2015）；『ベトナム銅鼓——歴史芸術の研究』（ベトナム国家歴史博物館出版、2016）。

惠多谷雅弘 （えたや・まさひろ）

1955 年生まれ。東海大学情報技術センター事務長。博士（工学）。『Space Archaeology-Satellite explore the hidden wonders of Egypt（共著）』（Scientific American Discovering Archaeology、2000）、『ダハシュール（Ⅰ）——宇宙考古学考古学からの出発——（共著）』（Akht Press、2003）、『宇宙考古学と地下からのメッセージ（共著）』（格式会社 D-CODE、2013）など。

張得戦 （Truong Dac Chien）

1981 年生まれ。ベトナム国家歴史博物館考古部、考古学博士。「Đa Kai 遺跡 2006 年第二次発掘について」（『考古学雑誌』、2007）；「Giồng Lớn 遺跡における 2 回の発掘概報」（『考古学雑誌』、2008）；「ベトナム東南沿海における Óc Eo 文化の形成過程について」（『Óc Eo 文化研討会紀要——遺跡保護の意義と保存方法』2009）；「使用自然科学方法為了研究考古学陶器」（『考古学雑誌』、

2013）；「Giồng Lớn 遺址の 3 基墓について」（『考古学雑誌』、2015）など。

米田穣（よねだ・みのる）

1969 年生まれ。東京大学教授。博士（理学）「人骨・動物骨の放射性炭素年代測定」『月刊地球』第 35 号 9 月号（海洋出版、2013 年）、「同位体分析からさぐる弥生時代の食生態」『季刊考古学』第 138 号（山﨑孔平氏との共著、雄山閣、2017 年）、「沖縄先史人の暮らし——白保竿根田原洞穴遺跡出土人骨の炭素・窒素同位体比分析」『科学』87 号 6 月号（片桐千亜紀氏・土肥直美氏と共著、岩波書店、2017 年）など。

尾嵜大真（おざき・ひろまさ）

1968 年生まれ。東京大学特任研究員。博士（理学）「太陽系の元素存在度に関する 2、3 の考察」『月刊地球／号外 12』（海老原充氏、篠塚一典氏との共著、海洋出版、1995 年）、「日本産樹木年輪試料の炭素 14 年代による暦年較正」『新弥生時代のはじまり 第 2 巻「弥生時代の新年代」』（雄山閣、2007 年）、「弥生時代を網羅する日本版炭素 14 年代較正曲線の作成と新たなる課題」『新弥生時代のはじまり 第 4 巻「弥生農耕のはじまりとその年代」』（雄山閣、2009 年）など。

大森貴之（おおもり・たかゆき）

1981 年生まれ。東京大学特任研究員。博士（理学）「暦年較正とベイズ推定」『月刊地球』第 35 号 9 月号（海洋出版、2013 年）、「ヨーロッパにおける旧人・新人の交替劇プロセス」『ホモ・サピエンスと旧人 3：ヒトと文化の交替劇』（佐野勝宏氏との共著、六一書房、2015 年）、『これからの環境分析化学入門』（小熊幸一氏らの編著、共同執筆、講談社、2013 年）。

黎文戦（Le Van Chien）

1977 年生まれ。ベトナム国家歴史博物館陳列部副主任。『南定省 Phương Nhi 遺跡 2012 年発掘調査概報』（ベトナム国家歴史博物館紀要、2013）；『煙沛省 Gò Chùa 遺跡 2013 年調査概報』（ベトナム国家歴史博物館紀要、2015）；『Luy Lâu 遺跡の調査と展望』（ベトナム国家歴史博物館紀要、2015）；『甸辺省 Sam Mứn 古城遺跡 2013 年調査概報』（ベトナム国家歴史博物館紀要、2017）。

宮本一夫（みやもと・かずお）

1958 年生まれ。九州大学大学院人文科学研究院教授。博士（文学）。『中国古代北疆史の考古学的研究』（中国書店、2000）、『中国の歴史 01 神話から歴史へ（神話時代 夏王朝）』（講談社、2005）、『農耕の起源を探る——イネの来た道』（吉川弘文館、2009）、『東北アジアの初期農耕と弥生の起源』（同成社、2017）など。

226 執筆者紹介

劉瑞（リュウ・ズイ）

1973 年生まれ。中国社会科学院考古研究所研究員。歴史学博士。『南海百咏、南海雑咏、南海百咏続編』（広東人民出版社、2010）、劉瑞・劉濤『西漢諸侯王陵墓制度研究』（中国社会科学出版社、2010）、『漢長安城的朝向、軸線与南郊礼制建築』（中国社会科学出版社、2011）。

秦臻（シン・チン）

1971 年生まれ。四川美術学院教授。芸術史・文化遺産学専攻、考古学・博物館学博士。『安岳卧佛院考古調査与研究』（科学出版社、2015）、『漢代陵墓石獣研究』（文物出版社、2016）、主編『大足学講堂』シリーズなど。

王健（オウ・ケン）

1956 年生まれ。江苏師范大学歴史学院教授。博士（史学）。《中国古代文化史論》（斉魯書社、2010）、《潜夫論簡注通説》（河南大学出版社、2008）、《中国古代通史・秦漢巻》（学林出版社、1998）、《中国通宝幣制史稿》（人民出版社、1999）。《徐州簡史》（商務印書館、2016）《論楚王劉英之獄》（《中国史研究》第 2 期、1999）、《西漢後期文化危機与“再受命”新論》（《中国史研究》第 1 期、2015）等。

賀雲翱（ガ・ウンゴウ）

1956 年生まれ。南京大学歴史学院教授。主な論著『仏教初伝南方之路』文物出版社、1994；『六朝瓦当与六朝都城』文物出版社、2005；『古代陵寝』文物出版社、2003；『六朝文化：考古与発現』三聯書店、2013 等。

祁海寧（キ・カイネイ）

1972 年生まれ。南京市考古研究院研究員、碩士（史学）。「南京大報恩寺遺址塔基時代、性質及相関問題研究」『文物』2015 年 5 期；『南京大報恩寺史話』南京出版社、2008；『南朝真跡——南京新出土南朝磚印壁画墓与磚文精選』江蘇鳳凰美術出版社、2016 等。

吉井秀夫（よしい・ひでお）

1964 年生まれ。京都大学大学院文学研究科教授。『古代朝鮮　墳墓にみる国家形成』（京都大学学術出版会、2010）、「朝鮮三国時代における墓制の地域性と被葬者集団」（『考古学研究』第 49 巻第 3 号、2002）、「植民地と歴史学」（『岩波講座日本歴史』第 22 巻、2016）など。

石川日出志（いしかわ・ひでし）

1954 年生まれ。明治大学文学部教授。『農耕社会の成立』（岩波新書、2010）、『「弥生時代」の発見弥生町遺跡』（新泉社、2008）、『考古資料大観』第 1 巻（弥生・古墳時代　土器 I）（武末純一氏と

共編著、小学館、2003)、「「漢委奴國王」金印と漢代尺・金属組成の問題」『考古学集刊』第 11 号（明治大学考古学研究室、2015）など。

佐川英治（さがわ・えいじ）

1967 年生まれ。東京大学大学院人文社会系研究科准教授。博士（文学）。『中国古代都城の設計と思想——円丘祭祀の歴史的展開——』（勉誠出版、2016）、（共著）『中国都市論への挑動』（汲古書院、2016）、「鄴城に見る都城制の転換」（窪添慶文編『魏晋南北朝史のいま』勉誠出版、2017）など。

翻訳者

範氏楚江（Pham Thi Thu Giang）

1978 年生まれ。ベトナム国家大学ハノイ校人文社会科学大学東洋学部日本研究科助教授。日本仏教史専攻「世俗化から見た近代仏教——日本とベトナムとの比較」（『日文研フォーラム』国際日本文化研究センター、2010）、（『The Clerial Marriage Problem in Early Meiji Buddhism』、『The Eastern Buddhism』、42（2）、2011）など。

新津健一郎（にいつ・けんいちろう）

1992 年生まれ。東京大学大学院人文社会系研究科博士課程在籍。日本学術振興会特別研究員 DC。「「蜀都」とその社会」窪添慶文編『魏晋南北朝史のいま』（勉誠出版、2017）など。

徳留大輔（とくどめ・だいすけ）

1975 年生まれ。出光美術館学芸員。博士（比較社会文化）。「威信財から見た二里頭文化の地域間関係」中国初期青銅器文化の研究（九州大学出版会、2009）。「中国北朝時代の陶瓷器の様相」『出光美術館研究紀要』22 号、2016。「中国新石器時代から西周時代における窯構造の変遷と地域性」『田中良之先生追悼論文集　考古学は科学か』（中国書店、2016）など。

石原遼平（いしはら・りょうへい）

1981 年生まれ。東京大学大学院博士課程在学。「長沙呉簡名籍考——書式と出土状況を中心に」（『中国出土資料研究』14 号、2010）「収の原理と淵源」（東洋文庫中国古代地域史研究編『張家山漢簡『二年律令』の研究』東洋文庫、2014）「漢代輪番労役の各県における不均一と均一化」（『日本秦漢史研究』18 号、2017）など。

吉田愛（よしだ・あい）

1978 年生まれ。学習院大学国際研究教育機構 PD 共同研究員。「北魏雁臣考」（『史滴』第 27 号、2005）「『花郎世紀』の構造論的理解のために」（『新羅史学報』〔韓国〕第 8 号、2006）、「『花郎世

228 執筆者紹介

紀』の基礎的研究——世系・血縁関係記事の分析を中心に——」（『史滴』第 30 号、2008）、「北朝後期の軍馬供給——洛陽遷都後の北魏から北斉期を中心に——」（鶴間和幸・村松弘一編『馬が語る古代東アジア世界史』汲古書院、2018）など。

東アジア古代都市のネットワークを探る
──日・越・中の考古学最前線──

平成 30 年 2 月 26 日　発行

編　者	黄　　暁　　芬
	鶴　間　和　幸
発 行 者	三　井　久　人
製版印刷	株式会社理想社
発 行 所	汲　古　書　院

〒102-0072　東京都千代田区飯田橋 2-5-4
電話 03（3265）9764　FAX03（3222）1845

ISBN978-4-7629-6608-8　C3022
HUANG Xiao fen, Kazuyuki TSURUMA ⓒ 2018
KYUKO-SHOIN, CO., LTD. TOKYO.
＊本書の一部または全部及び画像等の無断転載を禁じます。